The Introduction to Leisure Study in **North America**

A Perspective of Academic Concepts

北 美 休 闲 研 究

学 术 思 想 的 视 角

北美休闲研究

学术思想的视角

程遂营 /著

The Introduction to Leisure Study in **North America**

A Perspective of Academic Concepts

社会科学文献出版社
SSAP
SOCIAL SCIENCES ACADEMIC PRESS (CHINA)

本书的出版得到教育部社科基地河南大学黄河文明与可持续发展研究中心以及河南大学社科处校内基金资助，在此致谢！

目录

CONTENTS

序一

工业革命给中国社会带来了一系列深刻的变化，比如，收入的增加、中产阶级的涌现、城市化进程的加快、污染的增加，以及人们逐渐增长的对于新的生活方式的期望等。对于数以百万计的中国人来说，有了更多的机会关注工作之余和家庭之外的生活——其中就包括休闲。这意味着，人们有更多时间去追求个人的兴趣爱好，利用自由时间去选择休养、娱乐，或者接受再教育，甚至为社区提供帮助等。

与此同时，经济发展和对外开放政策的实施也直接导致了人们对于休闲态度的改变。人们已经不再简单地认为休闲是“懒惰”的同义词。相反，如今，休闲更多地被看做个人成长过程中必要的生活组成部分——不仅可以帮助构建个人的健康与地方文化，而且能够推动经济发展，带给人们更多快乐，使人们体味到生活的真正意义。

目前，在中国，已经有了“休闲城市”的概念。在这些城市，有高品质的自然资源、富有文化底蕴的景区（点）、餐饮业、体育以及适合大众品味的生活，给本地居民和大量的外地游客提供了便利。同时，休闲已被作为首要的经济发展动力来看待（“休闲经济”一词的使用可以说明这一点）。不过，我要强调，这些只是休闲及其作用的一个初步体现，而且这种认识仅仅标志着中国成为现代世界休闲大家庭中正式成员的一个开端而已。这样说，并不意味着中国应该盲目地模仿西方国家的休闲发展模式。由于极高的人口密度、儒教和道教思想在日常生活中的持续影响，以及中国人的辩证思维方式等因素，中国的工业革命有其独特的一面。正因为如此，中国的休闲也将具有鲜明的中国特色，中国将会为百姓找到自己独特的方式，去聪明地利用休闲。

由于以上这些变化，中国学者有责任研究休闲及其在中国文化、经济、居民的健康和快乐生活方面，以及在未来应扮演的角色。不能等到所有其他社会问题都得到解决以后才考虑正确地理解休闲。相反，如果能够正确地理解和规划，休闲可以助长美德而规避邪恶。

我们看到，中国学者已经开始从学术上研究休闲。例如，召开了学术性和实用性的会议，探讨休闲经济、休闲与家庭、旅游开发、休闲城市、运动普及等相关议题；来自西方国家的许多有关休闲的专著被翻译过来，不少学者着手撰写有关休闲的专著和论文等。

在中国，尽管休闲研究还是一个新课题。但在美国，从20世纪40年代起，已经有许多高校开设了与休闲相关的课程。当时的学校课程主要是关注一些特殊的应用方面，比如，如何做好准备，聪明地利用休闲和提供休闲机会来提升社会生活质量；如何使娱乐、公园、运动、文化活动、游戏和旅游业更好、更广泛地为国民的成长作出贡献等。有幸的是，一些中国的优秀学者访问美国，探讨休闲的真正内涵，并规划中国休闲的未来。在这些学者当中，就有这本书的作者程遂营博士。

2008年，程博士在宾夕法尼亚州立大学娱乐、公园与旅游管理系做访问学者。在此期间，他与教工广泛交流，尽可能地扩大自己的阅读范围，参加讨论会并且给宾州大学作报告，出席与休闲和休闲服务有关的会议，特别是2008年10月在巴尔的摩召开的美国国家娱乐与公园协会（NRPA）“大会暨博览会”。他还利用大量时间不断地与我交流美国休闲研究的情况，与我探讨中国休闲发展与休闲研究的问题。这本书就是他在宾州大学和在美国学习访问的结晶。

程博士是一个优秀的学者，并且是一个很谦虚的人——我很荣幸能有机会与他一起工作了一年的时间。我完全相信，他将为中国的休闲研究作出重要贡献！我也很欣慰地看到《北美休闲研究：学术思想的视角》这部重要著述已经由他圆满完成，并将与读者见面。

杰弗瑞·戈比

2009年3月8日

于宾夕法尼亚州立大学

Preface 1

Industrial revolution in China has created rising incomes and a larger middle class, urbanization, increased pollution, and rising expectations and possibilities about what life can offer. For millions of Chinese, there is more to life than work and family—there is leisure. That is, there is time to pursue one's own interests, to use free time as one chooses for rest, for pleasure, for learning or helping one's community. While China is an ancient country and culture, the idea of "leisure" is in some ways new. Economic progress and the opening of China to the world have resulted in both more time away from work for Chinese urban dwellers as well as changes in attitudes toward leisure. Rather than simply thinking of leisure as being "lazy", leisure is now understood as a part of life which offers personal growth, which shapes both personal health and local culture, which drives the economy and which gives pleasure and meaning to one's life.

While leisure has been recognized first and foremost in China as an economic engine (the term "leisure economy" is used), it is only beginning to be recognized that leisure and its use determine the ways and rate at which China becomes a part of the modern world. This is not to imply that China should simply imitate other countries with regard to leisure. Chinese industrial revolution is unique, owing to factors as diverse as a very high population density, the continuing influence of Confucian thinking and Taoism in everyday life, and the dialectic thinking of Chinese. Because of this, the new leisure will be uniquely Chinese, and China will have to find unique ways for citizens to prepare to use leisure wisely. Already in China, there is the concept of the "leisure city", where a high quality of natural resources, cultural attractions, dining, sport and general quality of life serve both citizens and a limited numbers of tourists.

Because of these changes, Chinese scholars must study leisure and its emerging role in Chinese culture, in its economy, in the health and happiness of its citizens and in its future. The understanding of leisure cannot wait until all other problems in China are solved. Leisure can be a force for good or evil, depending on how it is understood and planned for. Chinese scholars have already begun the process of studying leisure. Academic and practical conference have been held dealing with the leisure economy, leisure and the family, tourism development, the "Leisure City", sport for all, and related topics. Many books about leisure have been translated from Western nations, Chinese scholars have begun to write books and journal articles about many aspects of leisure.

While such efforts are new in China, in the U. S. university curricula devoted to leisure studies began in the 1940s. The scope of concern was often practical—how can society be improved through better preparation to use leisure wisely and provision of leisure opportunities. How can recreation, parks, sport, cultural activity, play and tourism make better and deeper contributions to the growth of citizens. As leisure studies emerged in the U. S., it has been our good fortune to have some of China's best scholars visit to examine the content of leisure studies and plan for the development of the study of leisure in China. One such scholar is the author of this book, Dr. Suiying Cheng. Dr. Cheng was a visiting scholar in the Department of Recreation, Parks and Tourism Management at the Pennsylvania State University during 2008. During that time, he conferred with faculty, read extensively, attended and presented lectures, traveled to conferences concerned with leisure and leisure services, and spent time with me exchanging ideas about leisure studies in the U. S. and in China. This book is the result of his experience at Penn State and in the U. S.

Dr. Cheng is both an excellent scholar and a humble man—it was my great pleasure and honor to work with him. I have no doubt he will make a great contribution to the study of leisure in China and I am so pleased he has written this important book.

Geoffrey Godbey

March 8, 2009

the Pennsylvania State University

序二

程遂营教授是在教育部留学基金的资助下，自 2008 年 1 月至 2009 年 1 月去美国做访问学者的，历时整整一年。从呈现在我们面前的这本书看，就知道他在美国的一年时间里是花了怎样的精力和智力做了他的学术访问！

这虽不是一本严格意义上的学术著作，但是他所做出的工作，为中国休闲学研究领域系统了解北美休闲思想、学科带头人、教程设置、组织架构、图书文献、发展趋势等学科知识提供了有意义的资料和信息。

程遂营教授在这本书中，概述了北美休闲研究的不同历史阶段、研究特点、不足与趋势，介绍了北美休闲组织、学术期刊的发展状况，缕析了北美休闲教育的课程设置、教学目标等，观察到了北美学者对中国休闲的历史、现实与未来的解读与阐释，评述了北美休闲研究学科带头人的思想轨迹与学术贡献，尤其在附录中提供了美国休闲科学研究院、北美休闲研究大事记、美国休闲研究专业出版社的书目等等，这些内容对正在起步的中国休闲研究学者来说，无疑是雪中送炭。

对书中的内容，尤其值得关注的是，程遂营在交流中特别注意到了美国学者对北美休闲研究之不足的反省，诸如：早期的休闲研究，其概念被曲解，甚至怀疑休闲的存在价值；休闲和娱乐的价值仅仅被看做是可以培养业余爱好，或体育活动，因此，这一时期的许多成果往往发表在与体育相关的杂志上；过分依赖社会心理学和标准的社会科学模式，认为所有人类的行为都是社会交往的结果，而生物和遗传因素对人类的思想和行为没有什么影响，因此忽略了休闲中生物和遗传因素的研究；北美学者虽然认识到西方文化中的个体主义与东方文化中集体主义的根本区别，但对东方集体主义背景下的休闲研究还处于较肤浅的认识阶段等等。

这些见识，虽不是来自程遂营的认知，却是由他敏锐地捕捉到，并及时地整理出来。这对中国学者的思考给予了很大的启发。这是很有价值的学术转述。

杰弗瑞·戈比教授是我十余年的老朋友，1998 年我第一次访问美国就是应他的邀请在那里做了短期访问，从此也把我带入了休闲研究的殿堂。由于他和美国另外两位教授的推荐，2006 年我荣幸地作为首位亚洲学者当选为美国休闲科学研究院成员，使我能在国际休闲研究领域和国际组织中发挥绵薄之力。我们会经常地通过电子邮件讨论相关的学术问题。他不仅是我一个人的师友，事实上，他是中国休闲研究“洋为中用”、“西学东渐”的导师。

程遂营教授出访前找到我，希望能推荐他到戈比教授麾下接受休闲学研究的训练，那时，我并不觉得这件事可行，因为戈比教授已经退休，还能影响宾州大学吗？然而，戈比很快接受了我的推荐，不仅帮了忙，而且还为程遂营的访问和学习做了最好的安排。程遂营刚到美国不久，戈比发来电子邮件给我，说：“这是一个相当不错的家伙（指程遂营在那里刻苦读书），他总希望与我讨论问题。”程遂营也发来邮件告诉我，戈比教授无论多忙，总是每周抽出半天的时间与他讨论，而且还安排他去听其他教授的课。从程遂营的这本书中可见戈比教授是花了很多心血的，宾州大学的同仁们也是花了很多心血的。他们用心血浇灌了这棵新树，而所有这些心血都在“这棵树”中孕育出了新果实。

其实，程遂营教授此前一直做旅游教学与研究工作，在这个专业上有可喜的著述发表，但是在中国休闲研究领域还“名不见经传”。然而，仅仅一年多的时间，程遂营就带回这么丰厚的“礼物”给我们、给中国休闲学研究领域，足见他的心性、悟性之高。当然，要感谢教育部的留学基金，这个钱没白花，这个人没白选！

马惠娣

2009 年 5 月 18 日

于北京

Preface 2

Professor Cheng Suiying went to the United States to conduct a research work as a visiting scholar from January, 2008 to January, 2009 provided by China Scholarship Council. Judging from the book which was written and will be published, I immediately see how he devoted himself into his academic research in the whole year.

Strictly speaking, the book is not purely an academic writing, but what professor Cheng has contributed to in the book is of a great significance to get a general idea about the leisure concepts, the leading scholars in leisure study, the leisure curricula set-up, the organizational structure, the books and documents, and the tendency of leisure study.

In the book Professor Cheng Suiying has made a general introduction about the leisure study in North America concerning its phases, research characteristics, defects and tendency; he has also introduced the leisure organizations and its academic journals in North America; he has analyzed the leisure education in North America concerning its curricula set-up and teaching aim. Professor Cheng observed that the scholars in North America have made some explanations and interpretations about the history of leisure, its reality and its future. He has also made comments on the leading scholars about their academic thoughts and contributions in the field of leisure study in North America. In the appendices, the book provides the United States Leisure Academy, the event records of leisure study in North America and the publications of leisure in the United States, etc., which is very necessary and timing for the leisure study in China which just began its research.

During his stay in Penn State University, professor Cheng noticed that American scholars have made a retrospect to the shortcomings in their research of leisure study, such as the early leisure study whose concept was misunderstood, even the scholars suspected of its existence value; the value of leisure and recreation was only regarded as the training of hobbies or the physical activities, therefore, the research results in the period were appeared in the journals and magazines relating to the physical education. What's more, in his book Cheng also noticed that American scholars, depending so much on the socio-psychology and sociological patterns, thought of all human behaviors as the results of social inter-relation and did not think the elements of biology and gene affected the human thoughts and behaviors, neglecting the research of the elements in leisure study. In addition, American scholars have realized the basic differences between the individualism in the western culture and the collectivism in the eastern culture, yet their research on leisure study of the background of the eastern collectivism was shallow and still in the first-step stage.

The above insights are not Cheng's cognition otherwise, but he grasped them observantly and organized and arranged them in time, which will exert a great enlightenment and inspiration to Chinese scholars. Also, the insights are very valuable academic retail.

Dr. Geoffrey Godbey is my old friend for over ten years. Back in 1998, at the invitation of Dr. Godbey I went to visit the United States for the first time on a short-term basis. Since then, I stepped into the palace of leisure study up to now. It was the recommendations from professor Godbey and the other two professors that I, as the first Asian scholar, was in honor chosen as a member of the Academy of Leisure Sciences. Therefore, I can exert my pygmy efforts in the field of international leisure study and in the international organizations. We have been keeping in touch by email discussing the relevant academic questions. In fact, he is not only my teacher and friend, but also a mentor of Chinese leisure study of "*making foreign things serve China*" and "*west learning into China*".

Prior to his study abroad professor Cheng Suiying came up to visit me expressing that I could recommend him to do research work under professor Godbey's guidance. But I did not think that would be done, because at that time professor Godbey had retired from his work. However, Godbey was very glad to accept my recommendation, and he made the best arrangement for professor Cheng's visit and study at Pennsylvania State University. Shortly after professor Cheng's arrival in the United States, Dr. Godbey sent me a email saying, "He is a good guy (implying Cheng's diligence in study). He likes to discuss questions with me." And professor Cheng also sent me email telling that no matter how busy professor Godbey was, he always spared his half a day each week in the discussion with him, and Dr. Godbey arranged him to attend other professors' classes.

In fact, professor Cheng has been engaged in the teaching of the tourism culture and gotten much more academic achievements in the major. But he is not as much famous in the field of leisure study as in the tourism, and only a few articles relating to the leisure study were published. Nevertheless, after a year's study and research at Pennsylvania State University he brought back his academic fruits—a heavy present of his monograph to us and China's leisure study, which proved he has a high gift and wit. Here, I also extend my gratitude to China Scholarship Council for its Foundation for Study Abroad. The expenditure has been spent as a very good use, and the man has been chosen as a very choice.

Ma Huidi

May 18, 2009

Beijing

绪论

一 研究背景

北美的休闲传统源于古希腊，北美的休闲方式也在一定程度上继承了欧洲的传统。但是，在现代西方休闲研究领域，北美的美国、加拿大却领先于欧洲，引领世界发展潮流。

从19世纪末期到21世纪初期，北美休闲研究已经走过了100多年的发展历程。20世纪和21世纪之交，中国开始对北美休闲研究显示出浓厚的兴趣，其标志是2000年由于光远、成思危、龚育之、马惠娣主编的《休闲研究译丛》的面世。本译丛5本专著全部来自美国学者。“通过阅读这些书，不仅可以了解西方学者在此领域的理论贡献，而且可以看到西方哲学、社会学、人文科学的发展趋向；不仅可以看到我们之间的社会现状不同，而且可以看到我们在价值观方面有所相似。”① 紧接着，2001、2003年，马惠娣、

① 托马斯·古德尔、杰弗瑞·戈比：《人类思想史中的休闲》，成素梅、马惠娣、季斌、冯世梅译，云南人民出版社，2000，“编者的话”，第7页。

刘耳发表了《西方休闲学研究述评》、《人类文化思想史中的休闲》[①] 两篇文章，其中大量篇幅涉及北美休闲研究；2004、2008年，宋瑞、张建分别在《旅游学刊》发表《国内外休闲研究扫描》、《国际休闲研究动向与我国休闲研究主要命题刍议》[②] 两篇文章，也部分涉及北美休闲研究概况。在此期间，国内不少休闲学术论著中也大多论及或引用北美休闲的研究成果。[③] 不过，迄今为止，对北美休闲研究最详细的介绍还是杰弗瑞·戈比（Geoffrey Godbey）等2008年发表在《浙江大学学报》的文章《北美休闲研究的发展：对中国的影响》[④]。文章从“休闲研究的起源”、“政府娱乐与公园服务部门”、“休闲研究和娱乐与公园管理的概念和方法”、“休闲研究”、“休闲研究的未来”、“对中国休闲研究的影响”等多个角度对北美休闲研究给予概要性分析，使我们对其进程有了直观的了解。

遗憾的是，我们从以上成果中却无法得到对北美休闲研究的整体和较为全面的了解。这就成为本书写作的主要动因。

二 休闲及相关概念

在正式论及北美休闲学术研究的概况之前，有必要对休闲及其

① 马惠娣、刘耳：《西方休闲学研究述评》，《自然辩证法研究》2001 年第 5 期；马惠娣：《人类文化思想史中的休闲》，《自然辩证法研究》2003 年第 1 期。后两篇文章被收录入马惠娣《休闲：人类美丽的精神家园》（中国经济出版社，2004，第 76～100、204～216 页）中。

② 宋瑞：《国内外休闲研究扫描》，《旅游学刊》2004 年第 3 期，第 46～73 页；张建：《国际休闲研究动向与我国休闲研究主要命题刍议》，《旅游学刊》2008 年第 5 期，第 68～73 页。

③ 比如：王雅林《城市休闲——上海、天津、哈尔滨城市居民时间分配的考察》，社会科学文献出版社，2003，第 107～163 页；宋瑞《休闲研究：社会文化与经济发展的新课题》，载于《2002～2004 年中国旅游发展：分析与预测》，社会科学文献出版社，2003，第 159～180 页。

④ 杰弗瑞·戈比、〔韩〕沈杰明：《北美休闲研究的发展：对中国的影响》，刘晓杰、刘慧梅译，《浙江大学学报》（人文社会科学版）2008 年第38(4)期，第 23～29 页。

相关概念在西方文化背景中的含义做简要阐释。

1. 休闲

英文中的休闲（leisure）一词是由拉丁词“licere”转化而来，从词源上看，leisure 可被视作 licence（许可）和 liberty（自由）的合成词，亦即“被允许”（to be permitted），指的是摆脱生产劳动后的自由时间或自由活动。在法文中也有休闲一词，意指可以自由选择或利用的时间。而拉丁文的“licere”又和希腊文中的“schole”意思相同，休闲与学校（school）、学者（scholar）皆由同一字根（schole）发展而来。①

从西方教育史的记录中也可以发现古代希腊、罗马的教育理想，主要是培养各方面均衡发展的公民。他们将休闲视为教育和生活中非常重要的一环。“休闲既是一种古老而又精英化的观念，又是一种理想。尽管如此重要的休闲理念已经在西方存在了2000多年，但我们对它的认识还相当肤浅”②。的确，从 2000 多年前的希腊时代到 21 世纪初期，关于休闲的概念一直都存在较大的争议。

北美学者关于休闲概念的探讨也往往要追溯到古希腊时期。古希腊哲学家亚里士多德在其论著《尼各马可伦理学》（*Nichomachean Ethics*）和《政治学》（*Politics*）中把快乐、幸福、休闲、美德和安宁联系在一起论述。他认为，美德让人愉快，是快乐的真正源泉；休闲优越于劳动，但又是通过劳动寻找的目标；安宁与沉思是最好的活动，正因为上帝无所欲求，才能够把时间花在杰出而天才的沉思中，从而创造出完美的世界。这就是说，休闲同知识、美

① 托马斯·古德尔、杰弗瑞·戈比：《人类思想史中的休闲》，成素梅、马惠娣、季斌、冯世梅译，云南人民出版社，2000，第 23 页；马惠娣：《休闲：人类美丽的精神家园》，中国经济出版社，2004，第 77、114～115 页。

② 托马斯·古德尔、杰弗瑞·戈比：《人类思想史中的休闲》，成素梅、马惠娣、季斌、冯世梅译，云南人民出版社，2000，“导言”。

德、愉快与幸福是不可分离的，追求休闲也就意味着追求美好的生活。在接下来的1500多年中，希腊休闲思想一直影响着欧美休闲发展的进程。

在最初的时期，“休闲一般定义为空闲时间（free time），即：除了工作和其他责任之外的时间”[①]。这可以被看做是休闲的第一种定义，即空闲时间。布赖特比尔则把休闲定义为自由决定的时间[②]，与此相近，葛拉齐亚把休闲定义为“对要履行的必然性的一种摆脱”[③]。纽林格也认为，“休闲感有，且只有一个判据，那便是心之自由感（perceived freedom）。只要一种行为是自由的，无拘无束的，不受压抑的，那它就是休闲的。去休闲，意味着作为一个自由的主体，由自己的选择，投身于某一项活动之中”[④]。这是从行事的自由角度的定义。

所以，在北美，直到今天，关于休闲的定义仍在争论之中，甚至无法统计到底有多少不同的定义。但翻检每一本休闲专著，都会发现几乎相似的几种定义途径：一是从空闲时间角度（free time），二是从活动的角度（activity），三则是从心态的角度（perceived freedom），四是从存在方式的角度（state of existence），其他还有从社会阶层（social classes）、性别差异（gender）、经历（experience）等方面的定义。而奇克森特米哈伊“畅”的理论（flow experience）[⑤]、

---

① 托马斯·古德尔、杰弗瑞·戈比：《人类思想史中的休闲》，成素梅、马惠娣、季斌、冯世梅译，云南人民出版社，2000，第6页。

② Charles K. Brightbill. (1960). *The Challenge of Leisure*. Englewood Cliffs, New Jersey: Prentice-Hall, p. 4.

③ de Grazia, S. (1962). *Of time, work, and leisure*. New York: The Free Press, p. 14.

④ John Neulinger. (1974). *The psychology of leisure: Research approaches to the study of leisure*. Springfield. IL: Charles Thomas Publishers, p. 6.

⑤ Csikszentmihalyi, M. & Larson, R. (1987). Validity and reliability of the experience-sampling method. *The Journal of Nevous and Mental Disease*, pp. 175, 526-536.

塞波·伊索—阿霍拉的“感知厌倦”说（perceptions of boredom）[1]，以及亨德森等从女性角度对休闲的定义[2]等也对北美休闲研究产生了比较大的影响。

2007年，在《休闲研究杂志》上发表的一篇名为《休闲意义的发展》的文章中，作者详细考察了北美学者关于休闲概念的探讨过程，并把休闲的主要目的总结为六种类型：寻求快乐（for pleasure）、摆脱工作（change from work）、新体验（new experience）、联络朋友（contacts with friends）、获得某种东西（achieving something），以及消磨时间（passing time）。[3] 同时，作者经过考察发现，北美学者关于休闲意义的界定主要集中在四个方面，即消磨时间（passing time）、自我选择（exercising choice）、摆脱压力（escaping pressure）和获得满足（achieving fulfillment）。[4] 消磨时间是指当一个人在空闲时间里没有什么重要的事情要做的时候，去放松和娱乐；自我选择是指利用自由时间去做一个人想做的事，并尽享其中的快乐；摆脱压力则强调摆脱日常生活的压力而获得身心的放松；获得满足则认为休闲应该是从内心深处感受到的快乐和满足。作者还通过访谈的方式获得了人们对以上四种休闲意义的不同说法。下表是作者关于休闲意义的访谈结果：

---

① Iso-Ahola S. & Weissinger, E. (1990). Perceptions of boredom in leisure: Conception, reliability and validity of the leisure boredom scale. *Journal of Leisure Research*, Vol. 22 (1): 1-17.

② 亨德森认为，“女性把休闲当做摆脱家务劳动、发展自我需求的一种方式，而男性则把休闲作为带薪工作之外的稳固家庭关系的一种手段”。参见 Henderson, K. (1996). One size doesn't fit all: The meaning of women's leisure. *Journal of Leisure Research*, Vol. 28: 139-155。

③ John Schulz & Michael Watkins. (2007). The Development of the Leisure Meanings Inventory. *Journal of Leisure Research*, Vol. 39 (3): 478.

④ John Schulz & Michael Watkins. (2007). The Development of the Leisure Meanings Inventory. *Journal of Leisure Research*, Vol. 39 (3): 483.

休闲的不同意义	主要表达方式
1. 消磨时间 (passing time)	1. 休闲就是什么事都不做 2. 对我来说，休闲就是闲呆着无所事事 3. 我大量的休闲时光常常用来在附近散步或做一些消磨时光的事 4. 休闲只发生在我的空闲时间里 5. 休闲是用来填补我生活中的多余时间的
2. 自我选择 (exercising choice)	1. 对我来说，当别人给我施加压力的时候，休闲便不存在了 2. 对我来说，当需要满足别人期望的时候，休闲便失去了其真正的意义 3. 休闲时间是我能够控制和不必去做别人期望我做的事情 4. 对我来说，休闲就是拥有自己掌控的时间，去做我自己想做的事情
3. 摆脱压力 (escaping pressure)	1. 当我能够抽出时间或从日常生活中解脱的时候，我才拥有休闲 2. 休闲是我从事日常工作以外的时间 3. 对我来说，休闲是小憩，是生活的正常轨道的暂时变化
4. 获得满足 (achieving fulfillment)	1. 我常常发现休闲是在生活中发现自我的一种时间 2. 当我得到精神放松和满足的时候，便感到了休闲 3. 休闲使我感到了与自身之外的世界相连 4. 休闲使我全神贯注，以至于忘记了时间和我自身的存在

资料来源：John Schulz & Michael Watkins. (2007). The Development of the Leisure Meanings Inventory. *Journal of Leisure Research*, Vol. 39 (3): 490。

从上面的分析我们看到，每个人对休闲有不同的感受。基于此，纽林格曾说："什么是休闲！也许本来就没有正确的答案。因为每个人都会对休闲有自己的定义。"① 戈比也认识到"休闲是一个抽象的名词，但在体验休闲时，人们总会关涉某些具体的行为"②。

① Jay S. Shivers & Lee J. deLisle. (1997). *The Story of Leisure: Context, Concepts, and Current Controversy*. U. S. A, Human Kinetics, p. 192.

② 托马斯·古德尔、杰弗瑞·戈比：《人类思想史中的休闲》，成素梅、马惠娣、季斌、冯世梅译，云南人民出版社，2000，第282页。

尽管如此，大多北美学者仍然强调休闲不等同于一般的空闲时间，而是“一种观念，更是一种理想”，“并非是每个人都可以真正达到的人生状态”①。所以，“休闲如果真要成其为休闲的话，那么，它将人的目的体现于其中”。“因为唯有在休闲之中，人类的目的方能得以展现”。② 古德尔和戈比在比较分析了各种对休闲不同的界定后，给出的休闲定义为：“休闲是从文化环境和物质环境的外在压力中解脱出来的一种相对自由的生活，它使个体能够以自己所喜爱的、本能地感到有价值的方式，在内心之爱的驱动下行动，并为信仰提供一个基础。”③ 这成为北美休闲学术界有较大影响的一个定义。

2. 娱乐与游憩

英文中，“recreation”一词来源于拉丁语“recreatio”，意思是“restoration”，即“恢复”、“康复”、“复原”等。在英语中，它又是一个合成词，前缀 re，表示“重复”、“不断”和“反复”；而 creation 则表示“创造”。在译为中文时往往根据不同的语境会有不同的意义，或译为“娱乐”、“游憩”，有时也译为“休闲”、“休养”、“消遣”、“游玩”等。相对于“leisure”（休闲）一词，“recreation”在北美更加具体而有限，习惯上把它作为工作的反义词。它依赖于工作而存在，先工作，然后娱乐，然后再工作。但就与休闲学术研究的关系来说，“recreation”更多的时候是指娱乐和游憩活动。

---

① de Grazia, S. (1962). *Of time, work, and leisure*. New York, NY: The Free Press, pp. 8 - 9.

② 托马斯·古德尔、杰弗瑞·戈比：《人类思想史中的休闲》，成素梅、马惠娣、季斌、冯世梅译，云南人民出版社，2000，第 282 页。

③ 杰弗瑞·戈比：《你生命中的休闲》（1994 年，第 4 版），康筝译，田松校译，云南人民出版社，2000，第 14 页；托马斯·古德尔、杰弗瑞·戈比：《人类思想史中的休闲》，成素梅、马惠娣、季斌、冯世梅译，云南人民出版社，2000，第 11 页。

戈比认为，一般情况下，“人们不认为娱乐是一件严肃的事情，它只不过是‘取乐’（fun）和‘游戏’（game），有些时候，娱乐也常用来特指体育运动以及相关的竞技活动，比如在‘娱乐中心’（recreation center），我们所看到的往往只是体育活动或体育比赛”①。凯利则把娱乐定义为：“娱乐是一种为了获得个人或社会利益而组织起来的自愿的非工作活动，它包括了各种个人恢复性和社会凝聚活动。”②

所以，娱乐活动所包括的范畴比较宽泛，比如：演娱（amusements）；艺术和手工艺（arts and crafts）；舞蹈（dance）；戏剧（drama）；游戏和体育（games and sports）；业余爱好（hobbies）；音乐（music）；户外活动（outdoor recreation）；阅读（reading）；写作（writing）；谈话（speaking）；社会娱乐（social recreation）；观演（spectating）；特殊事件（special event）以及志愿服务（voluntary service）等。③

在20世纪50年代的一本北美娱乐专著《城市娱乐管理》中，则把城市居民的娱乐活动划分为10个大类，包括了440多个小的项目（见下页表）。

不过，一些北美学者也强调了娱乐的严肃性，认为娱乐活动应“符合社会道德，有益于身心健康，尊重他人的权利，自觉自愿，并能使人获得愉悦感和成就感”④。但这并不影响娱乐的广泛性，以及娱乐所深刻揭示的休闲与创造及人的全面发展之间的辩证关系。

---

① 杰弗瑞·戈比：《你生命中的休闲》（1994年，第4版），康筝译，田松校译，云南人民出版社，2000，第15页。

② John R. Kelly.（1996）. *Leisure*（3rd *ed.*）. Boston, MA: Allyn and Bacon, p. 27.

③ 杰弗瑞·戈比：《你生命中的休闲》（1994年，第4版），康筝译，田松校译，云南人民出版社，2000，第16页。

④ Doll, C. & Fitzgerald, G.（1954）. *A Brief History of Parks and Recreation in the United States*. Chicago, IL: The Athletic Institute, p. 127.

娱乐项目类别	主要子项目	娱乐项目数量(项)
1. 游戏和体育(active games and sports)	组织程度较低的游戏,如:猫和老鼠、狐狸和鹅、捉迷藏、雪地游戏等 个人或双人游戏,如:羽毛球、网球、高尔夫球、桌球等 团体游戏,如:垒球、篮球、橄榄球、曲棍球、冰球、足球、排球、水球等 体育运动,如:自行车比赛、划船、拳击、马拉松、跳高、滑冰、游泳、摩托车比赛等	128
2. 社会活动(social activities)	宴会、海滩聚会、家庭聚会、扑克游戏、约会、各种派对、社交舞会、棋类 游戏、寻宝、拜访等	35
3. 音乐活动(music activities)	包括发声音乐活动、各种乐器演奏、音乐演出和乐器制造等	47
4. 艺术和手工艺(arts and crafts)	油画、指画、烹饪、家庭装饰、摄影、雕塑、沙雕、珠宝制作、纸艺、金属工艺、塑料工艺、玩具制作和参观博物馆等	57
5. 戏剧活动(drama activities)	嘉年华(狂欢节)、节庆、时装秀、电影制作、电影展、音乐剧、独角戏、剧本阅读、剧本写作以及参观剧院等	47
6. 跳舞(dancing)	芭蕾、古典、福克斯、现代等各种舞蹈	16
7. 自然和户外活动(nature and outing activities)	天象观测、观鸟、野营、远足、探险、垂钓、花园活动、狩猎、爬山、旅游、参观动物园等	40
8. 脑力和语言活动(mental and linguistic activities)	读书俱乐部、辩论会、猜谜游戏、演讲、听收音机、魔术、脑力游戏、诗歌协会、走迷宫、大声阅读、看电视、写信等	29
9. 收藏(collecting)	包括古董、瓷器、书、瓶子、钱币、家具、邮票、绘画、银器、玩具、武器、木器等的收藏	32
10. 服务活动(service activities)	一些儿童俱乐部、公园、学校、娱乐组织、城市委员会等领导者,或成员的服务活动 协助一些户外或室内娱乐中心的活动 给一些业余爱好、工艺品制作,或自然项目提供帮助 协助组织庆典、比赛、收藏等活动 为周日学校义务上课 为红十字会、医院、残疾人家庭提供帮助等	11
合 计		442

资料来源:The International City Manager's Association. (1948). *Municipal Recreation Administration*. Published for Institute for Training in Municipal Administration, pp. 42 –47。

在《休闲研究译丛》5本书中，“recreation”均被译为“娱乐”。但由于大部分娱乐活动需要在户外完成，所以部分台湾和大陆学者也把“recreation”译为“游憩”。游憩一般是指人们在闲暇时间所进行的各种活动。通过这种活动，可以达到恢复人们的体力和精力、愉悦身心的目的。游憩包括的范围极其广泛，从外出度假到在家中看电视等都属于游憩活动。与此相关的还有“游憩空间”（recreation space）的概念。马惠娣认为，就北美的情况而言，“游憩空间”的译法比“娱乐空间”更接近于事物的本质。在美国，广义的游憩空间包括：宾馆（包括汽车旅馆），饭店，运动场，高尔夫球场，网球俱乐部，剧院，音乐厅，文化中心，主题公园，博物馆，游泳池，划船俱乐部，马术场，垂钓园，天然小径探险，岩洞探险，风景游览，射击场，台球厅，保龄球馆，滑雪场，假日农场和度假农场，度假宿营地，探险旅游和野炊场所等等。①

在北美，美国和加拿大都开辟了大量的游憩空间，并在城市规划中对保留和开辟游憩空间（主要是城市公园）做出了明确的规定。这些游憩空间也成为城市居民休闲娱乐的主要场所。

考虑到我国的特殊国情以及与一些已有的译著的翻译的统一，本书在绝大多数情况下对“recreation”的翻译仍采用“娱乐”的译法。②

3. 游戏与玩耍

游戏和玩耍是与休闲关系密切的另外两个概念。中文的“游戏”或“玩耍”对应英文的“play”、“game”，或者“recreation”三个词。不过，在北美学者的论著中，游戏、玩耍大多时候使用的

① 马惠娣：《休闲：人类美丽的精神家园》，中国经济出版社，2004，第185～186页。

② 北美一些主要休闲组织和高等院校的休闲专业，如“The National Recreation and Park Association”在本书中统一译为“美国国家娱乐与公园协会”；宾夕法尼亚州立大学“Dept. of Recreation, Park & Tourism Management”则译作“娱乐、公园与旅游管理系”。——笔者注

都是“play”这个词。

给“游戏”下定义，并不太容易。表面看来，“狗在游戏，孩子们在游戏，我们也在游戏——玩电子游戏、弹吉他，或者上台演戏”。实际上，“‘游戏’是一个生活中容易确认，但是难以诉诸文字的概念”①。

在北美学者关于游戏的论述中，往往追溯到荷兰历史学家赫伊津哈的《游戏的人》② 一书。赫伊津哈认为，游戏必须具备6个要素：自愿的行为；与平常生活的距离；时间和空间的限制；并非重要活动，但非常吸引参与者；规则约束；促使游戏者形成私下里的组织。基于此，赫伊津哈认为，从本质上看，文化和文明是以游戏的形式出现的，即游戏是文化的基础。

在北美，雷纳的《游戏之人》③ 和埃利斯的《人为什么游戏》④ 是两本对游戏进行阐释的重要著作。在雷纳看来，“游戏有其自身的魅力，它使人扮演着另一种完全不同的角色，是对未来的‘预先占有’，是对那些令人烦扰的现实世界的一种超越。在游戏中，人世间的现实突然成为一种转瞬即逝的东西。人们随时准备接受游戏中出现的令人惊异的和新奇的事情，进入一个运用不同法则的世界”。而“在游戏活动中，人们总是快乐地、情绪高昂地表达自己的热情和精神气质。他们将解除所有的顾虑，使自己成为自由和有主宰世界能力的人”。“人们在游戏中趋向一种最悠闲的境界，在这种境界中，甚至连身体都摆脱了世俗的负担，而和着天堂之舞

① 杰弗瑞·戈比：《你生命中的休闲》（1994年，第4版），康筝译，田松校译，云南人民出版社，2000，第18页。

② Johan Huizinga. (1955). *Homo Ludens: A Study of the Play Element in Culture*. Boston: Beacon Press；中译本为：约翰·赫伊津哈：《游戏的人》，中国美术学院出版社，1996。

③ Hugo Rahner. (1972). *Man at Play*. New York: Herder and Herder.

④ Michael Ellis. (1973). *Why People Play*. Englewood-Cliffs, New Jersey: Prentice-Hall.

的节拍轻松摇动”。[①] 埃利斯则在其著作中对到20世纪70年代为止的15种理论假设提供了简要却全面的评论和分析。在这些理论中，主要的观点有：人们之所以游戏，是因为人有了超出生存所必需的能量之外的能量；游戏的原因是因为人们需要从工作和其他非游戏性的能量消耗中解脱出来；游戏是对未来所需要的技能的一种培训；游戏重复了一个成人的过去的经验等。而在关于游戏的理论中，他还分析了出现过的“一般性”、“补偿性”、“宣泄假设”以及“心理分析”等四种游戏理论。“一般性”是指将生活的其他领域中的快乐体验带到游戏世界中来；“补偿性”则指在游戏中寻找其他生活领域中无法得到的快乐；“宣泄假设”认为，游戏可以取代不能被社会接受的非法的攻击性行为，而成为一个可被接受的出口；“心理分析”理论认为，游戏在本质上是治疗性的，因为，它可以使一个人通过清除或是逐步化解那些令人不快的经验和情感并将它们排遣掉。[②]

古德尔和戈比在《人类思想史中的休闲》中，将游戏的功能总结为三个方面：（1）在最为直接和最为个人的意义上，游戏使得人的情感状态处于一种最佳态势，而这对于人的精神和肌肉都是很重要的；（2）游戏以不同的方式和不同的复杂程度帮助社会得到发展；（3）智力开发。基于此，他们认为，“游戏能够伴随着人们的成长”。而且，“也许一个成年人最明显的标志之一，是能够像孩子一样地生活和玩耍”。“那些过着最真最快乐的生活的人也就是一些至少还保留着部分童心的人，是一些从来也没有停止过游戏的人”。[③]

---

① Hugo Rahner. (1972). *Man at Play*. New York: Herder and Herder, pp. 65 - 66.

② 同时参见托马斯·古德尔、杰弗瑞·戈比《人类思想史中的休闲》，成素梅、马惠娣、季斌、冯世梅译，云南人民出版社，2000，第188~189页。

③ 托马斯·古德尔、杰弗瑞·戈比：《人类思想史中的休闲》，成素梅、马惠娣、季斌、冯世梅译，云南人民出版社，2000，第179~198页。

4. 旅游

在北美学者的大量论著中，休闲与旅游往往是并列的。这一方面说明了旅游在休闲学术领域的独特地位，另一方面也说明旅游有其独立的理论体系和特征。不过，在休闲与旅游的关系方面，北美学者仍只是把旅游看做是休闲研究的重要子领域而已，是除了本地休闲以外的异地休闲形式。① 这种关系从下面这张图中就看得很清楚：

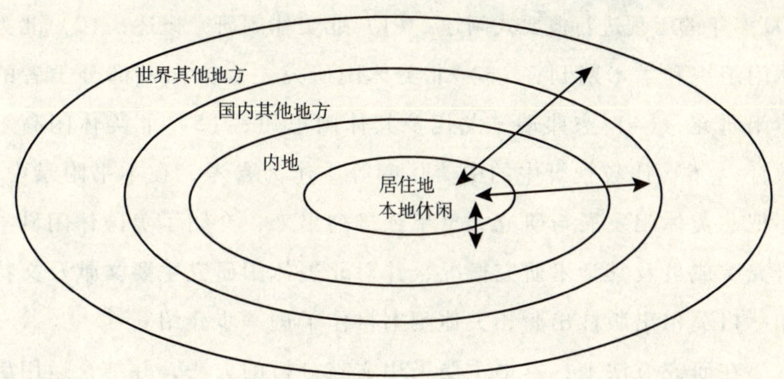

注：短箭头为“一日游”，中箭头为“国内旅游”，长箭头为“国际旅游”。

参见 A. J. Veal. (2002). *Leisure and tourism policy and planning* (*2nd ed*). Oxon: CABI Publishing, p. 4。

在北美，休闲运动起因于北美社会的快速工业化、城市化及其所带来的一系列问题，解决这些问题的方法首先是城市娱乐设施的配置和城市公园的开辟，而长距离的出游只是城市居民休闲的一种方式而已，大众旅游则是二战以后才出现的。在北美学者看来，“旅行和旅游需求是人类的基本休闲需求之一，有着悠久的历史传统”。“在众多的休闲选择中，旅游特别适合于把个体与整个现代

① A. J. Veal. (2002). *Leisure and tourism policy and planning* (*2nd ed*). Oxon: CABI Publishing, p. 4.

世界拉到一起”。[①]“现代世界里的旅游就是一种对意义的追求——努力理解整个世界”。[②]相对而言，旅游和休闲所不同的是，“作为一个学术领域，旅游业的研究传统上采纳商业取向，而休闲研究则具有福利主义趋向”[③]。

三 研究内容和方法

本书旨在在相关研究的基础上，从以下几个方面对北美休闲研究100多年的历程进行概要式阐述：（1）北美休闲研究概述；（2）北美休闲组织和学术期刊；（3）北美休闲研究主要方向及部分学者的休闲研究；（4）杰弗瑞·戈比及其休闲思想；（5）北美休闲高等教育；（6）比较视野中的中美休闲等。作为参考，在本书附录中，还把北美休闲发展与研究大事单独排列出来，介绍了美国休闲科学研究院成员及其学术研究概况，并对北美休闲研究主要文献及文特和萨格莫尔出版社出版相关休闲书目作了进一步介绍。

在研究方法上，本书主要采用文献分析的方法，并结合运用历史学、社会学的方法，一些观点和看法还基于中西比较的视野。

由于本书的基本结构框架定型于笔者2008在宾夕法尼亚州立大学娱乐、公园与旅游管理系访问期间，所以，本书的部分观点还来源于笔者与北美相关学者的对话、他们的课堂讲解笔记，以及笔者从相关高校和会议上得到的一手资料。

---

① 杰弗瑞·戈比：《你生命中的休闲》（1994年，第4版），康筝译，田松校译，云南人民出版社，2000，第246页引用麦克耐尔的看法。

② 杰弗瑞·戈比：《你生命中的休闲》（1994年，第4版），康筝译，田松校译，云南人民出版社，2000，第247页。

③ 杰弗瑞·戈比、〔韩〕沈杰明：《北美休闲研究的发展：对中国的影响》，刘晓杰、刘慧梅译，《浙江大学学报》（人文社会科学版）2008年第38（4）期，第27页。

第一章 北美休闲研究概述

在《休闲研究译丛·编者的话》里，马惠娣介绍说："美国是一个高度发达的现代国家，对休闲理论的研究已有一百多年的历史，最早的一篇学术论文甚至可以追溯到 1811 年。"① 戈比则谈道："休闲研究和娱乐与公园管理的学术内容是从不同但相互关联的视角发展而来的。娱乐与公园管理源自 19 世纪后期工业化和城市化时期各种旨在塑造和改革娱乐的公众活动，……目的在于帮助穷人、儿童、老人、残疾人以及农民，改善他们的健康、教育、社会调节和生活机会。"② 但一般认为，现代意义上的北美休闲研究开始于 100 多年以前，其标志是 1899 年凡勃伦出版的《有闲阶级论》③。本书记载了 19 世纪后期富裕的"有闲阶级"的娱乐社会生

① 托马斯·古德尔、杰弗瑞·戈比：《人类思想史中的休闲》，成素梅、马惠娣、季斌、冯世梅译，云南人民出版社，2000，"编者的话"第 3 页。

② 杰弗瑞·戈比、〔韩〕沈杰明：《北美休闲研究的发展：对中国的影响》，刘晓杰、刘慧梅译，《浙江大学学报》（人文社会科学版）2008 年第 38（4）期，第 23 页。

③ 凡勃伦：《有闲阶级论》，蔡受百译，商务印书馆，1964。

活，直到今天仍被认为是一本休闲经典专著。此后，一直到 21 世纪初期，北美休闲研究不断地向纵深发展完善。

第一节　北美休闲研究的阶段

在北美，关于休闲研究的阶段划分，比较传统和简单的方法是以第二次世界大战为界，把北美休闲研究分为前后两个时期，即二战以前时期和二战以后时期，绝大多数北美休闲学者持这种观点。① 在此基础上，也有更细化的分段方法。加里·克罗斯（Gary Cross）在他的《1600 年以来的休闲社会史》② 中，把 20 世纪以来美国的休闲社会运动和休闲研究历史划分为二战以前、二战至 70 年代和 70 年代以后三个阶段。另一位休闲社会学者罗尔夫·梅尔森（Rolf Meyersohn）在一篇文章中专门论述了 1945 ~ 1965 年间美国休闲社会学研究概况，③ 从休闲社会学角度间接提出了北美休闲研究阶段的划分标准，与加里·克罗斯的划分基本吻合。2000 年，理查德·克劳斯（Richard Kraus）在其所著《休闲：在变化中的美

---

① 二战以后的一段时间里，北美并没有关于休闲研究阶段划分的说法。到 20 世纪 80 年代以后，随着北美高等教育的大发展，学者在向学生介绍休闲研究历史时，才明确提出休闲研究的不同阶段，而分界点则选择在二战时期。2004 年，美国宾夕法尼亚州立大学娱乐、公园与旅游管理系的研究生 J. Shim 在其博士论文 *The Evolution of Leisure Studies in North America and South Korea* : *A Study of Cultural Consensus* 中对北美休闲研究进行回顾时，即以二战为界，把北美休闲分为前后两个时期。2008 年秋季，在笔者参与的美国宾夕法尼亚州立大学娱乐、公园与旅游管理系的研究生课程“休闲研究基础”中，加里·奇克（Garry Chick）教授明确了这一时间划分方法。以下关于加里·奇克的观点也来源于他的课堂讲授内容。

② Gary Cross.（1990）. *A Social History of Leisure*: *Since 1600*. State College, Pennsylvania: Venture Publishing, Inc.

③ Rolf Meyersohn.（1969）. The Sociology of Leisure in The United States: Introduction and Bibliography, 1945 - 1965. *Journal of Leisure Research*, Vol. 1 (1): 53 - 68.

国》[①] 一书中认为，美国真正的休闲运动应该从二战以后开始，而美国休闲状况的巨大变革出现在20世纪50年代至70年代，这一时期大量的学术专著开始出现；80年代是休闲运动和休闲研究都出现转折的时期；90年代以后美国休闲研究则进入了一个新的阶段。加拿大亚伯塔大学的托马斯·伯顿（Thomas L. Burton）和埃德加·杰克逊（Edgar L. Jackson）也曾撰文认为，北美的现代休闲研究应从1899年凡勃伦的《有闲阶级论》开始；二战以后，大量的学术专著开始出现，与此相伴随的则是20世纪70、80年代出现的北美休闲学术期刊；90年代以后，北美休闲研究进入新的时期。[②]

实际上，休闲研究和休闲运动是与经济、社会的发展同步的。19世纪末期，正处在快速工业化、城市化进程中的北美面临逐渐增多的城市穷人、儿童、老人、残疾人以及农民的问题，休闲被作为改善这些人健康、教育、社会调节和生活机会的一种手段。二战以后至20世纪80年代是北美经济发展的黄金时期，随着经济的大发展、人们生活水平的提高和休闲时间的增加，社会对休闲的需求迅速膨胀，国家和地方政府开始投入大量资金用于国家公园、城市公园和休闲资源的开发、休闲设施的提供等，[③] 休闲研究也进入大发展时期。20世纪90年代以后，北美社会已完全进入了福利化社会阶段，社会产品丰富，技术领先，交通发达，休闲已经成为普遍的社会行为。与此同时，北美的休闲研究也走向成熟。这一时期，

---

① Richard Kraus. (2000). *Leisure in a changing America: Trends and issues for the 21st century* (*2nd ed*). Boston: Allyn & Bacon.

② Thomas L. Burton & Edgar L. Jackson. Reviewing Leisure Studies: An Organizing Framework. In Edgar L. Jackson & Thomas L. Burton. (1999). *Leisure Studies: Prospects for the Twenty-First Century*. State College, Pennsylvania: Venture Publishing, Inc., p. 11.

③ Richard Kraus. (2000). *Leisure in a changing America: Trends and issues for the 21st century* (*2nd ed*). Boston: Allyn & Bacon, p. 39.

休闲学者开始反思先前的休闲理论成果，逐渐拓宽学术视野，并开始了频繁的国际学术交流与合作等。

当然，也有一些北美学者不提倡从时间角度来划分休闲研究的阶段。戈比就主张从研究的内容而不是重大历史事件的视角来看待休闲。戈比认为："休闲研究起源于一个不同但又关联的传统。它最先从欧洲大学里的社会学系发展起来，关注工业社会中不断增多的闲暇时间所带来的问题。早期的探索聚焦于每日生活中的工作——休闲模式、时间的利用、郊区化和工业工作等。后来的探索专题则包括社会阶级、科技、社区生活、有组织的休闲，以及工作安排对休闲行为的作用和影响。从 20 世纪 80 年代起，社会心理学的框架越来越多地被休闲研究所采纳。"① 他又谈到，其实在北美休闲研究过程中，社会群体理论，自我决定理论，流畅理论，休闲制约和协商理论，人种/种族、社会正义和文化理论，以及严肃休闲和业余休闲的区分理论，社会群体理论中的拥挤和冲突问题等，都曾经或一直是广受学术界关注的问题。所以，他更多地认为北美休闲研究是从最早关注"休闲社会学"、"休闲经济学"等，而后涉及公园、娱乐、旅游等实证休闲研究，并最终走向"休闲社会/心理学"研究的一个过程。②

第二节 二战以前的北美休闲研究

凡勃伦在《有闲阶级论》中，把休闲阶级作为一个特殊的经

---

① 杰弗瑞·戈比、〔韩〕沈杰明：《北美休闲研究的发展：对中国的影响》，刘晓杰、刘慧梅译，《浙江大学学报》（人文社会科学版）2008 年第 38（4）期，第 23～24 页。

② 杰弗瑞·戈比、〔韩〕沈杰明：《北美休闲研究的发展：对中国的影响》，刘晓杰、刘慧梅译，《浙江大学学报》（人文社会科学版）2008 年第 38（4）期，第 23～27 页。

济队伍和消费群体来看待。他使用嘲讽的口吻来描述 19 世纪后期富裕的“有闲阶级”的“炫耀性消费”及其娱乐生活，反映出在那个时期，休闲是被看做一种特殊阶层的专利的。[①] 进入 20 世纪初期，大量的农村人口进入城市，成为工厂的工人，工作与休闲的关系开始被广泛地关注。

长时间的枯燥乏味的体力和脑力劳动，使工人运动首先从争取缩短工作时间开始，即争取有更多的休息时间来解除工作的疲劳。但当时正处于快速工业化和经济发展时期的北美社会，在价值观念上崇尚劳动、工作，整个社会对休闲的观念还无法接受。所以，最初工人的休息权之所以被认可，是因为连资本家也认为，适当的休闲是对工作的必要补偿，对工人为资本家创造更多的利润也是有利的。[②]“休闲对于整天从事重复性、低技术含量、穿梭于工厂的机器之间的工人的单调乏味的工作来说，是一种额外的补偿。”[③]

在这种背景下，工人的工作时间逐渐被缩短，他们也可以有闲暇时间上教堂，或与家人一起度过愉快的周末。[④]

第一次世界大战时期，美国远离欧洲战场，获得了发展国内经济的良好时机。所以，到二战以前，北美的休闲得到了很大的发展，休闲研究则逐渐深入。这一时期的研究成果除了一直关注工作与休闲的关系、休闲与传统伦理观念的冲突等问题外，有不少成果涉及对居民休闲、娱乐时间及其利用的调研、测量方面。比如，1933～1934 年，纽约市组织了一次较大规模的居民休闲时间利用

---

① 凡勃伦：《有闲阶级论》，蔡受百译，商务印书馆，1964。

② Gary Cross.（1990）. *A Social History of Leisure*：*Since 1600*. State College, Pennsylvania：Venture Publishing，Inc.，p. 99.

③ Wilensky，H.L.（1960）. Work，careers and social integration. *International Social Science Journal*，12：544.

④ Gary Cross.（1990）. *A Social History of Leisure*：*Since 1600*. State College, Pennsylvania：Venture Publishing，Inc.，p. 99.

调研。调研的结果认为，工作时间的缩短是一个必然的趋势，对居民逐渐增长的需求必须加以认真对待。[①] 与此同时，儿童、青少年的休闲问题也逐渐受到社会的关注；城市老人的问题、无业流动人口的问题等也逐渐引起政府的重视。一些政府和非政府组织开始从开辟公园、提供娱乐设施方面考虑市民逐渐增长的休闲需要。

根据美国国家娱乐与公园协会的相关资料[②]，1902 年，有将近 800 个美国城市组织了自己的公园管理系统；1916 年，美国国家公园管理机构——国家公园服务部正式建立，负责管理全国的 15 个国家公园和 21 个纪念馆；1927 年，有将近 1700 座城市建立了自己的公园管理系统，下辖的公园总面积达到了 250000 英亩；到二战结束时，又有大批的公园、游泳池、图书馆，以及其他休闲机构建立起来。

这一时期，比较突出的休闲研究成果包括：柯蒂斯（Henry S. Curtis）的《游戏运动及其意义》[③]，伦德伯格、喀马罗福斯基和麦克纳尼（George A. Lundberg，Mirra Komarovsky，and Mary Alice McInerny）的《休闲：对郊区的研究》[④]，诺伊迈耶（Neumeyer, M. H. & Neumeyer，E. S.）的《休闲与娱乐：社会学视角的研究》[⑤]，弗罗姆（Eric Fromm）的《逃避自由》[⑥]，以及卡滕（Cutten，G. B）的《休闲的威胁》[⑦] 等。

---

① New York Committee on the Use of Leisure Time.（1934）. *The report of the New York Committee on the use of leisure time*. National Recovery Administration.

② 美国国家娱乐与公园协会（NRPA）网站，http：//www. nrpa. org。

③ Henry S. Curtis.（1917）. *The Play Movement and Its Significance*. New York：The Macmillan Company.

④ George A. Lundberg，Mirra Komarovsky，& Mary Alice McInerny.（1934）. *Leisure—A Suburban Study*. New York：Columbia University Press.

⑤ Neumeyer，M. H. & Neumeyer，E. S.（1936）. *Leisure and recreation：A study of leisure and recreation in their sociological aspects*. New York：A. S. Barnes and Company Inc.

⑥ Eric Fromm.（1941）. *Escape from Freedom*. New York：Holt，Rinehart and Winston.

⑦ Cutten，G. B.（1926）. *The threat of leisure*. New Haven：Yale University Press.

柯蒂斯在《游戏运动及其意义》中讨论了游戏与社会文化的关系问题，指出它对人的发展及社会进步的意义；《休闲：对郊区的研究》则选取二战以前美国经济大萧条时期纽约一个郊区为背景，在对广泛收集的数据进行大量的定性研究和一些定量分析之后，对休闲受到的制约和其对社会的影响进行了评价；《休闲与娱乐：社会学视角的研究》从社会学角度对休闲进行阐释，认为对普通人来讲，休闲是史无前例的、正在走向人类的全新的事情，标志着一种新的生活形态的可能性将直接从为了生计而工作的人们那里产生；弗罗姆的《逃避自由》则从哲学层面讨论了约束与自由的问题，他认为，人类发展的过程就是不断地从自然的、人为的各种约束中找到自由的过程，但什么才是自由的真正目的则仍然是人类需要长期思考的问题；《休闲的威胁》则分析了由于休闲产生的对传统价值观念的威胁，并表示了对休闲与未来社会发展前景的忧虑。

实际上，直到二战以后大众休闲的观念被普遍接受以前，北美休闲学术界和整个社会对休闲及其存在价值就一直在不停地争论着，而休闲研究自身的弱点也是这场争论一直存在的原因。这种弱点在北美的学者看来主要来源于以下两个主要方面：

一是，一直有学者把休闲看做是危险的，甚至对文化和现代文明而言，休闲是一个问题而不是一种资源。① 传统的对于工作和勤劳等美德的崇尚，始终成为休闲作为普通人权利、被广泛接受的主要阻碍。

二是，在一些学者看来，休闲学研究面临的困境不仅来自外界，即客观世界，也来自自身。主要有两个方面：一方面，休闲被简单地、武断地看做是依附于作为重要社会行为的经济、权力、声誉等社会系统的微不足道的社会生活的组成部分；另一方面，在使用“休闲”及其他相关词汇“游戏”和“娱乐”时，往往还存在

① Cutten, G. B. (1926). *The threat of leisure*. New Haven: Yale University Press.

着概念上的矛盾和模棱两可的状况。[①] 被认为是北美休闲社会学之父的杜马泽第耶（Dumazedier，J.）也认为，“许多关于休闲的概念，比如自由时间、休息、游戏、消遣、娱乐、爱好、自己动手等，既彼此包含，又互相叠加，存在于一个模糊不清的系统中……所以，我们始终面对一个需要解开和澄清的思想矛盾”[②]。

所以，二战以前的北美休闲研究除了花费大量的精力厘清欧洲传统的工作—休闲价值观外，主要仍是在休闲的基本概念及其经济价值、社会意义等方面展开讨论。其他相关的研究还涉及休闲的历史、休闲的理想、休闲市场、休闲文化、大众娱乐、休闲教育等。

但是，应该看到，这种探讨已经为战后休闲的发展和休闲研究的进步与成熟做了很多必要的基础性工作。

第三节　二战以后至20世纪90年代的北美休闲研究

二战以后直到21世纪初期的60多年时间里，依靠远离世界大战战场的良好发展环境，北美的经济获得了长足的发展，美国成为世界超级经济、军事大国，加拿大的经济也跻身世界发达国家的行列。与此同时，北美社会也正式跨入发达的福利资本主义社会的行列。随着经济的大发展、城市化进程的加快、人口的增加、教育的发展等，居民休闲的需求也逐渐增长起来，大众休闲理论逐渐被社会接受，公园、娱乐和休闲发展也进入快速推进时期。[③]

---

① Giddens，A.（1964）. Notes on the concepts of play and leisure. *The Sociological Review*，12：81.

② Dumazedier，J.（1960）. Current problems of the sociology of leisure. *International Social Science Journal*，12：524.

③ Richard Kraus.（2000）. *Leisure in a changing America：Trends and issues for the 21st century*（*2nd ed*）. Boston：Allyn & Bacon，p. 39.

1955年，加利福尼亚州洛杉矶迪斯尼乐园（Disneyland）开园，标志着美国第一个主题公园的诞生；1956年，国家公园服务部开始实施旨在提升国家公园的“使命66”计划；1962年，美国联邦政府正式设立户外娱乐部，以对国民娱乐提供持续的协调、资助、管理与服务；到1978年，联邦政府又以“国家公园与娱乐行动”的名义斥资12亿美元用于城市和国家公园建设。到20世纪90年代，“全美50个州和加拿大各省都进行过不少与休闲直接相关的活动。每个州都设有以户外娱乐为首要责任的专门机构。另外，处理青年、老年、教育、资源保护区、规划和其他事务的州政府机构也常常向其用户提供娱乐服务”①。因此，时至今日，无论在寸土寸金的纽约曼哈顿（Manhattan），还是在休闲小镇宾夕法尼亚州的斯泰特考利奇（State College），都随处可见面积和数量不等的城市社区公园。这些社区公园的面积和数量视具体情况而定，比如，截至2008年，在斯泰特考利奇中心区公园与娱乐部管理下的社区公园共有42处，另有3处球场、2个公共游泳池、2处草场、1处湿地、1处大型自然生态保护区和1个老年活动中心，共52处公园、娱乐休闲场地，服务于本地的38.7万居民。②

与此同时，许多非政府组织的休闲学会（协会）如：美国国家娱乐与公园协会（NRPA）、美国休闲科学研究院（Academy），以及一批休闲学术期刊，如《休闲研究杂志》（*Journal of Leisure Research*）、《休闲科学》（*Leisure Sciences*）、《公园与娱乐管理杂志》（*Journal of Park and Recreation Administration*）等也先后面世，为休闲研究提供了广阔的学术舞台。

归根到底，休闲首先表现为一种社会现象，或者社会问题。因

① 杰弗瑞·戈比：《你生命中的休闲》（1994年，第4版），康筝译，田松校译，云南人民出版社，2000，第369页。

② 斯泰特考利奇“中心区公园与娱乐部”：http：//www. crpr. crg。

此，在二战以后的相当长时期里，北美休闲研究的成果大多仍然是从社会学角度入手的。

关于20世纪70年代中期以前北美休闲社会学研究的成果，以刊登在1969年《休闲研究杂志》创刊号上的罗尔夫·梅尔森的文章《美国的休闲社会学：介绍和参考文献》的介绍最为详细。文章从社会学角度专门论述了1965年以前美国休闲研究的成果，并按照“一般性休闲著作、休闲文集和休闲理论探讨”、“经济研究”、“社会身份和地位”、“工作阶层”、“儿童/成人与家庭”、“老人”、“城市/郊区休闲”、“大众娱乐活动”、“户外娱乐（包括旅行）”等排列，涉及的主要专著和论文达到229种。①

表1-1　二战以后至20世纪70年代中期以前北美休闲社会学研究概况

研究内容	成果数量(种)	代表性成果
休闲参考文献综述(Bibliography of leisure)	4	见表后
一般性休闲著作、休闲文集和休闲理论探讨(General work; collections & anthologies; theoretical discussions)	65	见表后
经济研究(Economic studies)	26	见表后
社会身份和地位(Socio-professional status)	13	见表后
工作阶层(Working class)	13	见表后
儿童/成人与家庭(Children; adults; family)	9	见表后
老人(The aged)	15	见表后
城市/郊区休闲(Urban and suburban leisure)	8	见表后
志愿者组织、宗教与成人教育(Voluntary organizations; religion; adult education)	15	见表后
大众娱乐活动(Mass entertainment activities)	23	见表后
户外娱乐(包括旅行)(Outdoor recreation, including travel)	38	见表后
合　　计	229	

① Rolf Meyersohn. (1969). The Sociology of Leisure in The United States: Introduction and Bibliography, 1945 - 1965. *Journal of Leisure Research*, Vol. 1 (1): 53 - 68.

主要相关成果：

1. 休闲参考文献综述

1）Denney，Reuel & Meyersohn，Mary Lea，compilers.（1957）. Preliminary Bibliography on Leisure. *American Journal of Sociology*, Vol. LXII，（May）：602 –615.

2）Meyersohn，Rolf & Mare，Marilyn.（1958）. A Comprehensive Bibliography on Leisure，1900 –1958，*Mass Leisure*. ed. Eric Larrabee and Ralf Meyersohn，Glencoe，Ill.：Free Press，pp. 389 –419.

3）Neumeyer，Martin H.（1958）. Areas for Research in Leisure and Recreation. *Sociology and Social Research*，Vol. XLIII，（November-December）：90 –96.

4）Library of Congress.（1962）. *Outdoor Recreation Literature：A Survey*. ORRRC Study Report 27，Washington：U. S. Government Printing Office，Vol.（I）：1 –97.

2. 一般性休闲著作、休闲文集和休闲理论探讨

1）Denney，Reuel & Riesman，David.（1952）. Leisure and Human Values in Industrial Civilization，*Creating an Industrial Civilization*. ed. E. Staley，New York，Harper & Bros.，pp. 245 –281.

2）Bell，Daniel.（1956）. *Work and Its Discontents*. Boston，Beacon Press.

3）Denney，Reuel.（1957）. *The Astonished Muse*. Chicago：University of Chicago Press.

4）Donahue，Wilma（ed.）.（1958）. *Free Time*. Ann Arbor：University of Michigan Press.

5）Larrabee，Eric and Meyerson，Rolf（eds）.（1958）. *Mass Leisure*. Glence，Ill.：Free Press.

6）The Leisure Society：Do We Use Leisure，or Does Leisure Use

Us? (effects on the individual and on management). *Harvard Business Review*, Vol. XXXVII (May/June, 1959): 46 - 60.

7) Zelomek, A. Wilbert. (1959). *A Changing America at Work and Play*. New York: John Wiley & Sons.

8) Kaplan, Max. (1960). *Leisure in America: A Social Inquiry*. New York, Wiley.

9) Anderson, Nels. (1961). *Work and Leisure*. New York: Free Press of Glencoe, IlL.

10) Brightbill, C. K.. (1962). *Man and Leisure: A Philosophy of Recreation*. Englewood Cliffs, N. J., Prentice-Hall Publishing Co.

11) de Grazia, Sebastian. (1962). *Of Time, Work and Leisure*. New York, The Twentieth Century Fund.

12) Outdoor Recreation Resources Review Commission. (1962). *National Recreation Survey*. ORRRC Study Report 19, Washington: U. S. Government Printing Office, p. 394.

13) Charlesworth, James C. (ed.). (1964). *Leisure in America: Blessing or Curse*. Monograph JHJ4, Amirican Academy of Political and Social Science, (April): 93.

14) Green Arnold W.. (1964). *Recreation, Leisure and Politics*. New York: McGraw-Hill.

15) Dulles, Foster Rhea. (1965). *A History of Recreation: America Learns to Play (2nd ed)*. New York: Apleton-Century-Crofts.

3. 经济研究

1) Rottenberg, Simon. (1953). Income and Leisure in an Undeveloped Economy. *Journal of Political Economy*, Vol. LX, (April): 95 - 101.

2) Outdoor Recreation Resources Review Commission. (1962). Econmic Evaluation of Outdoor Recreation Benefits, *Economic Studies of*

Outdoor Recreation. ORRRC Study Report 24, Washington: U. S. Government Printing Office, pp. 45 – 70.

3) Bureau of Labour Statistics, U. S. Department of Labor. (1962). Estimates of the Decrease in Hours worked, 1960 – 2000, *Projections to the Years 1976 and 2000: Economic Growth, Population, Labor Force and Leisure, and Transportation*. ORRRC Study Report 23, Washington: U. S. Government Printing Office, pp. 35 – 72.

4) Fisk, George. (1963). *Leisure Spending Behavior*. University of Pennsylvania Press.

5) Barlow, R. & Sparks, G. R. (1964). Note on Progression and Leisure. *American Economic Review*, Vol. LIV, (June): 372 – 377.

6) Clawson, Marion & Knetsch, Jack L. (1966). *Economics of Outdoor Recreation*. Baltimore, Maryland: John Hopkins University Press.

4. 社会身份和地位

1) Reissman, Leonard. (1954). Class, Leisure and Social Participation. *American Sociological Review*, Vol. XIX, (February): 75 – 84.

2) White, Reuel. (1955). Social Class Difference in the Uses of Leisure. *American Journal of Sociology*, Vol. LXI, (September): 145 – 150.

3) Jordan, Millard L. (1956). Leisure Time Activities of Sociologist and Attorneys. *Sociology Social Research*, Vol. XL, (January): 176 – 178.

4) Clarke, Alfred. (1956). The Use of Leisure and Its Relation to Levels of Occupational Prestige. *American Sociological Review*, Vol. XXI, (June): 301 – 307.

5) Heckscher, A. & de Grazia, S. (1959). Executive Leisure: 5000 Executives Report on How Much They Have, What They Do With

It, and What They Look For. *Harvard Business Review*, Vol. XXXVII, (July/Augrst): 6 -8.

5. 工作阶层

1) Berger, Bennett. (1960). *Working Class Suburb*. Berkeley: University of California Press.

2) Wilensky, H. L. (1961). The Uneven Distribution of Leisure: the Impact of Economic Growth on Free Time. *Social Problems*, Vol. IX, (Summer): 32 -56.

3) Meyersohn, Rolf. (1963). Changing Work and Leisure Routines, *Work and Leisure: A Contemporary Social Problem*. ed. Erwin O. Smigel, New Haven: College & University Press, pp. 97 - 106.

4) Komarovsky, Mirra. (1964). Social Life and Leisure, *Blue-Collar Marriage*. New York: Random House, pp. 311 -329.

5) Anderson, Charles & Gordon, Milton. (1964). The Blue-Collar Worker at Leisure, *Blue-Collar World: Studies of the American Worker*. ed. Arthur B. Shostak and William Gomberg, Englewood Cliffs, N. J.: Prentice-Hall, Inc., pp. 407 -416.

6. 儿童/成人与家庭

1) Boynton, P. L. & Wang, J. D.. (1944). Relation of the Play Interests of Children to their Socio-Economic Status. *Journal of Genetic Psychology*, Vol. LXIV, (March): 129 -138.

2) MacDonald, Margherita, Et aL. (1949). Leisure Activities of the Socio-Economic Status of Children. *American Journal of Sociology*, Vol. XLIV, (May): 505 -519.

3) Havighurst, Robert J. (1957). Leisure Activities of the Middle-Aged. *American Journal of Sociology*, Vol. LXIII, (September): 152 -162.

4） Leevy, J. Roy. （1959）. Leisure Time of the American Housewife. *Sociology and Social Research*, Vol. XXXV, （November）: 97 - 105.

5） Cunningham, Kenneth R. & Johannis, Theodore, B. （1960）. Research on the Family and Leisure: A Review and Critique of Selected Studies. *Coordinator*, Vol. IX, （September）: 25 - 32.

7. 老人

1） Chalfen, Leo. （1956）. Leisure Time Adjustment for the Aged: Activities and Interests and Some Factors Influencing Choice. *Journal of Genetic Psychology*, Vol. LXXXVIII: 261 - 276.

2） Havighurst, Robert J. （1960）. Life Beyond Family and Work, *Aging and Western Societies*. ed. E. W. Burgess, Chicago: University of Chicago Press, pp. 299 - 353.

3） Kaplan, Max. （1960）. *The Uses of Leisure—Handbook of Social Gerontology: Societal Aspects of Aging*. ed. C. Tibbits, Chicago: University of Chicago Press, pp. 407 - 443.

4） Kleemeier, Robert W. （ed.）. （1961）. *Aging and Leisure: A Research Perspective into the Meaningful Use of Time*. New York, Oxford University Press.

8. 城市/郊区休闲

1） Ennis, Philip H.. （1958）. Leisure in the Suburbs: Research Prolegomenon, *The Suburban Community*. ed. W. M. Dobriner, New York: Putnam, pp. 248 - 270.

2） Goldstein, B. & Eichhorn, R. L. （1961）. Changing Protestant Ethic: Rural Patterns in Health, Work and Leisure. *American Sociological Review*, Vol. XXVII, （August）: 557 - 565.

3） Gans, Herbert. （1963）. *Effects of the Move from City to Suburb: The Urban Condition*. ed. Leonard Duhl, New York: Basic

Books, pp. 184 – 198.

9. 志愿者组织、宗教与成人教育

1) Komarovsky, Mirra. (1946). The Voluntary Associations of Urban Dwellers. *American Sociological Review*, Vol. XI, (December): 686 – 698.

2) Nash, Jay B. (1962). The Enlarging Role of Voluntary Leisure-Time Associations in Outdoor Recreation and Education, *Trends in American Living and Outdoor Recreation*. ORRRC Study Report 22, Washington: U. S. Government Printing Office, pp. 157 – 186.

3) London, J. & Wenkert, R. (1963). Leisure and American Adult Education. *International Journal of Adult and Youth Education*, Vol. XV (4): 167 – 170.

4) Lee, Robert. (1964). *Religion and Leisure in America: A Study in Four Dimensions*. Tennessee: Abingdon Press.

10. 大众娱乐活动

1) Meyersohn, Rolf. (1961). An Examination of Commercial Entertainment, *Aging and Leisure: A Research Perspective into the Meaningful Use of Time*. ed. Robert W. Kleemeier, New York, Oxford University Press, pp. 243 – 272.

2) Glick, Ira O. & Levy, Sidney J. (1962). *Living with Television*. Chicago: Aldine Publishing Company.

3) Steiner, Gary A.. (1963). The People Look at Television: A Study of Public Attitudes, *A Report of a Study at the Bureau of Aplied Social Research*. Columbia University, New York: Alfred A. Knopf.

4) Mendelsohn, Harold. (1966). *Mass Entertainment*. New Haven, Conn: College and University Press.

5) Developmental Leisure Time Activity in the United States in Relation to Cultural Ideals. *Journal of Human Relations*, (1966).

Vol. XIV (2): 267 - 286.

11. 户外娱乐(包括旅行)

1) Mangels, William F.. (1952). *The Outdoor Amusements Industry*. New York: Vantage Press.

2) Cozens, Frederick W. & Stumph, Florence S. (1953). *Sports in American Life*. Chicago: University of Chicago Press.

3) Stone, Gregory P. & Taves, Marvin J. (1958). Camping in the Wilderness, *Mass Leisure*. ed. Eric Larrabee and Rolf Meyersohn, Glencoe, III.: Free Press, pp. 290 - 305.

4) Department of Resource Development, Michigan State University. (1962). *The Quality of Outdoor Recreation: As Evidenced by User Satisfaction*. ORRRC Study Report 5, Washington: U. S. Government Printing Office, p. 95.

5) Gans, Herbert J. (1962). *Outdoor Recreation and Mental Health*, *Trends in American Living and Outdoor Recreation*. ORRRC Study Report 22, Washington: U. S. Government Printing Office, pp. 234 - 242.

6) Goldenthal, A. James. (1962). The Future of Travel in the United States, *Projections to the Years 1976 and 2000: Economic Growth, Population, Labor Force and Leisure, and Transportation*. ORRRC Study Report 23, Washington: U. S. Government Printing Office, pp. 73 - 117.

1972 年，梅尔森又对全球范围内休闲社会学研究的学术成果进行过一次统计，其中第一个部分是美国的成果。① 反映的研究趋向基本与他 1945 ~1965 年的情况一致。后来，美国又有一些关于

① Meyersohn, R. (1972). *International selective bibliography on leisure: Part one: U. S. A.* (1966 - 1972).

休闲研究学术研究进展的成果问世，比如赫伦（Herron，N. L.）的《休闲文献》[①] 介绍了1992年以前美国休闲研究的主要文献，是梅尔森工作的继续。他通过对多达283种参考文献的考察证实，三种增长最迅速的休闲研究方向分别是：旅游、体育与健康。其实，这也直接反映出，到了20世纪70、80年代以后，随着美国社会的高度发达，包括各种节假日在内的休闲时间的增加，人们了解外部世界的欲望更加强烈了，旅行、旅游成为人们生活的不可缺少的组成部分。同时，通过体育锻炼和其他方式获得健康，也逐渐成为人们的一种生活追求。

1983年和1989年，美国另一位学者巴奇（Burdge，R. J.）还对两个主要休闲期刊《休闲研究杂志》和《休闲科学》所刊登的文章进行了分析，从中也总结出休闲研究的不同趋向。[②] 他发现，休闲研究已经逐渐从二战初期的注重社会学、经济学的休闲社会学研究，转向诸如森林、娱乐和公园管理等应用性研究，商业性娱乐与市场研究的成果也有不少的增加。戈比和沈杰明的研究也证明了这一点。他们认为，北美休闲研究从最早关注休闲社会学、休闲经济学等研究，而后涉及公园、娱乐、旅游等实证休闲研究，并且最终走向休闲社会/心理学研究。[③]

从一些主要的休闲专著可以更清晰地看出这个研究的轨迹。这个时期影响比较大的专著如：布赖特比尔和迈耶（Charles

---

① Herron，N. L.（1992）. *The leisure literature*：*A guide to sources in leisure studies*，*fitness*，*sports*，*and travel.* Englewood，Colorado：Libraries Unlimited，Inc.

② Burdge，R. J.（1983）. Making leisure and recreation research a scholarly topic：views of a journal editor，1972 - 1982. *Leisure Sciences*，6：99 - 126；Burdge，R. J. The evolution of leisure and recreation research from multidisciplinary to interdisciplinary. In E. L Jackson and T. L. Burton（Ed.）.（1989）. *Understanding leisure and recreation*：*Mapping the past and charting the future*. State College，PA：Venture Publishing，pp. 29 – 46.

③ 杰弗瑞·戈比、〔韩〕沈杰明：《北美休闲研究的发展：对中国的影响》，刘晓杰、刘慧梅译，《浙江大学学报》（人文社会科学版）2008年第38（4）期，第23～27页。

K. Brightbill & Harold D. Meyer）的《娱乐》①、德欧和菲茨杰拉德（Doell，C.，& Fitzgerald，G.）的《美国公园和娱乐简史》②、拉诺比和梅尔森（Eric Larrabee & Rolf Meyersohn）的《大众休闲》③、梅和珀根（May，H.，& Petgen，D.）的《休闲及其应用》④、布赖特比尔（Charles K. Brightbill）的《休闲的挑战》与《人与休闲》⑤、凯普兰（Max Kaplan）的《美国的休闲——社会调查》⑥与《休闲：理论和政策》⑦、麦克坎内尔（Dean MacCannell）的《旅游者：休闲阶层的新理论》⑧、戈比与帕克（Geoffrey Godbey & Stanley Parker）的《休闲研究与休闲服务》⑨、戈比的《娱乐、公园与休闲服务：基础、组织与管理》⑩、布赖恩（Hobson Bryan）的《广义户外活动中的冲突》⑪、克兰兹（Galen Cranz）的《公园设计

---

① Charles K. Brightbill & Harold D. Meyer.（1953）. *Recreation：Text and Reading*. New York：Prentice-Hall，Inc.

② Doell，C.，& Fitzgerald，G.（1954）. *A brief history of parks and recreation in the United states*. Chicago，IL：The Athletic Institute.

③ Eric Larrabee & Rolf Meyersohn.（1958）. *Mass Leisure*. Glencoe，IL：The Free Pree.

④ May，H.，and Petgen，D.（1960）. *Leisure and its Uses*. New York，NY：A. S. Barnes.

⑤ Charles K. Brightbill.（1960）. *The Challenge of Leisure*.（1961）. *Man and Leisure*. Englewood Cliffs，New Jersey：Prentice-Hall.

⑥ Max Kaplan.（1960）. *Leisure in America：A Social Inquiry*. New York：John Wiley & Sons，Inc.

⑦ Max Kaplan.（1975）. *Leisure：Theory and Policy*. New York：John Wiley & Sons，Inc.

⑧ Dean MacCannell.（1976）. *The Tourist—A New Theory of the Leisure Class*. New York：Schocken Books.

⑨ Geoffrey Godbey & Stanley Parker.（1976）. *Leisure Studies and Services：an Overview*. Philadelphia：W. B Saunders Company.

⑩ Geoffrey Godbey.（1976）. *Recreation，Park and Leisure Services：Foundations，Organization，Administration*. Philadelphia：W. B Saunders Company.

⑪ Hobson Bryan.（1979）. *Conflict in the Great Outdoors*. Alabama：University of Alabama，Bureau of Public Administration.

政治学——美国都市公园史》① 等，都主要涉及了公园、娱乐、旅游等应用休闲的内容。

其中，布赖特比尔和迈耶的《娱乐》、德欧和菲茨杰拉德的《美国公园和娱乐简史》是对美国娱乐运动及其历史的追溯。拉诺比和梅尔森的《大众休闲》是一本关于休闲的文集。文集中还收录了皮亚杰、赫伊津哈、米德、罗素和哈克斯利等名家的论文。布赖特比尔在《休闲的挑战》与《人与休闲》中，把休闲与时间等同起来，把娱乐生活看做是对社会的挑战，是人类幸福的来源。凯普兰的《美国的休闲——社会调查》与《休闲：理论和政策》则把休闲作为一个多维度的概念来研究，这些维度涉及美国社会制度的诸多方面，其中包括工作、家庭、社会阶层、宗教、世俗的价值观等，很好地反映了20世纪60年代的美国休闲社会学。戈比与帕克的《休闲研究与休闲服务》以及戈比的《娱乐、公园与休闲服务：基础、组织与管理》则侧重于休闲服务与管理，是休闲理论与实证研究的代表作。克兰兹的《公园设计政治学——美国都市公园史》借助建筑社会学家的观点，考察了都市公园的历史演化，并解释和说明了都市公园有代表性的四种类型，为北美城市公园的建设、管理与服务提供了很好的借鉴。

而纽林格（John Neulinger）的《休闲心理学》②、奇克森特米哈伊（Mihalyi Csikszentmihalyi）的《畅：最佳体验的心理学》③、塞波·伊索—阿霍拉（Seppo E. Iso-Ahola）的《休闲与娱乐的社会心理学》④、

---

① Galen Cranz. (1987). *The Politics of Park Design—A History of Urban Parks in America*. Cambridge, Massachusetts: MIT Press.

② John Neulinger. (1974). *The psychology of leisure: Research approaches to the study of leisure*. Springfield. IL: Charles Thomas Publishers.

③ Mihalyi Csikszentmihalyi. (1990). *Flow—The Psychology of Optimal Experience*. New York, NY: Harper Perennial.

④ Seppo E. Iso-Ahola. (1980). *Social Psychological Perspectives on Leisure and Recreation*. Charles C. Thomas · Publisher: Bannerstone House.

曼内尔和克莱伯（Roger C. Mannell & Douglas A. Kleiber）的《休闲社会心理学》[①] 等则是北美休闲心理学/社会心理学研究领域的代表性作品。其他影响比较大的专著还包括：

1. 赫伊津哈（Johan Huizinga）《游戏的人》[②]；
2. 葛拉齐亚（de Grazia，S.）《论工作与休闲的时间》[③]；
3. 科尔（Walter Kerr）《休闲的衰落》[④]；
4. 皮普尔（Josef Pieper）《休闲：文化的基础》[⑤]；
5. 李（Lee，R.）《美国的宗教与休闲》[⑥]；
6. 杜勒斯（Foster Rhea Dullers）《娱乐史：美国人学游戏》[⑦]；
7. 林德（Staffan Linder）《有闲阶级的困扰》[⑧]；
8. 格拉瑟（Ralph Glasser）《休闲：惩罚还是奖赏》[⑨]；
9. 帕克（Stanley Parker）《工作和休闲的未来》[⑩]；
10. 纳什（Jay B Nash）《娱乐与休闲的哲学》[⑪]；
11. 奇克和伯奇（Neil Cheek & William Burch）《休闲在人类学

---

① Roger C. Mannell & Douglas A. Kleiber. （1997）. *A Social Psychology of Leisure*. State College，Pennsylvania：Venture Publishing，Inc.

② Johan Huizinga. （1955）. Homo Ludens：*A Study of the Play Element in Culture*. Boston：Beacon Press.

③ de Grazia，S. （1962）. *Of time，work，and leisure*. New York，NY：The Free Press.

④ Walter Kerr. （1962）. *The Decline of Pleasure*. New York：Simon and Schuster.

⑤ Josef Pieper. （1963）. *Leisure：The Basis of Culture*. New York：Random House

⑥ Lee，R. （1964）. *Religion and leisure in America*. New York，NY：Abingdon Press.

⑦ Foster Rhea Dullers. （1965）. *A History of Recreation—America Learns to Play*（*2nd ed*）. New York：Appleton-Century-Crofts.

⑧ Staffan Linder. （1970）. *The Harried Leisure Class*. New York：Columbia University Press.

⑨ Ralph Glasser. （1970）. *Leisure—Penalty or Prize?*. New York：Macmillan.

⑩ Stanley Parker. （1972）. *The Future of Work and Leisure*. New York：Praeger.

⑪ Jay B Nash. （1973）. *Philosophy of Recreation and Leisure*. Dubuque，Iowa：William Brown Company.

中的社会组织》①；

12. 里夫金（Jeremy Rifkin）《时间战争：人类历史最初的冲突》②；

13. 凯利（John R. Kelly）《走向自由——休闲社会学新论》③；

14. 凯利与戈比（John R. Kelly and Geoffrey Godbey）《休闲社会学》④；

15. 古德尔和维特（Thomas Goodale and Peter Witt）《娱乐与休闲：一个时代的论题》⑤ 等。

以上著作从社会、文化、宗教等多个角度对北美20世纪60至90年代的休闲发展给出了较为明晰的线索，很多成果都对北美休闲研究产生了重要影响。其中，葛拉齐亚《论工作与休闲的时间》从政治哲学的观点讨论了休闲。作者从雅典人的休闲观开始，追溯了这种观念消失的过程，并且讨论了在当代西方社会中社会、经济和政治给休闲带来的障碍。杜勒斯《娱乐史：美国人学游戏》讨论的焦点集中在从17世纪初到20世纪60年代初这段时期内美国人在有组织的、公众的自由时间内的活动，留下了有关浪漫而大众化的消遣和娱乐活动方面的记载。里夫金《时间战争：人类历史最初的冲突》则提出了一个有趣的论点：时间的计算经过了四个阶段的发展，即生物—物理的（自然的）时间、日历时间、钟表

---

① Neil Cheek & William Burch. (1976). *The Social Organization of Leisure in Human Society*. New York: Harper and Row.

② Jeremy Rifkin. (1987). *Time Wars: The Primary Conflict in Human History*. New York: Henry Holt and Company.

③ John R. Kelly. (1987). *Freedom To Be: A New Sociology of Leisure*. New York: Macmillan.

④ John R. Kelly & Geoffrey Godbey. (1992). *The Sociology of Leisure*. State College, Pennsylvania: Venture Publishing, Inc.

⑤ Thomas Goodale & Peter A. Witt. (1995). *Recreation and Leisure: Issues in an Era of Change (Third Edition)*. State College, Pennsylvania: Venture Publishing, Inc.

时间和计算机时间。其中每一个阶段的发展都包含有矛盾，这些矛盾使我们远离了自己的生物—物理本性。特别是计算机用毫微秒对时间的计算，在某些方面已超越了人类的感知，而且正在有害地改变着人类社会和人的心理过程。凯利《走向自由——休闲社会学新论》则提出了若干新的休闲社会学理论模型，包括直接体验、存在理论、发展理论、社会鉴别理论、相互作用理论、风俗理论、政治理论、人文主义理论等，试图拓宽人们对休闲的理论认知视野。古德尔和维特的《娱乐与休闲：一个时代的论题》是一本论文集，主要探讨了从事休闲服务业的教育者和经营者所面临的问题，提出了哲学立场是娱乐与休闲领域中的核心问题的观点。

而在涉及休闲思想史、休闲发展史、休闲教育、女性休闲、综合性休闲研究等方面，古德尔和戈比（Thomas Goodale & Geoffrey Godbey）的《人类思想史中的休闲》①、克罗斯（Gary Cross）的《1600 年以来的休闲社会史》、希弗斯和德莱尔（Jay S. Shivers & Lee J. deLisle）的《休闲的故事》②、芒迪（Jean Mundy）的《休闲教育：理论和实践》③、亨德森等（Karla Henderson）的《女性休闲：女性主义的视角》④、戈比的《你生命中的休闲》⑤ 和《21 世

---

① Thomas Goodale & Geoffrey Godbey.（1988）. *The Evolution of Leisure*: *Historical and Philosophical Perspectives*. State College，Pennsylvania：Venture Publishing，Inc. 中译本为：托马斯·古德尔、杰弗瑞·戈比：《人类思想史中的休闲》，成素梅、马惠娣、季斌、冯世梅译，云南人民出版社，2000。

② Jay S. Shivers & Lee J. deLisle.（1997）. *The Story of Leisure*: *Context*, *Concepts*, *and Current Controversy*. United States：Human Kinetics.

③ Jean Mundy.（1998）. *Leisure Education*: *Theory and Practice*. Illinois：Sagamore Publishing.

④ 中译本为：卡拉·亨德森、黛博拉·拜尔列席基、苏珊·萧、瓦列丽亚·弗莱辛格著《女性休闲：女性主义的视角》，刘耳、季斌、马岚译，云南人民出版社，2000。

⑤ Geoffrey Godbey.（1994）. *Leisure in Your Life*. State College，Pennsylvania：Venture Publishing，Inc.；中译本为：杰弗瑞·戈比：《你生命中的休闲》，康筝译，田松校译，云南人民出版社，2000。

纪的休闲与休闲服务》①、凯利（John R. Kelly）的《休闲》② 等则是这些方面的代表作品。

不过，遗憾的是，以上绝大部分专著还没有译为中文。部分专著可以从古德尔和戈比所著《人类思想史中的休闲》的“参考文献——精选作品简介”③，以及马惠娣、刘耳《西方休闲学研究述评》、《人类文化思想史中的休闲》④ 两篇文章中了解其概要。

第四节 21 世纪初期以来的北美休闲研究

21 世纪初期的休闲研究领域则更加广泛。北美学术界除了继续关注公园、娱乐、旅游等研究领域的拓展和深化，也更加关注休闲与健康的关系，关注休闲文化的影响，以及休闲研究的国际化趋势，并逐步加强了休闲研究与教育的国际交流。

这一时期比较有分量的专著有：杰克逊（Edgar L. Jackson）的《休闲制约》⑤、杰克逊和伯顿（Edgar L. Jackson & Thomas L. Burton）的《认识休闲与娱乐：回顾过去和展望未来》⑥ 与《休

---

① Geoffrey Godbey. (1997). *Leisure and Leisure Services in the 21st Century*. State College, Pennsylvania: Venture Publishing, Inc.；中译本为：杰弗瑞·戈比著《21 世纪的休闲与休闲服务》，张春波、陈定家、刘风华译，马惠娣校译，云南人民出版社，2000。

② John R. Kelly. (1996). *Leisure*. Boston: Allyn and Bacon.

③ 托马斯·古德尔、杰弗瑞·戈比：《人类思想史中的休闲》，成素梅、马惠娣、季斌、冯世梅译，云南人民出版社，2000，第 285～291 页。

④ 马惠娣、刘耳：《西方休闲学研究述评》，《自然辩证法研究》2001 年第 5 期；马惠娣：《人类文化思想史中的休闲》，《自然辩证法研究》2003 年第 1 期。

⑤ Edgar L. Jackson. (2005). *Constraints to Leisure*. State College, Pennsylvania: Venture Publishing, Inc.

⑥ Edgar L. Jackson & Thomas L. Burton. (1990). *Understanding Leisure and Recreation: Mapping the Past, Charting the Future*. State College, Pennsylvania: Venture Publishing, Inc.

闲研究：21 世纪的前景》①、维尔（A. J. Veal）的《休闲与旅游政策和规划》②、韦伊梅尔和马赛厄斯（Klaus Weiermair & Christine Mathies）的《旅游与休闲产业》③、戈比的《走向 21 世纪中期的休闲与休闲产业》④ 与《你生命中的休闲：新视野》⑤、克罗斯的《休闲：在变化中的美国》⑥、弗雷辛格和凯利（Valeria J. Freysinger & John R. Kelly）的《21 世纪的休闲：现实的问题》⑦等。这些著作的共同特点往往在于总结过去、预测未来。比如：杰克逊和伯顿主编的两本著作《认识休闲与娱乐：回顾过去和展望未来》、《休闲研究：21 世纪的前景》，前一本书是对休闲研究历史的回顾和展望，是对当时北美休闲杰出研究成果的集中反映；后一本书则是 40 多位来自美国、加拿大、澳大利亚、英国的知名休闲学者的研究成果的合集，其中大部分作者都是休闲科学研究院成员。这本书至今还是北美休闲学术史中具有里程碑意义的作品，是休闲专业研究生的必读教科书。维尔的《休闲与旅游政策和规划》、韦伊梅尔和马赛厄斯的《旅游与休闲产业》则从休闲政策、规划，以及产业角度论述了休闲与旅游在政府、社会层面上的重要意义，把休闲与旅游并列起来也反映了北美学者对旅游重要性的认

---

① Edgar L. Jackson & Thomas L. Burton. (1999). *Leisure Studies: Prospects for the Twenty-First Century*. State College, Pennsylvania: Venture Publishing, Inc.

② A. J. Veal. (2002). *Leisure and Tourism Policy and Planning*. Oxon: CABI Publishing.

③ Klaus Weiermair & Christine Mathies. (2004). *The Tourism and Leisure Industry: Shaping the Furure*. New York: The Haworth Hospitality Press.

④ Geoffrey Godbey. (2006). *Leisure and Leisure Services in the 21st Century: Toward Mid Century*. State College, Pennsylvania: Venture Publishing, Inc.

⑤ Geoffrey Godbey. (2008). *Leisure in Your Life: New Perspectives*. State College, Pennsylvania: Venture Publishing, Inc.

⑥ Richard Kraus. (2000). *Leisure in a changing America: trends and issues for the 21st century (2nd ed)*. Boston: Allyn & Bacon.

⑦ Valeria J. Freysinger & John R. Kelly. (2004). *21st Century Leisure: Current Issues*. State College, Pennsylvania: Venture Publishing, Inc.

识。戈比的《走向21世纪中期的休闲与休闲产业》是《21世纪的休闲与休闲服务》的再版与拓展，克罗斯的《休闲：在变化中的美国》、弗雷辛格和凯利的《21世纪的休闲：现实的问题》用了大量篇幅对美国休闲发展历史进行回顾，同时，又对美国休闲发展的未来进行了科学的预测与评价。

前文提到，《休闲研究杂志》、《休闲科学》、《公园与娱乐管理杂志》等北美主要学术期刊在20世纪中期以后也陆续出现，这也是北美休闲研究蓬勃发展的标志。关于这些期刊的情况，笔者在下一个部分还要做专门的介绍。在所有期刊中，《休闲研究杂志》、《休闲科学》在北美休闲研究领域的影响最为深远。

《休闲研究杂志》是由美国国家娱乐与公园协会和得克萨斯A和M大学共同主办的综合性休闲科学研究期刊，一年4期，每期刊登8篇左右的学术论文；《休闲科学》侧重于体育和休闲管理，一年5期，每期刊登6篇左右的学术文章。期刊文章虽然内容宽泛，但从文章的数量、规模方面还是能够很明显看出北美休闲研究的历史轨迹。

在20世纪末期以前，大量的文章是关于休闲社会学、休闲社会心理学、休闲与工作、休闲与家庭、公园和娱乐管理与服务、休闲市场需求与供给、休闲与旅游、体育休闲、老人休闲、成人休闲、青少年休闲等学术问题的探讨。

进入21世纪，除了休闲社会学、休闲社会心理学、公园和娱乐管理与服务、休闲与旅游、体育休闲等传统学术问题的探讨继续受到重视以外，北美休闲研究的视野逐渐拓宽到休闲与健康、休闲与性别、休闲与人种/种族、休闲与文化、休闲制约、休闲政策与规划等更广阔的学术领域。以下是笔者统计的2000年以来《休闲研究杂志》、《休闲科学》两期刊登载文章的基本情况。

表1-2 2000~2008北美休闲研究概览［反映在《休闲研究杂志》(*Journal of Leisure Research*) 中的情况］

研究内容	文章数量(篇)	代表作品	备注
基础及综合研究	39	见表下方	主要包括休闲有关概念及其内涵和外延,关于休闲社会学、休闲心理学等基础理论研究
女性休闲	30	见表下方	
休闲与年龄	26	见表下方	包括青少年、中年和老人休闲
休闲与人种/种族	23	见表下方	
体育休闲	20	见表下方	
公园与户外娱乐	18	见表下方	
休闲与旅游	17	见表下方	
家庭/社区与休闲	12	见表下方	
疾病/健康与休闲	10	见表下方	
性别与休闲	10	见表下方	
休闲市场/服务	6	见表下方	
其他	41	见表下方	休闲与文化、休闲政策、休闲与压力、休闲制约、严肃休闲、休闲与环境、休闲教育、休闲与网络等研究
合计(篇)	252		

资料来源：根据《休闲研究杂志》(2000.1~2008.12)统计。

主要相关成果：

1. 基础及综合研究

1) Sherry L Dupuis, Bryan J A Smale. (2000). *Bittersweet journeys: Meanings of leisure in the institution-based caregiving context.* Vol. 32 (3).

2) Gerard Kyle, Garry Chick. (2002). *The social nature of leisure involvement.* Vol. 34 (4).

3) Daniel R Williams. (2002). *Leisure identities, globalization, and the politics of place.* Vol. 34 (4).

4) Raphael Snir, Itzhak Harpaz. (2002). *Work-leisure relations: Leisure orientation and the meaning of work.* Vol. 34 (2).

5）Geoffrey Godbey.（2003）. *The Harried Leisure Class*. Vol. 35（4）.

6）Gordon J Walker, Jinyang Deng, Rodney B Dieser.（2005）. *Culture, Self-Construal, and Leisure Theory and Practice*. Vol. 37（1）.

7）Lynn A Barnett.（2006）. *Accounting for Leisure Preferences from Within: The Relative Contributions of Gender, Race or Ethnicity, Personality, Affective Style, and Motivational Orientation*. Vol. 38（4）.

8）John Schulz, Michael Watkins.（2007）. *The Development of the Leisure Meanings Inventory*. Vol. 39（3）.

2. 女性休闲

1）Susan M Shaw.（2001）. *Conceptualizing resistance: Women's leisure as political practice*. Vol. 33（2）.

2）Karla A Henderson, Sonja Hodges, Beth D Kivel.（2002）. *Context and dialogue in research on women and leisure*. Vol. 34（3）.

3）Jayne Raisborough, Mark Bhatti.（2007）. *Women's Leisure and Auto/Biography: Empowerment and Resistance in the Garden*. Vol. 39（3）.

4）Karla A Henderson, Benjamin Hickerson.（2007）. *Women and Leisure: Premises and Performances Uncovered in an Integrative Review*. Vol. 39（4）.

5）Denise M Anderson, Angela Wozencroft, Leandra A Bedini.（2008）. *Adolescent Girls' Involvement in Disability Sport: A Comparison of Social Suport Mechanisms*. Vol. 40（2）.

3. 休闲与年龄

1）Cheryl K Baldwin, Linda L Caldwell.（2003）. *Development of the free time motivation scale for adolescents*. Vol. 35（2）.

2）Laura L Payne, Andrew J Mowen, Julian Montora-Rodriguez.

(2006). *The Role of Leisure Style in Maintaining the Health of Older Adults with Arthritis*. Vol. 38 (1).

3) Sarah Burnett-Wolle, Geoffrey Godbey. (2007). *Refining Research on Older Adults' Leisure: Implications of Selection, Optimization, and Compensation and Socioemotional Selectivity Theories*. Vol. 39 (3).

4) Marianne B Staempfli. (2007). *Adolescent Playfulness, Stress Perception, Coping and Well Being*. Vol. 39 (3).

5) Megan C Janke, Galit Nimrod, Douglas A Kleiber. (2008). *Leisure Activity and Depressive Symptoms of Widowed and Married Women in Later Life*. Vol. 40 (2).

4. 休闲与人种/种族

1) Monika Stodolska, Jouyeon Yi. (2003). *Impacts of immigration on ethnic identity and leisure behavior of adolescent immigrants from Korea, Mexico and Poland*. Vol. 35 (1).

2) Corliss Wilson Outley. (2004). *Black Recreation: A Historical Perspective*. Vol. 36 (1).

3) Gordon J Walker, Kerry S Courneya, Jinyang Deng. (2006). *Ethnicity, Gender, and the Theory of Planned Behavior: The Case of playing the Lottery*. Vol. 38 (2).

4) Chieh-Lu Li, Garry E Chick, Harry C Zinn, James D Absher, Alan R Graefe. (2007). *Ethnicity as a Variable in Leisure Research*. Vol. 39 (3).

5) Myron F Floyd, Jason N Bocarro, Timia D Thompson. (2008). *Research on Race and Ethnicity in Leisure Studies: A Review of Five Major Journals*. Vol. 40 (1).

5. 体育休闲

1) Monika Stodolska, Konstantinos Alexandris. (2004). *The*

Role of Recreational Sport in the Adaptation of First Generation Immigrants in the United States. Vol. 36（3）.

2）Robin A Recours, Marc Souville, Jean Griffet.（2004）. *Expressed Motives for Informal and Club/Association-based Sports Participation*. Vol. 36（1）.

3）Dorothy L Schmalz, Deborah L Kerstetter.（2006）. *Girlie Girls and Manly Men：Chidren's Stigma Consciousness of Gender in Sports and Physical Activities*. Vol. 38（4）.

4）Robert Madrigal.（2006）. *Measuring the Multidimensional Nature of Sporting Event Performance Consumption*. Vol. 38（3）.

5）Kirk L Wakefield, Daniel L Wann.（2006）. *An Examination of Dysfunctional Sport Fans：Method of Classification and Relationships with Problem Behaviors*. Vol. 38（2）.

6. 公园与户外娱乐

1）Raphael Snir, Itzhak Harpaz.（2002）. *Work-leisure relations：Leisure orientation and the meaning of work*. Vol. 34（2）.

2）Thomas A More, James R Averill.（2003）. *The Structure of Recreation Behavior*. Vol. 35（4）.

3）Robert E Manning, Wayne A Freimund.（2004）. *Use of Visual Research Methods to Measure Standards of Quality for Parks and Outdoor Recreation*. Vol. 36（4）.

4）Derek Christopher Martin.（2004）. *Apartheid in the Great Outdoors：American Advertising and the Reproduction of a Racialized Outdoor Leisure Identity*. Vol. 36（4）.

5）Alan Warde, Gindo Tampubolon, Mike Savage.（2005）. *Recreation, Informal Social Networks and Social Capital*. Vol. 37（4）.

7. 休闲与旅游

1）John L Crompton, Seong-Seop Kim.（2004）. *Temporal*

Changes in Perceived Constraints to Visiting State Parks. Vol. 36 (2).

2) Christos Siderelis, Aram Attarian. (2004). *Trip Response Modeling of Rock Climbers' Reactions to Proposed Regulations*. Vol. 36 (1).

3) Arne Arnberger, Wolfgang Haider. (2007). *A Comparison of Global and Actual Measures of Perceived Crowding of Urban Forest Visitors*. Vol. 39 (4).

8. 家庭/社区与休闲

1) Ramon B Zabriskie, Bryan P McCormick. (2003). *Parent and child perspectives of family leisure involvement and satisfaction with family life*. Vol. 35 (2).

2) Kimberly J Shinew, Troy D Glover, Diana C Parry. (2004). *Leisure Spaces as Potential Sites for Interracial Interaction: Community Gardens in Urban Areas*. Vol. 36 (3).

3) Erin K Sharpe. (2005). *Delivering Communitas: Wilderness Adventure and the Making of Community*. Vol. 37 (3).

4) Alexis A Palmer, Patti A Freeman, Ramon B Zabriskie. (2007). *Family Deepening: A Qualitative Inquiry into the Experience of Families Who Participate in Service Expeditions*. Vol. 39 (3).

9. 疾病/健康与休闲

1) Ian S Pagano, Harald Barkhoff, Elaine M Heiby, Wolfgang Schlicht. (2006). *Dynamical Modeling of the Relations Between Leisure Activities and Health Indicators*. Vol. 38 (1).

2) Robert C Burns, Alan R Graefe. (2007). *Constraints to Outdoor Recreation: Exploring the Effects of Disabilities on Perceptions and Participation*. Vol. 39 (1).

3) Jennifer B Mactavish, Kelly J MacKay, Yoshitaka Iwasaki, Deanna Betteridge. (2007). *Family Caregivers of Individuals with*

Intellectual Disability：*Perspectives on Life Quality and the Role of Vacations*. Vol. 39（1）.

10. 性别与休闲

1）Kindal Shores.（2005）. *Gender and Leisure*：*Social and Cultural Perspectives*. Vol. 37（4）.

2）Jayne Raisborough.（2007）. *Gender and Serious Leisure Careers*：*A Case Study of Women Sea Cadets*. Vol. 39（4）.

11. 休闲市场/服务

1）Yoshi Iwasaki，Mark E Havitz.（2004）. *Examining Relationships between Leisure Involvement*，*Psychological Commitment and Loyalty to a Recreation Agency*. Vol. 36（1）.

2）Gerard T Kyle，Andrew J Mowen，James D Absher，Mark E Havitz.（2006）. *Commitment to Public Leisure Service Providers*：*A Conceptual and Psychometric Analysis*. Vol. 38（1）.

12. 其他

1）Jennifer Wolch，Jin Zhang.（2004）. *Beach Recreation*，*Cultural Diversity and Attitudes toward Nature*. Vol. 36（3）.

2）Gordon J Walker，Jinyang Deng，Rodney B Dieser.（2005）. *Culture*，*Self-Construal*，*and Leisure Theory and Practice*. Vol. 37（1）.

3）Gordon J Walker，Edgar L Jackson，Jinyang Deng.（2007）. *Culture and Leisure Constraints*：*A Comparison of Canadian and Mainland Chinese University Students*. Vol. 39（4）.

4）Christopher Schmidt，Donna E Little.（2007）. *Qualitative Insights into Leisure as a Spiritual Experience*. Vol. 39（2）.

5）James Gould，DeWayne Moore，Francis McGuire，Robert Stebbins.（2008）. *Development of the Serious Leisure Inventory and Measure*. Vol. 40（1）.

表1-3　2000~2008北美休闲研究概览［反映在《休闲科学》（*Leisure Sciences*）中的情况］

研究内容	文章数量(篇)	代表作品	备　注
基础及综合研究	47	见表下方	主要包括休闲有关概念及其内涵和外延,关于休闲社会学、休闲心理学等基础理论研究
公园与户外娱乐	37	见表下方	
体育/健康休闲	29	见表下方	
休闲与人种/种族	21	见表下方	
女性休闲	19	见表下方	
休闲与年龄	18	见表下方	包括青少年、中年和老人休闲
休闲与旅游	9	见表下方	
性别与休闲	9	见表下方	
家庭/社区与休闲	8	见表下方	
休闲市场	4	见表下方	
其他	45	见表下方	书评、休闲与文化、休闲与市场、休闲与压力、休闲制约、严肃休闲、休闲与环境、政策/规划、休闲教育、休闲与网络等研究
合计(篇)	246		

资料来源：根据《休闲科学》（2000.1~2008.12）统计。

主要相关成果：

1. 基础及综合研究

1） Michael Watkins.（2000）. *Ways of Learning about Leisure Meanings*. Vol. 22（2）.

2） Chris Rojek.（2001）. *Leisure and Life Politics*. Vol. 23（2）.

3） Edgar L. Jackson.（2004）. *Individual and Institutional Concentration of Leisure Research in North America*. Vol. 26（4）.

4） VAN Koen Eijck; Hans Mommaas.（2004）. *Leisure, Lifestyle, and the New Middle Class*. Vol. 26（4）.

5）Mary Greenwood Parr；Brett D. Lashua.（2004）. *What is Leisure? The Perceptions of Recreation Practitioners and Others*. Vol. 26（1）.

6）Robert A. Stebbins.（2005）. *Choice and Experiential Definitions of Leisure*. Vol. 27（4）.

7）Gerard Kyle；Garry Chick.（2007）. *The Social Construction of a Sense of Place*. Vol. 29（3）.

2. 公园与户外娱乐

1）John L. Heywood.（2002）. *The Cognitive and Emotional Components of Behavior Norms in Outdoor Recreation*. Vol. 24（3－4）.

2）Rudolph M. Schuster；William E. Hammitt；DeWayne Moore.（2003）. *A Theoretical Model to Measure the Apraisal and Coping Response to Hassles in Outdoor Recreation Settings*. Vol. 25（3）.

3）Chieh-Lu Li；Harry C. Zinn；Susan C. Barro；Michael J. Manfredo.（2003）. *A Cross-Regional Comparison of Recreation Patterns of Older Hunters*. Vol. 25（1）.

4）Alan Ewert；Greg Place；Jim Sibthorp.（2005）. *Early-Life Outdoor Experiences and an Individual's Environmental Attitudes*. Vol. 27（3）.

5）Careen Mackay Yarnal；Garry Chick；John Dattilo.（2006）. *More False Dichotomies：Play，Leisure，Environmental Enrichment，and Important Science Questions*. Vol. 28（5）.

3. 体育/健康休闲

1）Caroline G. E. Wiley；Susan M. Shaw；Mark E. Havitz.（2000）. *Men's and Women's Involvement in Sports：An Examination of the Gendered Aspects of Leisure Involvement*. Vol. 22（1）.

2）Jerry Vaske；Rachel Dyar；Nicole Timmons.（2004）. *Skill Level and Recreation Conflict among Skiers and Snowboarders*. Vol. 26

(2).

3) Daniel C. Funk; Lynn L. Ridinger; Anita M. Moorman. (2004). *Exploring Origins of Involvement: Understanding the Relationship Between Consumer Motives and Involvement with Professional Sport Teams*. Vol. 26 (1).

4) James F. Sallis; Leslie S. Linton. (2005). *Leisure Research, Active Lifestyles, and Public Health*. Vol. 27 (5).

4. 休闲与人种/种族

1) Gordon J. Walker; Jinyang Deng; Rodney B. Dieser. (2001). *Ethnicity, Acculturation, Self-Construal, and Motivations for Outdoor Recreation*. Vol. 23 (4).

2) Edwin Gomez. (2002). *The Ethnicity and Public Recreation Participation Model*. Vol. 24 (2).

3) Edwin Gomez. (2006). *The Ethnicity and Public Recreation Participation (EPRP) Model: An Assessment of Unidimensionality and Overall Fit*. Vol. 28 (3).

4) Kimberly J. Shinew; Monika Stodolska; Myron Floyd; Dan Hibbler; Maria Allison; Cassandra Johnson; Carla Santos. (2006). *Race and Ethnicity in Leisure Behavior: Where Have We Been and Where Do We Need to Go?* Vol. 28 (4).

5. 女性休闲

1) Karla A. Henderson; Barbara E. Ainsworth. (2001). *Researching Leisure and Physical Activity with Women of Color: Issues and Emerging Questions*. Vol. 23 (1).

2) Diana C. Parry; Kimberly J. Shinew. (2004). *The Constraining Impact of Infertility on Women's Leisure Lifestyles*. Vol. 26 (3).

3) Charlene S. Shannon; Susan M. Shaw. (2008). *Mothers and Daughters: Teaching and Learning about Leisure*. Vol. 30 (1).

6. 休闲与年龄

1）Howard E. A. Tinsley；Diane J. Tinsley；Chelsey E. Croskeys.（2002）. *Park Usage, Social Milieu, and Psychosocial Benefits of Park Use Reported by Older Urban Park Users from Four Ethnic Groups*. Vol. 24（2）.

2）Susan L. Hutchinson；Cheryl K. Baldwin；Sae-Sook Oh.（2006）. *Adolescent Coping: Exploring Adolescents' Leisure-Based Responses to Stress*. Vol. 28（2）.

3）Rylee Dionigi.（2006）. *Competitive Sport as Leisure in Later Life: Negotiations, Discourse, and Aging*. Vol. 28（2）.

4）Megan Janke；Adam Davey；Douglas Kleiber.（2006）. *Modeling Change in Older Adults' Leisure Activities*. Vol. 28（3）.

7. 休闲与旅游

1）Lori Pennington-Gray；Joseph D. Fridgen；Daniel Stynes.（2003）. *Cohort Segmentation: An Aplication to Tourism*. Vol. 25（4）.

2）Neil Lewis.（2003）. *The Accelerated Sublime: Landscape, Tourism, and Identity*. Vol. 25（1）.

8. 性别与休闲

1）Cara Aitchison.（2001）. *Gender and Leisure Research: The "Codification of Knowledge"*. Vol. 23（1）.

2）Ellen C. Berg；Melanie Trost；Ingrid E. Schneider；Maria T. Allison（2001）. *Dyadic Exploration of the Relationship of Leisure Satisfaction, Leisure Time, and Gender to Relationship Satisfaction*. Vol. 23（1）.

3）Su-Hsin Lee；Alan R. Graefe；Chieh-Lu Li.（2007）. *The Effects of Specialization and Gender on Motivations and Preferences for Site Attributes in Paddling*. Vol. 28（4）.

9. 家庭/社区与休闲

1）K. L. Siegenthaler；Irma O'De.（2000）. *Leisure Attitude,*

Leisure Satisfaction, *and Perceived Freedom in Leisure within Family Dyads*. Vol. 22 (4).

2) Peter R. Brown; Wendy J. Brown; Yvette D. Miller; Vibeke Hansen. (2001). *Perceived Constraints and Social Suport for Active Leisure Among Mothers With Young Children*. Vol. 23 (3).

3) Susan M. Shaw; Don Dawson. (2001). *Purposive Leisure*: *Examining Parental Discourses on Family. Activities*. Vol. 23 (4).

4) Troy D. Glover; Kimberly J. Shinew; Diana C. Parry. (2005). *Association*, *Sociability*, *and Civic Culture*: *The Democratic Effect of Community Gardening*. Vol. 27 (1).

10. 休闲市场

1) Chieh-Lu Li; James D. Absher; Alan R. Graefe; Yi-Chung Hsu. (2008). *Services for Culturally Diverse Customers in Parks and Recreation*. Vol. 30 (1).

2) Andrew T. Kaczynski. (2008). *A More Tenable Marketing for Leisure Services and Studies*. Vol. 30 (3).

11. 其他

1) Garry Chick. (2000). *Editorial*: *Oportunities for Cross-Cultural Comparative Research on Leisure*. Vol. 22 (2).

2) Vinod Sasidharan. (2002). *Special Issue Introduction*: *Understanding Recreation and the Environment within the Context of Culture*. Vol. 24 (1).

3) H. Ken Cordell; Gary T. Green; Carter J. Betz. (2002). *Recreation and the Environment as Cultural Dimensions in Contemporary American Society*. Vol. 24 (1).

4) Keith A. Jones. (2004). *Killing Time*: *Leisure and Culture in Southwestern Pennsylvania*, *1800 – 1850*. Vol. 26 (1).

5) Monica Z. Li; Monika Stodolska. (2006). *Transnationalism*,

Leisure, and Chinese Graduate Students in the United States. Vol. 28（1）.

6）Kindal A. Shores; David Scott; Myron F. Floy.（2007）. *Constraints to Outdoor Recreation: A Multiple Hierarchy Stratification Perspective*. Vol. 29（3）.

7）Gordon J. Walker; Xiye Wang.（2008）. *A Cross-Cultural Comparison of Canadian and Mainland Chinese University Students' Leisure Motivations*. Vol. 30（3）.

需要说明的是：（1）以上两个表格中的分类有一些交叉的情况存在，比如一些涉及女性休闲的文章可能同时谈到了女性的运动休闲参与，或者人种/种族问题，而一些疗养性娱乐活动同时也是户外娱乐活动等。遇到这种情况，文章只按照其中有侧重的方面来分，不重复计算。所以，一定意义上讲，表中的数据是为了在这里给读者提供分析北美休闲类别的依据。（2）每一种类别的文章数量都是比较多的，列举的部分是其中有代表性的文章，考虑到原文检索的方便，在这里没有把相关文章译为中文。

根据以上对2000年以来两杂志的数据分析，北美休闲学术论文主要集中在有关概念、休闲社会学、休闲心理学等基础理论研究和女性休闲、休闲与年龄、休闲与人种/种族、公园与户外娱乐、体育休闲、休闲与旅游、家庭/社区与休闲、疾病/健康与休闲、性别与休闲、休闲与市场，以及休闲与文化、休闲制约、严肃休闲、休闲政策/规划、休闲与环境、休闲教育、休闲与网络等方面的研究，涉及十分广阔的休闲研究领域。

另一个有趣的现象是：根据统计，在所有文章的著者中，北美休闲高校所占的比例最大。而其中，又以美国的伊利诺伊大学、宾夕法尼亚州立大学、得克萨斯A和M大学、佛蒙特大学、克莱姆森大学、加利福尼亚州立大学等，加拿大的滑铁卢大学、亚伯塔大学等高校休闲学者发表的文章数量最多。这恰好反映了这些高校在北美休闲研究领域的学术地位。同时，有越来越多的论题涉及欧洲、亚洲、非洲和拉丁美洲的休闲问题，也有越来越多的作者来自北美以外的国家和地区①，休闲研究的跨文化、国际化趋势越来越显著。

综观从19世纪末期到21世纪初期长达100多年的历史发展过程，北美休闲研究论著的数量相当庞大，至今也没有一个准确的统计。期间，一些休闲的专业出版社为北美休闲研究所付出的努力是不可忽视的。比如，成立于20世纪80、90年代的北美两家著名的休闲专业出版社——文特（Venture Publishing Inc.）和萨格莫尔（Sagamore Publishing Inc.），每年都出版一定数量的休闲专著，至今已经出版了数百种之多，其中不少或者成为北美休闲研究里程碑式的作品，或者成为受到高校普遍欢迎的教材。②

第五节 北美休闲研究的特点与不足

以上对北美休闲研究过程及不同阶段的研究状况进行了回顾，下面我们对北美休闲研究的特点和不足进行简要的分析。

一 北美休闲研究的特点

我们看到，从休闲研究的思想体系和历史渊源上来考察，北美

① 比如：Baoren Su，Xiangyou Shen，Zhou Wei.（2006）. Leisure Life in Later Years：Differences between Rural and Urban Elderly Residents in China. *Journal of Leisure Research*，Vol. 38（3）：381－396；Huimei Liu，Chih-Kuei Yeh，Garry E. Chick，Harry C. Zinn.（2008）. An Exploration of Meanings of Leisure：A Chinese Perspective. *Leisure Sciences*，Vol. 30（5）：482－488等。

② 参见马惠娣《走向人文关怀的休闲经济》，中国经济出版社，2004，第304～307页，“美国文特出版社出版的书目”；杰弗瑞·戈比《21世纪的休闲与休闲服务》，张春波、陈定家、刘风华译，马惠娣校译，云南人民出版社，2000，第263～267页，“文特出版社出版的其他书目”；以及本书末“文特和萨格莫尔出版社出版相关休闲书目”。

的休闲研究承继了欧洲的传统；在发展过程中，又以第二次世界大战为界分为前后两个时期；进入21世纪以后，又出现了新的研究特点和趋势；同时，由于北美具有良好的政治环境，所以，起初的休闲运动来自民间，而后政府开始参与，大量的政府和非政府组织出现，高等教育快速发展，加速了休闲实践和研究的进程。另一方面，基于自由主义的背景，北美休闲研究也明显具有西方个体主义的特色。

关于休闲发展过程中政府所扮演的角色和发挥的作用，大多数北美学者基于其西方自由思想的背景，认为休闲发展是一个由下而上的自然过程，只是由于政府认识到了休闲对于社会稳定与发展的作用才逐渐介入其中的。他们认为，在西方，“休闲公共供给有悠久的传统……与其他发展稍逊色的国家和地区相比，北美在休闲参与方面具有更大的社会公平”①。同时，北美大量土地资源掌握在私人手中，比如在美国，私人和土著拥有的土地资源占60%，而联邦和地方政府只拥有40%的土地占有和使用权。② 因此，北美始终把政府置于提供服务的地位。在大多数历史时期和大多数地区，政府休闲服务机构只是大量的商业和个体休闲服务机构与组织的补充而已。“政府的参与对于为全体人民提供总体福利是必要的。随着社会变得越来越都市化，人与人之间的依赖性越来越大，现在的观点是，公共休闲服务能起到一个‘促进’的作用，它能提供一些非政府不能提供的休闲服务。”也就是说，“政府的最大贡献之一就是提供了商业组织认为在经济上不可行的娱乐设施”。③

---

① 杰弗瑞·戈比、〔韩〕沈杰明：《北美休闲研究的发展：对中国的影响》，刘晓杰、刘慧梅译，《浙江大学学报》（人文社会科学版）2008年第38（4）期，第26页。

② 杰弗瑞·戈比：《你生命中的休闲》（1994年，第4版），康筝译，田松校译，云南人民出版社，2000，第370页。

③ 杰弗瑞·戈比：《你生命中的休闲》（1994年，第4版），康筝译，田松校译，云南人民出版社，2000，第375页。

政府在娱乐方面的功能主要体现在："（1）规划；（2）所有权；（3）开发；（4）管理；（5）立法；（6）刺激；（7）技术支持；（8）教育；（9）协调；（10）研究"等。[①] 在21世纪，由于用于娱乐的土地、森林、水面等资源日益紧张，联邦和地方政府在北美休闲发展的地位"将变得越来越重要"[②]。

为了取得第一手的数据资料，美国一些地方政府部门先后组织了一些休闲调研：1918～1920年的克里夫兰娱乐调研、1925年的布法罗娱乐调研、1934年的纽约委员会"关于休闲时间利用"的报告等。1958年，美国联邦政府成立了户外娱乐资源审查委员会（ORRRC）。从1960年开始，由户外娱乐资源审查委员会举办全国娱乐调查（NRS），以评估美国的户外娱乐参与。自1960年以来，美国共进行过6次全国娱乐调查，其中1999～2000年由联邦政府所进行的娱乐与环境全国调查的覆盖面最广、规模也最大[③]。此外，关于美国时间预算的研究还有1965、1975、1985、1995年的4次全国性调查，以及1965年和1985年杰克逊市关于时间预算的辅助性调查。[④]

在对美国休闲资源进行广泛调查的基础上，1962年，户外娱乐资源审查委员会出版了资料丰富的《美国的户外娱乐》[⑤]。一些学者利用这些资料提供的数据，建立了以一系列描述人口及社会经济

---

① Geoffrey Godbey & Stanley Parker. (1976). *Leisure Studies and Services: An Overview*. Philadelphia: W. B Saunders Company, p. 129.

② 杰弗瑞·戈比：《21世纪的休闲与休闲服务》，张春波、陈定家、刘风华译，马惠娣校译，云南人民出版社，2000，第189页。

③ 杰弗瑞·戈比、〔韩〕沈杰明：《北美休闲研究的发展：对中国的影响》，刘晓杰、刘慧梅译，《浙江大学学报》（人文社会科学版）2008年第38（4）期，第26页。

④ 王雅林：《城市休闲——上海、天津、哈尔滨城市居民时间分配的考察》，社会科学文献出版社，2003，第118～119页。

⑤ Library of Congress. (1962). *Outdoor Recreation Literature: A Survey*. ORRRC Study Report 27, Washington: US. Government Printing Office, Vol. 1: 1－97.

状况的指标为自变量、休闲需求为因变量的多元回归模型，用来定量地预测未来的休闲需求。这方面的研究以西彻蒂（C. J. Cicchetti）1973年发表的《预测美国未来的娱乐》较有代表性。这种模型后来还被用于美国各州的“户外娱乐规划”项目，而且被一些欧洲国家所采纳，用于其休闲服务的规划。① 在关于时间预算的诸多成果中，1997 年由罗宾逊和戈比合作出版的《美国人时间利用的社会学调查与方法》② 在北美休闲研究进程中具有里程碑式的影响。

另外，在研究方法上，北美休闲研究很好地借鉴了其他相关学科的方式、方法。同时，在一个相当长的时间段里，“休闲研究一直使用小规模、实证调查为基础的研究方法，虽然也有一些实验性的研究”③。这种方法在形成学术成果时大多表现为定量化的分析和研究，20 世纪 80 年代以后，更为先进的定性分析方式逐渐开始影响北美休闲理论研究进程。与此同时，女权运动、马克思主义的研究方法、后现代主义、跨文化研究、人口统计学方法等也都对休闲研究产生了一定的影响。在这个过程中，我们还可以看到以 20 世纪 80 年代为界，社会学透视法的逐渐衰落以及社会心理学方法的兴起，后者并逐渐占有支配的地位。

二　北美休闲研究的不足

当然，始终在探索过程中的北美休闲研究也不可避免地存在一些不足。在二战以前，北美休闲研究的不足主要表现在：

---

① 马惠娣：《休闲：人类美丽的精神家园》，中国经济出版社，2004，第 210 页。

② John P. Robinson & Geoffrey Godbey.（1997）. *Time for Life*: *The Surprising Ways Americans Use Their Time*. University Park，Pennsylvania：The Pennsylvania State University Press.

③ 杰弗瑞·戈比、〔韩〕沈杰明：《北美休闲研究的发展：对中国的影响》，刘晓杰、刘慧梅译，《浙江大学学报》（人文社会科学版）2008 年第 38（4）期，第 24 页。

1. 休闲的概念被曲解，甚至怀疑其存在价值。

2. 只是在西方（欧洲和北美）的背景下研究休闲，当研究非西方社会的休闲问题时，往往使用西方意义上的概念。

3. 休闲和娱乐被看做是一种可以培养的业余爱好或体育活动，所以，这一时期的许多成果往往发表在与体育相关的杂志上。

4. 早期的休闲研究往往被看做是扩大的社区研究的一部分，其社会价值和意义没有被充分认识等。①

20 世纪 50 年代以来，随着北美研究范畴的逐步拓展、研究数据的逐步丰富，以及休闲研究成果的大量涌现，关于休闲的概念、学科体系、研究方法等逐步取得相对一致的看法，休闲教育大规模扩张，休闲研究逐步成熟。但在社会学/心理学研究方法的普遍运用过程中，也出现了几个方面的主要问题。

一是个体取向与群体动机。大量的学术成果建立在对休闲满意度、休闲态度、休闲制约、休闲利益的个体测量的基础上，而忽视了新出现的群体的属性，群体被看做是个体的简单集合，群体属性被看做是个体属性的总和或平均。

二是过分依赖社会心理学和标准的社会科学模式。认为所有人类的行为都是社会交往的结果，而且生物和遗传因素对人类的思想和行为没有什么影响。进化不包括在标准的社会科学模式的考虑范围之内。

三是虽然关注了文化环境对休闲的影响，但一般都把种族、人种和语言等作为文化的代表，而缺乏真正的人种学（民族学）的分析。所以，研究的结果往往仅仅是这种研究的近似的解释，而不是最终的答案。②

---

① 以上四点为加里·奇克（Garry Chick）“休闲研究基础”课堂讲授观点。

② Gerard Kyle, Garry Chick.（2002）. The social nature of leisure involvement. *Journal of Leisure Research*. Vol. 34（4）: 426 - 449.

四是北美学者虽然认识到西方文化中的个体主义与东方文化中的集体主义的根本区别，但对东方集体主义背景下休闲的研究还处于较肤浅的认识阶段。①

同时，由于休闲研究比较突出理论的方法，而公园与娱乐业研究往往采取实证手段，所以，部分休闲学者甚至有主张把休闲研究从公园和娱乐研究中分离出来等偏颇的看法，但最终并没有得到学界的认同。②

第六节　北美休闲研究的趋势

20世纪90年代以来，北美不少休闲学者致力于对休闲未来发展和研究走向的预测，其中比较突出的成果有：杰克逊和伯顿的《认识休闲与娱乐：回顾过去和展望未来》③、《休闲研究：21世纪的前景》④，克罗斯的《休闲：在变化中的美国》、弗雷辛格和凯利的《21世纪的休闲：现实的问题》⑤，以及戈比的《21世纪的休闲与

---

① 参见 Monica Z. Li, Monika Stodolska. (2006). Transnationalism, Leisure, and Chinese Graduate Students in the United States. *Leisure Sciences*, Vol. 28 (1): 39-55; Gordon J Walker, Edgar L Jackson, Jinyang Deng. (2007). Culture and Leisure Constraints: A Comparison of Canadian and Mainland Chinese University Students. *Journal of Leisure Research*. Vol. 39 (4): 567-591; Gordon J. Walker, Xiye Wang. (2008). A Cross-Cultural Comparison of Canadian and Mainland Chinese University Students' Leisure Motivations. *Leisure Sciences*, Vol. 30 (3): 179-197。

② Burdge, R. (1985). The coming separation of leisure studies from parks and recreation. *Journal of Leisure Research*, Vol. 17 (2): 133-141.

③ Edgar L. Jackson & Thomas L. Burton. (1990). *Understanding Leisure and Recreation: Mapping the Past, Charting the Future*. State College, Pennsylvania: Venture Publishing, Inc.

④ Edgar L. Jackson & Thomas L. Burton. (1999). *Leisure Studies: Prospects for the Twenty-First Century*. State College, Pennsylvania: Venture Publishing, Inc.

⑤ Valeria J. Freysinger & John R. Kelly. (2004). *21st Century Leisure: Current Issues*. State College, Pennsylvania: Venture Publishing, Inc.

休闲服务》和《走向21世纪中期的休闲与休闲产业》① 等。其中，杰克逊和伯顿主编的《休闲研究：21世纪的前景》集中了10多位在当时北美休闲研究不同领域的权威学者，就休闲相关问题进行回顾、总结和展望，在北美休闲研究历史上起到了承前启后的划时代作用；而戈比的《21世纪的休闲与休闲服务》和《走向21世纪中期的休闲与休闲产业》两本专著从"环境"、"工业技术"、"价值观"、"人口"、"经济"、"健康"、"工作与休闲"等多个角度论述了外在物质和文化环境变化对休闲和休闲服务的影响，以及未来休闲服务和管理的发展趋势，体现出了杰出的未来休闲思想。

关于休闲研究的未来，2004年，宾夕法尼亚州立大学沈杰明曾以向美国休闲科学研究院专家征询意见的方法做了自己的博士论文《北美和韩国的休闲研究进展》②。作者做了一个很有意义的调查，其中的五个主要议题是：（一）"在过去，什么是休闲研究的主要课题和方向?"排名前五位的回答分别是：休闲行为、休闲动机/满意度、户外娱乐、休闲的利益和旅游；（二）"什么学科在过去对休闲研究产生了重要影响?"排名前列的答案则是：心理学/社会心理学、社会学、旅游学、森林学和管理学；（三）在"什么是以往大学的主要休闲课程"的问题中，依据其重要性则是：休闲行为、休闲的基本概念和理论、户外娱乐、公园与娱乐业管理，以及自然资源。这与前文的分析是相吻合的。

在（四）关于"未来什么学科将对休闲研究产生重要影响"的调查中，排名前五位的依次是健康、社会学/心理学、社会心理学、经济学、信息技术。在（五）"什么将是未来大学的主要休闲

① Geoffrey Godbey. (2006). *Leisure and Leisure Services in the 21st Century: Toward Mid Century*. State College, Pennsylvania: Venture Publishing, Inc.

② Jae-Myung Shim. (2004). *The Evolution of Leisure Studies in North America and South Korea: A Study of Cultural Consensus*. Ph. D. Dessertation of the Pennsylvanian State University.

课程”的问题中，答案依次是：旅游业、与健康相关的问题、户外娱乐、老龄化和休闲的利益等。

大多北美休闲学者都表示了几乎相似的看法。比如，在奇克看来，北美未来休闲研究的主题将是：旅游业、休闲与健康、休闲与老龄化、休闲与环境保护、休闲与文化多样性（包括跨文化研究）、作为休闲的体育运动、休闲与社会公平、休闲与性别等。在研究方法上的趋势表现在：实证主义将在休闲研究中继续运用；后现代主义研究将有所扩张；标准的社会科学模式将渐趋衰落；作为可变视角的休闲生物学将出现（可能与健康研究相关）；通过人类学图示法研究对休闲概念的再定位；越来越成熟的跨文化比较休闲研究等。①

戈比也认为，将来会对休闲研究产生影响的学科，“健康似乎排位第一，随后是社会学和社会心理学/心理学”。同时，“休闲越来越多地被视为积极运动，减少压力的生活的一部分”；“政府休闲、公园娱乐服务部门，企业和非政府组织，与健康水平及医疗机构的关联度正不断加强”②，“旅游业、与健康有关的问题和户外娱乐将会是未来大学休闲课程最重要的专题”③。

不过，对于休闲研究和休闲行为本身，北美学者也有不少疑惑，诸如：“什么环境推动了或将推动休闲研究的发展，哪些是或将会是休闲研究的主要议题，以及休闲学者应该有何作为来提高这些专题在大学里的重要性？”“并非单一或少数力量，而是错综复

① 加里·奇克（Garry Chick）“休闲研究基础”课堂讲授观点。

② 杰弗瑞·戈比、〔韩〕沈杰明：《北美休闲研究的发展：对中国的影响》，刘晓杰、刘慧梅译，《浙江大学学报》（人文社会科学版）2008年第38（4）期，第26页。

③ 杰弗瑞·戈比、〔韩〕沈杰明：《北美休闲研究的发展：对中国的影响》，刘晓杰、刘慧梅译，《浙江大学学报》（人文社会科学版）2008年第38（4）期，第27页。

杂的多股力量促进了休闲研究的发展，未来也很可能如此。休闲研究探讨各种议题，未来也将继续如此。”① 戈比甚至还注意到，“休闲研究领域缺乏共识可以被理解为该领域缺乏学科文化”。或许在北美，“休闲仍未能成为一个足够明确的研究领域，或许该领域就其性质而言还远远没有——或甚至不应该——形成同一方向，而应该适应多样化的、不断变化的社会需求”②。

另外，大多数北美学者也认识到，随着越来越多的亚洲、非洲和拉丁美洲国家和地区进入休闲时代，越来越多的休闲学者加入休闲研究的大家庭，不同文化背景的交流将更加普遍，休闲研究的世界意义将更加明显。

① 杰弗瑞·戈比、〔韩〕沈杰明：《北美休闲研究的发展：对中国的影响》，刘晓杰、刘慧梅译，《浙江大学学报》（人文社会科学版）2008 年第 38（4）期，第 27 页。

② 杰弗瑞·戈比、〔韩〕沈杰明：《北美休闲研究的发展：对中国的影响》，刘晓杰、刘慧梅译，《浙江大学学报》（人文社会科学版）2008 年第 38（4）期，第 27 页。

第二章 北美休闲组织和学术期刊

在北美休闲发展过程中，政府和非政府组织机构发挥了重要的作用。在第一章中，我们对美国国家公园服务部、户外娱乐部，以及遍布全美的市级娱乐与公园服务等政府部门的情况做了简要介绍。在本章，将重点介绍北美各种非政府休闲组织和各大学术期刊的情况。

第一节　北美休闲组织

根据美国国家娱乐与公园协会的相关资料①，北美的政府和非政府休闲组织机构的建立经过了一个长达 80 多年的过程。其中，1916 年美国国家公园服务部的建立，以及 1962 年美国户外娱乐部的成立，是联邦政府对全国娱乐与公园活动实行管理，并对国民娱乐提供持续的协调、资助与服务的重要标志。到 20 世纪 90 年代，完善的政府休闲管理体制已经在北美形成。

① 美国国家娱乐与公园协会（NRPA）网站，http：//www. nrpa. org/。

与此同时，许多非政府组织的休闲学会（协会）和一批休闲学术期刊也逐步出现。1906年，美国运动协会成立，不久更名为运动和娱乐协会；1926年，运动和娱乐协会又更名为国家娱乐协会。1956年，国家娱乐协会又建立国际娱乐分会，并成为世界休闲协会的前身。1965年，在国家娱乐协会的基础上，美国国家娱乐与公园协会正式诞生。同时和在稍后成立的分会包括：公园与娱乐教育者协会、美国公园与娱乐协会、休闲与老人协会、商业性娱乐与旅游协会、美国公园资源协会、美国旅行与旅游研究协会等。

1980年，另外两个重要的美国国家休闲学术委员会——美国公园与娱乐管理学会和国家休闲科学研究院成立；1984年，美国疗养性娱乐协会成立。在加拿大，1981年也成立了休闲研究协会。

1989年，斯韦克又在一篇题为《休闲供给的非营利组织》① 的文章中罗列了美国的一些属于休闲服务范围的主要私人和非营利性组织。

从表2-1、2-2中可以看出，自20世纪初期北美各种非政府娱乐协会（学会），以及各种私人和非营利性休闲组织开始成立，至20世纪90年代，北美已经形成了健全的休闲与娱乐组织机构网络系统。

目前，美国国家娱乐与公园协会已成为北美最大、最重要的非政府休闲组织。从20世纪90年代中期开始，国家娱乐与公园协会每年选择一个城市召开全国性大会暨博览会。大会暨博览会会期一般3~5天，主要包括两大内容，一是休闲产品博览，主题是各种休闲、娱乐、公园、旅游新产品的展示和市场推介；二是休闲学术会议。除了以上两个内容，还专门设立全国高校休闲展示专区、休闲专业就业招聘会、休闲图书博览会等。其中，学术研讨的规模很大。以2008年10月14~18日在马里兰州巴尔的摩（Baltimore）召开的

① Szwak, L. (1989). The nonprofit sector as recreation suppliers. *Trends*, 26 (2): 36.

表 2－1 北美主要休闲学会（协会）

所属国别	组织名称	英文名称	成立时间	备 注
美 国	美国国家娱乐与公园协会	The National Recreation and Park Association	1965	简称 NRPA
	美国公园与娱乐管理学会	the American Academy for Park and Recreation Administration	1980	简称 AAPRA
	国家休闲科学研究院	the Academy of Leisure Sciences	1980	简称 Academy
	美国疗养性娱乐协会	National Therapeutic Recreation Society	1984	简称 NTRS，属于 NRPA 分支机构
	美国健康、运动教育、娱乐和舞蹈协会	American Association for Health, Physical Education, Recreation and Dance	—	简称 AAHPERD
	美国休闲与娱乐协会	the American Association of Leisure and Recreation	—	简称 AALR
	公园与娱乐教育者协会	Society of Park and Recreation Éducators	—	简称 SPRE，属于 NRPA 分支机构
	世界休闲与娱乐协会	World Leisure and Recreation Association	—	简称 WLRA
	美国游戏研究协会	Association for the Study of Play	—	简称 ASP
	美国休闲与娱乐联盟	American Alliance for Leisure and Recreation	—	简称 AALR
	美国公园与娱乐协会	American Park and Recreation Society	—	简称 APRS，属于 NRPA 分支机构
	休闲与老人协会	Leisure and Aging Section	—	简称 LAS，属于 NRPA 分支机构
	商业性娱乐与旅游协会	Commercial Recreation and Tourism Section	—	简称 CRTS，属于 NRPA 分支机构
	美国公园资源协会	National Society for Park Resources	—	简称 NSPR，属于 NRPA 分支机构
	美国旅行与旅游研究协会	the Travel and Tourism Research Association	—	简称 TTRA
加拿大	加拿大休闲研究协会	The Canadian Association for Leisure Studies	1981	简称 CALS

资料来源：美国国家娱乐与公园协会（NRPA），http：//www. nrpa. org；加拿大休闲研究协会（CALS），http：//www. cals. uwaterloo. ca，以及各协会相关网站信息。

表 2-2 美国主要私人和非营利性休闲组织

类　别	中文名称	英文名称
娱乐方面	美国露营篝火公司童子军	Boy Scouts of America Camp Fire Inc.
	美国女童子军	Girl Scouts of America
	青年基督联合会	YMCA
	青年妇女基督联合会	YWCA
	校际郊游俱乐部联合会	Intercollegiate Outing Club Association
自然资源方　面	Izaak Walton 团体	Izaak Walton League
	自然保护组织	The Nature Conservancy
	美国森林协会	American Forestry Association
	阿巴拉契亚山俱乐部	Aplalachian Mountain Club
	环境保护基金会	Environmental Defense Fund
	地球之友	Friends of the Earth
	国家公园和保护协会	National Park & Conservation Association
	国家野生动物联合会	National Wildlife Federation
	丘陵俱乐部	Sierra Club
	自然保护团体	Wilderness Society
	世界野生动物基金会	World Wildlife Fund
运动团体	美国登山协会	American Hiking Association
	美国摩托车协会	American Motorcycle Association
	阿巴拉契亚山狩猎协会	Apalachian Trail Conference
	美国气球联合会	Balloon Federation of America
	自行车青年会	Bikecentennial
	美国船主协会	Boat Owners Association of U. S.
	西部郊游俱乐部联合会	Federation of Western Outdoor Clubs
	美国驾驶员团体	Leagues of America Wheelman
	国家园艺协会	National Gardening Association
	公路长跑俱乐部	Road Runners Club
	美国赛车俱乐部	Sports Car Club of America
	捕鱼协会	Trout Unlimited
	美国滑雪协会	U. S. Ski Association
	美国快艇联合会	U. S. Yacht Racing Union
	潜水组织	Ducks Unlimited
	国家奥德朋组织	National Audubon Society
	国家野营和登山协会	National Campers & Hikers Associtaion
	国际步枪协会	National Rifle Association

资料来源：Szwak，L.（1989）. The nonprofit sector as recreation supliers. *Trends*，26（2）：36；中译本杰弗瑞·戈比：《21 世纪的休闲与休闲服务》，张春波、陈定家、刘凤华译，马惠娣校译，云南人民出版社，2000（第 187 页中的著者（Sznak）和时间（1978）有误——笔者注）

大会暨博览会为例：在5天的会期中，安排了388场次的学术报告，有将近1000名（每场报告一般有2~3名报告人，1位主持评议人）资深学者、经验丰富的管理人员、高校青年教师、硕士、博士登上讲台，发表自己新的休闲理论和实践见解，交流学术和教育经验等。①

另外，需要指出的还有美国国家休闲科学研究院。休闲科学研究院自1980年成立之始，就是一个代表北美休闲研究最高水平的一流学者组织。国内第一套《休闲研究译丛》中所收录的5本著作的作者托马斯·古德尔、杰弗瑞·戈比、约翰·凯利、卡拉·亨德森、黛博拉·拜尔列席基、苏珊·萧等都是其主要成员。② 休闲科学研究院每年至少召开一次全会，讨论重大休闲理论问题。2006年，马惠娣被选举为美国休闲科学研究院成员，这是进入美国休闲研究高端领域的第一位中国学者，也是到目前为止唯一的一位中国学者。

第二节　北美休闲学术期刊

我们注意到，在北美，二战以前，甚至战后的一段时期里，各种与休闲相关的理论文章散见在有关社会学、经济学、人类学、体育、教育等各种期刊上，休闲研究缺乏自己的学术舞台，这在一定程度上制约了休闲研究的进步与发展。20世纪70年代以后，与各种政府和非政府休闲组织和机构的出现和发展几乎同步，十几种主要的休闲学术刊物也先后面世。按照创刊时间先后，这些期刊主要包括：美国的《疗养性娱乐杂志》、《休闲研究杂志》、《休闲科学》、《公园与娱乐管理杂志》，以及加拿大的两家主要休闲学术期刊《休闲研究》、《世界休闲》等。下面是北美主要休闲期刊的基本情况。

① 美国国家娱乐与公园协会编制，巴尔的摩·2008 NRPA：*Congress & Exposition—official program and exhibitor guide*。

② 美国国家休闲科学研究院：http：//www. academyofleisuresciences. org。

表 2-3 北美主要休闲期刊

所属国别	期刊名称	英文名称	创刊时间	主要内容	备注
美国	《疗养性娱乐杂志》	*Therapeutic Recreation Journal*	1967	侧重于疗养性休闲、娱乐的研究	由 NTRS 主办
	《休闲研究杂志》	*Journal of Leisure Research*	1969	综合性休闲研究杂志	由 NRPA 主办
	《休闲科学》	*Leisure Sciences*	1977	侧重于体育和休闲管理	
	《公园与娱乐管理杂志》	*Journal of Park and Recreation Administration*	1982	主要刊登公园与娱乐管理方面的文章	由 AAPRA 主办
	《休闲:休闲研究与娱乐教育杂志》	*Schole:A Journal of Leisure Studies and Recreation Education*	—	主要刊登休闲与娱乐教育方面的文章	由 SPRE 主办
	《社会与休闲》	*Society and Leisure*	—	是一本从社会学角度对休闲进行研究的期刊	
	《应用性娱乐研究杂志》	*Journal of Aplied Recreation Research*	—	侧重于对各种娱乐活动尤其是户外娱乐活动的实证性研究	
	《疗养性娱乐年刊》	*Annual in Therapeutic Recreation*	—	专门刊载疗养性娱乐方面的文章,并特别关注残障人与老年人的疗养性娱乐理论探讨	
	《美国娱乐疗法杂志》	*American Journal of Recreation Therapy*	—	侧重疗养性娱乐方法与技能的理论研究	
	《健康、运动教育、娱乐和舞蹈杂志》	*the Journal of Health, Physical Education, Recreation and Dance*	—	是一份涉及健康、运动教育、舞蹈等休闲娱乐活动的期刊	
	《游戏与文化》	*Play and Culture*	—	关注游戏及其与社会文化之间的关系,尤其重视青少年游戏活动的研究	
	《公园与娱乐》	*Parks and Recreation*	—	—	
	《旅行与休闲》	*Travel and Leisure*	—	—	

续表 2－3

所属国别	期刊名称	英文名称	创刊时间	主要内容	备　注
美　国	《城市休闲服务管理》	*Managing Municipal Leisure Services*	—	—	
	《旅游研究纪事》	*Annual of Tourism Research*	1973	综合性的旅游研究杂志，从经济、文化、商业、管理与服务等各个方面探讨旅游问题	
	《旅行研究杂志》	*Journal of Travel Research*	1962	综合性的旅游研究杂志，对旅游主体，即旅游者的旅游行为和心理研究略有侧重	
	《国际旅游评论》	*Tourism Review International*	—	—	
	《旅游分析》	*Tourism Analysis*	—	—	
	《旅行与旅游市场杂志》	*the Journal of Travel and Tourism Marketing*	—	—	
加拿大	《休闲：加拿大休闲研究协会杂志》	*Leisure/Loisir: Journal of the Canadian Association for Leisure Studies*	1981	加拿大综合性休闲研究杂志	由 CALS 主办
	《世界休闲》	*World Leisure, Canada*	—	—	
	《加拿大娱乐》	*Recreation Canada*	—	—	
	《现代休闲》	*Leisure Today*	—	—	
	《休闲能力杂志》	*Journal of Leisurability*	—	—	
	《加拿大精神健康杂志》	*Canadian Journal of Mental Health*	—	—	

资料来源：美国国家娱乐与公园协会（NRPA），http：//www. nrpa. org；加拿大休闲研究协会（CALS），http：//www. cals. uwaterloo. ca，以及各协会相关网站信息。

表2-3中没有显示的与休闲相关的杂志还有：《现代疗养性娱乐与休闲年刊》（*Annual in Therapeutic Recreation and Leisure Today*）、《社会与自然资源》（*Society and Natural Resources*）、《社会心理学杂志》（*Journal of Social Psychology*）、《森林学杂志》（*Journal of Forestry*）、《滨海地带管理》（*Coastal Zone Management*）、《北美渔场管理》（*North American Fisheries Management*）、《国际荒原杂志》（*International Journal of Wilderness*）、《环境教育杂志》（*Journal of Environmental Education*）、《环境管理》（*Environmental Management*）、《个体与社会心理学杂志》（*Journal of Personality and Social Psychology*）、《冲突调解杂志》（*Journal of Conflict Resolution*）、《应用行为科学评论》（*Aplied Behavioral Science Review*）、《环境与行为》（*Environment and Behavior*）、《生物的人类纬度》（*Human Dimensions of Wildlife*）、《疗养性娱乐消费地平线杂志》（*Journal of Expanding Horizons in Therapeutic Recreation*）等。

非政府休闲组织和休闲学术期刊为休闲研究提供了广阔的舞台，也成为北美休闲研究走向成熟的标志，当然，也在很大程度上成为北美休闲研究的风向标。

第三章 北美休闲研究主要方向及部分学者的休闲研究

对于北美休闲研究的主要方向以及部分学者休闲研究重点的分析，能够反映学术研究的一般轨迹。基于此，本章首先对北美休闲研究的主要方向进行简要分析，而后选取北美几位主要休闲学者，就其研究经历和研究重点进行简要阐释，从中可以窥见北美休闲研究的部分面貌。

第一节 北美休闲研究的主要方向

一 研究的一般方向

前文谈到，休闲研究最先从欧洲大学里的社会学系发展起来，关注工业社会中不断增多的闲暇时间所带来的问题。北美的休闲研究也走了同样的过程。早期北美的休闲研究探索的焦点集中于"每日生活中的工作——休闲模式、时间的利用、郊区化和工业工作等。后来的探索专题则包括社会阶级、科技、社区生活、有组织的休闲，以及工作安排对休闲行为的作用和影响。从 20 世纪 80 年代起，社会心理学的框架越来越多地被休闲研究所采纳”[①]。梅尔森在对20世纪50~70年代休闲社会学的相关文献整理中，把研究成果划分为：一般性休闲理论、经济研究、社会身份和地位、工作阶层、儿童/成人与家庭、老人、城市/郊区休闲、大众娱乐活动、户外娱乐（包括旅行）等项目。[②] 这反映了那一时期休闲社会学所研究的重点。而后，笔者对《休闲研究杂志》和《休闲科学》2000年以来发表的论文的统计结果则反映出北美休闲研究的着力点在于：基础及综合研究、女性休闲、休闲与年龄、休闲与人种/种族、体育休闲、公园与户外娱乐、休闲与旅游、家庭/社区与休闲、疾病/健康与休闲、性别与休闲、休闲市场/服务、休闲与文化、休闲政策、休闲与压力、休闲制约、严肃休闲、休闲与环境、休闲教育、休闲与网络等研究领域。同期的大量学术专著也主要是以上相关领域的成果。

所以，概括起来，可以说北美休闲研究是从最早关注“休闲社会学”、“休闲经济学”等，而后涉及公园、娱乐、旅游等实证休闲研究，并最终走向“休闲社会/心理学”研究的一个过程。[③]

二　休闲科学研究院及其主要成员的研究取向

美国休闲科学研究院是美国休闲研究的一流学者组织。通过对其主要成员休闲研究取向的分析可以加深对北美休闲研究领域的认识。

---

① 杰弗瑞·戈比、〔韩〕沈杰明：《北美休闲研究的发展：对中国的影响》，刘晓杰、刘慧梅译，《浙江大学学报》（人文社会科学版）2008年第38（4）期，第23~24页。

② Rolf Meyersohn.（1969）. The sociology of Leisure in The United States: Introduction and Bibliography, 1945 - 1965. *Journal of Leisure Research*, Vol. 1（1）: 53 - 68.

③ 杰弗瑞·戈比、〔韩〕沈杰明：《北美休闲研究的发展：对中国的影响》，刘晓杰、刘慧梅译，《浙江大学学报》（人文社会科学版）2008年第38（4）期，第23~27页。

1. 休闲科学研究院及其成员组成

美国休闲科学研究院成立于1980年，最初成立的时候只有30人，发展到2008年底，已经有121人。但新成员的选择非常严格，在从1982年到2008年的26年中，总共只有91位学者进入科学院，平均每年只有3~4个新成员有幸加入。

在休闲科学研究院的121位成员中，有109位成员都是美国学者，占全部成员的90.08%。10位为加拿大学者，1位英国学者，1位中国学者。但从发展趋势来讲，已经逐渐有一种国际化的趋势。

从成员的来源来看，主要集中在美国和加拿大高校。其中，按照人数多少排序，来自得克萨斯A和M大学、伊利诺伊大学、印第安纳大学、宾夕法尼亚州立大学、加拿大滑铁卢大学、克莱姆森大学、北卡罗来纳大学、加拿大亚伯塔大学、佐治亚大学、佛蒙特大学、加利福尼亚州立大学、犹他大学、亚利桑那大学、科罗拉多大学等大学的成员较多。人数的多少也基本反映了这些高校在北美休闲研究领域学术地位的高下。

2. 休闲科学研究院的宗旨

美国休闲科学研究院通过出版著作、发表论文、组织会议、资助项目等多种形式引领美国乃至世界休闲科学发展的方向。其宗旨是：理智提升与引导休闲科学研究。主要体现在以下三个方面：

第一，通过组织杰出学者，建立起来一个引导休闲科学研究的网络。

第二，通过会议和其他活动，搭建一个互相交流知识和思想，以便更好地理解休闲意义的平台。

第三，通过委员会和个人活动，鼓励和提升在休闲主要领域的学术探索。这些形式如：与公园与娱乐教育者协会合作，设立资助未来学者项目——每年评选6个以内在娱乐、公园和休闲研究领域做出杰出成就的在读硕士生作为项目受资助对象，并邀请他们参加休闲科学研究院年会等。

3. 主要研究方向

在休闲科学研究院121位成员中，有部分早期创建者已经去世，在世的学者年龄大多在40岁以上。所以，大部分成员的学术研究开始于20~50年前。也就是说，在20世纪60、70年代，他们已开始介入休闲研究领域，并见证和参与了许多重要理论问题的探讨。到21世纪之初，他们中的大多数仍然活跃在北美休闲学术研究舞台上，而且都是相关研究领域的领军人物。以下是几种主要休闲研究方向和部分主要成员的代表性成果①：

（1）休闲与工作、休闲行为及休闲基础理论研究

黛安娜·邓恩、詹姆斯·克里斯坦森、杰弗瑞·戈比、约翰·凯利、托马斯·古德尔、本杰明·亨尼卡特、罗伯特·斯特宾斯、迈克尔·埃利斯、戴维·斯科特等都是这方面的主要学者。

突出的成果有：托马斯·古德尔、杰弗瑞·戈比《人类思想史中的休闲》，约翰·凯利《休闲》、《休闲认同和相互作用》、《走向自由——休闲社会学新论》，本杰明·亨尼卡特《无休止的工作》，罗伯特·斯特宾斯《在社会科学中探索研究》、《工作与娱乐之间》、《严肃休闲：当代的视角》、《公共空间的个人抉择：用社会学的积极一面解决问题》，迈克尔·埃利斯《人为什么游戏》、《游戏和娱乐》、《儿童的行为与游戏》等。

（2）公园、户外娱乐、资源、环境与社会影响

涉及这个领域研究的学者比较多，如加里·马克利斯、艾伦·尤尔特、艾伦·格雷夫、威廉·哈米特、罗伯特·曼宁、莱斯利·里德、罗伯特·贝克尔、佩里·布朗、戈登·布尔蒂纳、拉伯尔·伯奇、唐纳德·菲尔德、约翰·亨迪、丹尼尔·达斯汀、托马斯·莫尔等。

突出的成果包括：加里·马克利斯《论阐释：社会学为自然和文化史作阐释者》、《国家公园与偏远地区的发展》，艾伦·尤尔

① 代表性成果只列出中文名称，英文名称参见书末附录二相关内容。

特《追求户外探险：基础、模式和理论》、《城市空旷地活动中的文化与冲突》、《自然资源管理：人的纬度》、《户外教育：方法和策略》，威廉·哈米特《野外娱乐：生态学及管理》，罗伯特·曼宁《户外娱乐研究》，莱斯利·里德《全美户外娱乐需求研究》、《户外娱乐的质量：来自使用者满意度的证实》，威廉·伯奇《人类社会中的休闲社会组织》、《白日梦和噩梦：美国环境的社会学篇章》、《社区与森林：社会中自然资源的连续性》，拉伯尔·伯奇《社会影响评价的概念、过程与方法》、《社会影响评价的社区指南》，唐纳德·菲尔德《乡村社会学与环境》、《社区与森林》、《阐释与国家公园和乡村发展》，约翰·亨迪《荒原管理》、《荒原中的野生动（植）物管理》、《森林与可再生资源导读》，丹尼尔·达斯汀《美国的荒原：个人的视野》、《荒原以内：休闲与生活的反映》、《自然和人文精神：走向扩张的陆地管理伦理》等。

（3）女性休闲

卡拉·亨德森、黛博拉·拜尔列席基、苏珊·萧是这方面的代表人物，而且她们三人往往合作研究。代表性的成果有：《女性休闲：女性主义的视角》、《一个人自身的休闲：从女性主义的视角看妇女休闲》。

此外，她们三人的研究还涉及其他方面，比如《休闲服务评价》、《休闲服务入门》、《休闲中的选择范围、志愿者》、《休闲服务评价》、《休闲研究手册》等。

（4）儿童、成人、老人及残障人休闲

丽娜·巴尼特·莫雷斯、琳达·凯德维尔、加里·艾伦·费恩、里德·拉森、皮特·维特、迈克尔·马洪、弗朗西斯·麦圭尔、艾莉森·佩德拉、黛安娜·萨姆达尔等在这方面都有突出的贡献。

主要成果有：加里·艾伦·费恩《和小男孩们在一起：小型棒球联盟与儿童文化》、《分享幻想：角色扮演游戏作为社会生活》、《莫瑞尔的故事：快速成长的文化》、《天才舌头：高中生的辩论和青少年文化》、《每日天才：自我教育艺术和真实文化》，里德·拉森《成为青少年：青春期的成长与矛盾》、《分歧的真实状态：母亲、父亲和青少年的情感生活》，琳达·凯德维尔、皮特·维特《与冒险的青年人一同发展的娱乐项目》、《娱乐和青年人发展》，迈克尔·马洪《残障人娱乐服务入门：以人为本的方法》，艾莉森·佩德拉《一份独特真实的生活：授权与新出现残障的成年人》，黛安娜·萨姆达尔《失业成人的多彩世界：休闲、生活方式和健康的结果》等。

（5）疗养性娱乐与健康休闲

疗养性娱乐也是一个重要的领域，戴维·奥斯汀、戴维·康普顿、约翰·达提洛、卡罗尔·皮特森、诺尔玛·斯顿波、朱迪思·沃尔克等都涉及这方面的研究。

主要成果有：戴维·奥斯汀《疗养性娱乐的过程与技巧》、《全面与特殊的娱乐：残障人的机会》、《疗养性娱乐入门》以及《疗养性娱乐基本原理》，戴维·康普顿《疗养性娱乐的问题：一个转型期中的职业》、《休闲与精神健康》，约翰·达提洛《全面的休闲服务：对残障人权利的回应》、《疗养性娱乐中的便利技能》、《休闲教育具体项目》以及《疗养性娱乐中疗养娱乐与行为修正的基本原理》，卡罗尔·皮特森《疗养性项目设计》，诺尔玛·斯顿波《疗养性娱乐项目设计：原则和程序》、《疗养性娱乐中顾客的收获》、《顾客对疗养性娱乐的评价》、《疗养性娱乐的职业问题》等。

（6）休闲心理学

约翰·纽林格、米哈里·奇克森特米哈伊、塞波·伊索—阿霍拉，霍华德·汀斯利、罗杰·曼内尔、道格拉斯·克莱伯等在休闲社会心理学方面卓有建树。

突出的成果有：约翰·纽林格《休闲心理学》，米哈里·奇克森特米哈伊《摆脱厌倦与焦虑：寓畅爽于工作与游玩》、《畅：最佳体验的心理学》、《发现"畅"》、《体育中的"畅"》，塞波·伊索—阿霍拉的《休闲与娱乐的社会心理学》，罗杰·曼内尔、道格拉斯·克莱伯《休闲社会心理学》等。

(7) 规划、管理、政策、市场与服务

在这个方面约瑟夫·班农《当前休闲服务中的问题》，克里斯托弗·艾丁顿《引领娱乐、公园与休闲服务》、《休闲规划：以服务和利益为中心》、《休闲与生活满意度：基础性视角》、《青年工作：多视角看待青年发展》，戴波·乔丹《休闲服务规划：服务领导方法》等比较有代表性。

(8) 休闲教育

琼·芒迪的《休闲教育：理论与实践》，以及诺尔玛·斯顿波的《休闲教育 I：活动与资源手册》、《休闲教育 II：更多的活动与资源》、《休闲教育 III：更多的活动与资源》、《休闲教育 IV：滥用物质个体的活动》、《对冒险青年的干预活动》是休闲教育方面著作的代表。

另外，玛丽亚·阿利森、约翰·德怀尔、迈伦·弗洛伊德、加里·奇克等涉及了种族/人种与跨文化研究；约翰·克朗普顿、约瑟夫·奥利里、穆扎菲·尤萨尔、卡尔顿·凡·多伦等涉及了旅游研究等。

托马斯·伯顿、埃德加·杰克逊以及中国学者马惠娣等的研究则涉及面很广，属于综合性的研究。主要成果有：托马斯·伯顿《娱乐研究试验》、《加拿大自然资源政策》、《成为人的环境：休闲》，埃德加·杰克逊的《休闲制约》等。另外，伯顿与杰克逊合作的《认识休闲与娱乐：回顾过去和展望未来》、《休闲研究：21 世纪的前景》两本书已经成了北美休闲研究领域里程碑式的教科书。马惠娣的《走向人文关怀的休闲经济》、《中国公众休闲状况调查》、《休闲：人类美丽的精神家园》3 本专著则代表了中国休闲研究最高水平的成果。

关于休闲科学研究院成员及其研究的具体情况，请参见书末的附录二相关内容。

第二节　部分休闲学者及其休闲研究

在这里主要介绍约翰·纽林格及其休闲的概念、米哈里·奇克森特米哈伊及其“畅”的理论、托马斯·古德尔及其休闲哲学研究、约翰·凯利及其休闲社会学研究，以及卡拉·亨德森及其女性休闲研究的概况。

一　约翰·纽林格及其休闲的概念

休闲社会心理学是北美休闲研究的重要领域，在这个领域，约翰·纽林格和米哈里·奇克森特米哈伊是两位具有代表性的人物。他们关于休闲的概念和“畅”的理论曾对北美休闲领域产生了广泛影响。

1. 约翰·纽林格其人及其学术成果概况

约翰·纽林格是纽约城市大学城市学院教授，休闲科学研究院早期创立者之一。他还曾于1982～1983年担任休闲科学研究院第三任主席。1991年，约翰·纽林格67岁时由于心脏病突发在纽约的家中去世。他曾被北美休闲研究学者誉为“休闲理想主义者”。

其主要论著包括：《休闲心理学》①、《我在做什么?》②、《休闲入门》③、《通往伊甸园的终极之路》④ 等。

2. 关于休闲的概念

在休闲学研究领域，纽林格最大的贡献，是他提出的关于休闲的概念。他曾说，“什么是休闲！也许本来就没有正确的答案。因

① John Neulinger. (1974). *The psychology of leisure*: *Research approaches to the study of leisure*. Springfield. IL: Charles Thomas Publishers.

② John Neulinger. (1977). *What Am I Doing? The WAID*. Dolgeville, NY: Leisure Institute.

③ John Neulinger. (1981). *To Leisure*: *An Introduction*. Boston: Allyn and Bacon.

④ John Neulinger. (1990). *Road to Eden After All*: *A Human Metamorphosis*. Dolgeville, NY: Leisure Institute.

为每个人都会对休闲有自己的定义。”① 他认为，“休闲感有，且只有一个判据，那便是心之自由感（perceived freedom）。只要一种行为是自由的，无拘无束的，不受压抑的，那它就是休闲的。去休闲，意味着作为一个自由的主体，由自己的选择，投身于某一项活动之中。”② 这成为西方一直比较传统和流行的休闲定义。

二 米哈里·奇克森特米哈伊及其“畅”的理论

1. 米哈里·奇克森特米哈伊其人及其学术成果概况

米哈里·奇克森特米哈伊是一位心理学教授，匈牙利人，22 岁移居美国。1965 年，在芝加哥大学获得博士学位。曾任芝加哥大学心理系主任，后来就职于 Claremont 大学并在那里退休。他以研究“快乐”（happiness）和“创造”（creativity）而知名，并围绕“畅”（flow）的理论出版和发表了 120 多种论著。美国前心理学会主席马丁·塞里格曼（Martin Seligman）曾评价米哈里·奇克森特米哈伊为世界上“积极心理学”（positive psychology）领域的领军人物。

其主要休闲论著包括：《摆脱厌倦与焦虑：寓畅爽于工作与游玩》③、《隐性奖赏消费领域的固有奖赏和新型动机：人行为动机心理学的新视角》④、《最佳体验：畅意识的心理学研究》⑤、《畅：最

① Jay S. Shivers and Lee J. deLisle. (1997). *The Story of Leisure*: *Context*, *Concepts*, *and Current Controversy*. U. S. A, Human Kinetics, p. 192.

② John Neulinger. (1974). *The psychology of leisure*: *Research approaches to the study of leisure*. Springfield. IL: Charles Thomas Publishers, p. 6.

③ Mihalyi Csikszentmihalyi. (1975). *Beyond Boredom and Anxiety*: *Experiencing Flow in Work and Play*. San Francisco: Jossey-Bass.

④ Mihalyi Csikszentmihalyi. (1978). *Intrinsic Rewards and Emergent Motivation in The Hidden Costs of Reward* : *New Perspectives on the Psychology of Human Motivation*. eds Lepper, Mark R; Greene, David, Erlbaum: Hillsdale: NY 205 - 216.

⑤ Mihalyi Csikszentmihalyi & Isabella Selega Csikszentmihalyi, eds. (1988). *Optimal Experience*: *Psychological studies of flow in consciousness*. Cambridge: Cambridge University Press.

佳体验的心理学》①、《创造性：畅与发现或发明的心理学》②、《发现“畅”：日常生活中的心理学》③、《好工作：当卓越与道德规范发生冲突》④ 等。

2. “畅”理论

米哈里·奇克森特米哈伊的休闲学术贡献主要体现在“畅”的理论方面。其多本专著和大量论文也是关于这个方面的理论探讨。

在其 1990 的著作《畅：最佳体验的心理学》中，他勾勒出了一个“畅”的基本理论：当人们处在“畅”的状态——具有适当的挑战性而能让一个人深深沉浸于其中，以致忘记了时间的流逝、意识不到自己存在的体验，人就是最快乐的。“畅”的思想与人在一定时空存在的感觉是一致的。“畅”是人的一种最佳的内在心理活动状态，在这种状态下，人与其从事的活动完全融为一体了。每一个处于“畅”的状态的人都时常会由于被吸引、或从事、自我满足和拥有技能的不同，表现出不同的特点，在这个时候，一些诸如时间、食物、自我等感觉都暂时被忘记了。

1996 年，米哈里·奇克森特米哈伊又对“畅”作了进一步的解释：“出于自身的目的而忘我地、全身心地从事某项活动。在这种活动中，时间的概念也失去了意义。每一个行为、动作以及思想都是先前的自然的浮现，就像演奏爵士乐。个人的存在完全被占据着，个人的技能也达到了极致。”⑤

① Mihalyi Csikszentmihalyi. (1990). *Flow: The Psychology of Optimal Experience*. New York, NY: Harper and Row.

② Mihalyi Csikszentmihalyi. (1996). *Creativity: Flow and the Psychology of Discovery and Invention*. New York: Harper Perennial.

③ Mihalyi Csikszentmihalyi. (1998). *Finding Flow: The Psychology of Engagement With Everyday Life*. New York, Basic Books.

④ Gardner, Howard; Csikszentmihalyi, Mihaly, and Damon, William. (2002). *Good Work: When Excellence and Ethics Meet*. New York, Basic Books.

⑤ Geirland, John. (1996). Go With The Flow. *Wired magazine*, September (4): 9.

在奇克森特米哈伊看来，要获得“畅”的感觉，必须在面临的挑战和行为者的技能之间找到一种平衡。挑战应该是“适当的”，活动的难度应与一个人所掌握的技能相适应，太难的活动会让人感到紧张和焦虑，而太容易的活动则又会让人感到厌倦，在这两种情况下，“畅”的感觉便不会出现。“畅”的状态也意味着注意力的集中。实际上，正如许多人已经注意到的，一些精神上的冥想（沉思），如印度瑜伽、中国功夫等，似乎都有助于锻炼和提升人的注意力，帮助人们提高获得“畅”的能力。一句话，“畅”可以被描述为一种状态，此时，人的注意力、动机和周边环境融为一体了，最终达到了一种无限丰富的和谐或反馈。

三 托马斯·古德尔及其休闲哲学研究

1. 托马斯·古德尔其人及其学术成果概况

托马斯·古德尔，乔治·梅森大学荣誉退休教授。早年就读于纽约州立大学娱乐与休闲研究系，并在伊利诺伊大学公园与娱乐管理系获得硕士和博士学位。而后，他先后进入威斯康星大学格林贝分校、加拿大渥太华大学任教。1988 年，到乔治·梅森大学工作至今。曾经发表了 50 多篇论文，出版了包括《人类思想史中的休闲》、《娱乐和休闲：世纪之交的问题》[①] 等在内的 10 多本专著。其研究领域主要涉及：休闲哲学、家庭与休闲、创造人道的环境，以及发展有质量的环境等。他曾经被美国、加拿大、中国等多个国家的许多大学邀请作学术访问。曾获得 1990 年国家娱乐与公园协会文学奖。

2. 休闲哲学研究

古德尔与戈比合作的《人类思想史中的休闲》通过考察休闲在西方雅典城邦的出现直到现代的发展状况，探索了休闲在人类思

① Thomas Goodale & Peter Witt. (1991). *Recreation and Leisure*: *Issues in an Era of Change*. State College, Pennsylvania: Venture Publishing, Inc.

想史中的演变及其价值问题，集中反映了古德尔的休闲哲学思想，在北美产生了广泛影响。在作者看来，“自工业化社会以来，所有衡量人类进步的主客观标准，似乎都显得不够完善，因为，人们所有的标准在很大程度上都忽视了对人类生存的真正目标的思考”。而简单地把物质文明作为衡量人类进步的尺度显然是不够的。不过，“在人类休闲的演化中，我们看到了人类最高层次的需求，理解了什么是衡量人类进步的标准，休闲的重要意义最终才得到彰显”[①]。基于此，作者在全书中首先考察了休闲理想的起源，概述了清教徒的祖先，介绍了科学的崛起、经济人的诞生、工业资本主义的出现，而后，抨击了当代人疯狂的物欲和对大自然的无情掠夺，指出了人类道德的堕落和理性的困境。透过全书，我们可以看到从亚里士多德、康德、凡勃伦，一直到葛拉齐亚、皮普尔、马克思等学者博大的休闲思想，并最终让我们看到了什么是人类最高层次的需求，理解了什么是衡量人类进步的标准。[②]

四　约翰·凯利及其休闲社会学研究

1. 约翰·凯利其人及其学术成果概况

约翰·凯利，俄勒冈大学社会学博士，1975 年以后进入美国伊利诺伊大学娱乐、体育与旅游系任教，现在是该大学的荣誉退休教授。其休闲研究主要集中在基于生活过程的休闲、工作、家庭/社区认同方面。在这方面他已经发表了 100 多篇文章、10 多份技术报告和 9 本专著。其中，《休闲》[③]、《休闲认同和相互作用》[④]、《走向自由——休

① 托马斯·古德尔、杰弗瑞·戈比：《人类思想史中的休闲》，成素梅、马惠娣、季斌、冯世梅译，云南人民出版社，2000，“导言”。

② 参见托马斯·古德尔、杰弗瑞·戈比《人类思想史中的休闲》，成素梅、马惠娣、季斌、冯世梅译，云南人民出版社，2000，“编者的话”。

③ John Kelly. (1983). *Leisure*. Englewood Cliffs, N. J. : Prentice-Hall.

④ John Kelly. (1983). *Leisure identities and interactions*. London and Boston: Allen & Unwin.

闲社会学新论》、《佩欧瑞亚的冬天：晚年生活的类型与资源》①、《休闲社会学》②、《21世纪的休闲》③ 等是他的代表作。他的论著在北美影响很大，几乎所有北美大学休闲专业的学生都曾受益于其著作。他还曾被邀请到欧洲、巴西、日本、澳大利亚等许多国家和地区访问讲学，曾获得过国家娱乐与公园协会罗斯福研究奖、国家文学奖。

2. 休闲社会学研究

从对凯利20多年的研究成果的分析可以看出，他休闲研究的范围很宽，其前两部专著《休闲》、《休闲认同和相互作用》都有综合研究的性质。但其主要研究领域仍属于休闲社会学。其中，代表性的成果主要是《走向自由——休闲社会学新论》以及稍后他与戈比合作出版的《休闲社会学》。在这两本书中，作者从多个角度，运用多种方法，论述了休闲与工作、家庭、年龄、阶层、性别以及其他社会因素之间的关系，并强调指出：休闲应被理解为一种“成为人”的过程，是一个完成个人与社会发展任务的主要存在空间，是人的一生中一个持久的、重要的发展舞台。“成为人”意味着摆脱“必需后”的自由；探索和谐与美的原则；承认生活理性和感性，物质与精神层面的统一；与他人一起行动，使生活内容充满朝气并促进自由与自我创造。休闲是以存在与“成为”为目标的自由——为了自我，也为了社会。④ 2004年，凯利与弗瑞辛格合作出版了《21世纪的休闲》⑤。

---

① John Kelly. (1987). *Peoria winter: Styles and resources in later life*. Lexington, Mass.: Lexington Books.

② John Kelly, Geoffrey Godbey. (1992). *The sociology of Leisure*. State College, Pennsylvania: Venture Publishing, Inc.

③ John Kelly, Valeria Freysinger. (2000). *21st Century Leisure: Current Issues*. Boston: Allen & Bacon.

④ 约翰·凯利：《走向自由——休闲社会学新论》，赵冉、季斌译，云南人民出版社，2000，“编者的话”。

⑤ Valeria Freysinger & John Kelly. (2004). *21st Century Leisure: Current Issues, Second Edition*. College Park, PA: Venture Publishing.

这是一本关于21世纪休闲的理论专著。作者从休闲的概念、休闲发展的回顾、休闲的背景、休闲的形式等几个部分综合分析了休闲与21世纪社会发展的关系，显示了作者深厚的学术素养。

五　卡拉·亨德森及其女性休闲研究

1. 卡拉·亨德森其人及其学术成果概况

卡拉·亨德森早年在艾奥瓦大学获得本科和硕士学位，后在明尼苏达大学公园、娱乐和休闲研究系获得哲学博士学位。1985～1987年，任得克萨斯女子大学娱乐系主任；1990年成为美国休闲科学研究院成员，1991～1992年任公园与娱乐教育者学会主席，1996～1997任美国休闲科学研究院主席。1996年起，任北卡罗来纳大学查珀尔希尔分校公园、娱乐和旅游管理系教授、主任。

从20世纪80年代初期起，她涉足休闲研究，并主要关注女性休闲。先后在《休闲研究杂志》、《休闲科学》、《休闲研究》、《疗养性娱乐杂志》、《应用性娱乐研究杂志》、《社会与休闲》、《休闲》、《公园和娱乐管理杂志》等期刊发表了近200篇论文。出版了《休闲中的志愿者：管理者的视角》①、《一个人自身的休闲：从女性主义的视角看妇女休闲》②、《选择的幅度：娱乐、公园与休闲的定性研究》③、《休闲服务》④、《休闲服务评价》⑤、《女性休闲：

---

① Tedrick, T. & Henderson, K. A. (1989). *Volunteers in leisure: A management perspective*. Reston, VA: AAHPERD.

② Henderson, K. A.; Bialeschki, M. D.; Shaw, S. M., & Freysinger, V. J. (1989). *A leisure of one's own: A feminist perspective on women's leisure*. College Park, PA: Venture Publishing.

③ Henderson, K. A. (1991). *Dimensions of choice: A qualitative approach to research in recreation, parks, and leisure*. College Park, PA: Venture Publishing.

④ Sessoms, H. D., & Henderson, K. A. (1994). *Leisure services, seventh edition*. College Park, PA: Venture Publishing.

⑤ Henderson, K. A., & Bialeschki, M. D. (1995). *Evaluating leisure services: Making enlightened decisions*. College Park, PA: Venture Publishing.

女性主义的视角》① 等6本专著，另有“休闲研究中的女性视角”②、“妇女与户外活动”③、“女性休闲研究：过去、现在与未来”④ 等30多种作品作为章节出现在其他专著中。

她还曾经主持过来自联邦和地方政府、各种学会（协会）的27项休闲研究项目，所获资助基金达到70多万美元。她曾被邀请在北美、欧洲、亚洲、澳大利亚等国家和地区作了大量学术报告。1991年，获得美国休闲和娱乐协会成就奖；1993年，获得国家娱乐与公园协会弗兰克林·罗斯福和西奥多·罗斯福研究奖。

闲暇时间，亨德森喜欢登山、跑步、吹北卡罗来纳喇叭，以及阅读和写作。

2. 亨德森的女性休闲研究

在北美，女性休闲一直是受到广泛关注的领域。在众多女性休闲研究学者中，亨德森的成就十分卓著。她从20世纪80年代涉足休闲研究领域，发表在《休闲研究杂志》、《休闲科学》、《休闲研究》等杂志上较有影响的文章绝大多数都是关于女性休闲的。其研究的范围包括：女性休闲与社会公平、女性休闲与社会变革、女性休闲的历史、女性休闲的方式与方法、女性休闲的制约因素、女性休闲的未来等，几乎涉及女性休闲研究的每一个方面。她最有影

① Henderson, K. A.; Bialeschki, M. D.; Shaw, S. M. & Freysinger, V. J. (1996). *Both gains and gaps: Feminist perspectives on women's leisure.* College Park, PA: Venture Publishing.

② Henderson, K. A. & Bialeschki,. D. (1999). *Feminist perspectives on leisure research.* In E. L. Jackson & T. L. Burton, *Leisure studies: Prospects for the twenty-first century.* State College, PA: Venture Publishing, pp. 167 – 175.

③ Henderson, K. A. (1996). *Women and the outdoors: Toward spiritual empowerment.* In K. Warren (Ed.), *Women's voices in experiential education.* Dubuque, IA: Kendall/Hunt Publishing Co., pp. 193 – 202.

④ Henderson, K. A. & Shaw, S. M. (1995). *Research on women in leisure: Past, present, and future research.* In L. Barnett, *Research about leisure: Past, present, and future, second edition.* Champaign, IL: Sagamore Publishing, pp. 121 – 139.

响力的代表性著作是与拜尔列席基、萧和弗莱辛格合著的《女性休闲：女性主义的视角》。书中重点讨论了“女性休闲的公平、赋权与社会变革等问题，其理论目标是增强女性的力量与地位的可见度，重新调整现有的社会结构与存在方式，使每一位女性都有生活自由与人身权利，从而在家里家外都能享有公平、尊严与自由选择”①。直到今天，亨德森仍不断有女性休闲研究的论著发表或出版，仍然活跃在北美休闲研究的舞台上。

① 卡拉·亨德森、黛博拉·拜尔列席基、苏珊·萧、瓦列丽亚·弗莱辛格：《女性休闲：女性主义的视角》，刘耳、季斌、马岚译，云南人民出版社，2000，“编者的话”。

第四章 杰弗瑞·戈比及其休闲思想

杰弗瑞·戈比是美国休闲科学研究院的创建者之一，1987~1988年曾担任休闲科学研究院主席。中国学者最早了解戈比是从第一套《休闲研究译丛》中的《人类思想史中的休闲》、《你生命中的休闲》以及《21世纪的休闲与休闲服务》开始的。

在第一套《休闲研究译丛》的5本书中，杰弗瑞·戈比独著2本，合著1本，充分显示出其独特的学术地位。最主要的是，反映在这些书中博大的休闲思想、宽阔的研究视野、精练的书面语言等，强烈地吸引着每一位接触这些著作的读者，重新唤醒中华民族悠久的休闲传统，感动着越来越多的学者憧憬中国美好的休闲未来。

因此，系统梳理戈比休闲理论研究过程，全面阐释这位知名学者的休闲思想，也许会在更大程度上有利于我们理解和认识北美休闲研究的情况，并给中国的休闲理论研究和社会实践带来借鉴。

第一节　休闲研究经历及思想体系

一　戈比其人

1965 年，戈比毕业于纽约州立大学休闲教育专业，获得社会学学士学位；1968 年，进入宾夕法尼亚州立大学娱乐与公园系，攻读娱乐与公园管理硕士和博士研究生，1972 年获得哲学博士学位；而后，他进入加拿大滑铁卢大学的休闲学系工作，并于 1973～1974 年担任休闲学系主任。1974 年，戈比回到宾夕法尼亚州立大学娱乐与公园系任教至2005 年。在此期间，他曾于 1976、1977、1982、1997 年先后在加拿大滑铁卢大学、美国北卡罗来纳大学、英国谢尔夫大学以及美国宾州的勒海大学相关休闲专业和机构做访问学者，开展广泛的学术交流活动。2005 年，戈比在宾夕法尼亚州立大学健康与人类发展学院娱乐、公园与旅游管理系荣誉退休。现在，戈比除了继续从事休闲理论研究，还担任未来咨询与策划公司的主任、文特出版社的主编等。

关于戈比在 40 多年的休闲研究历程中对休闲研究所作出的贡献和在美国学界的影响，于光远、成思危、龚育之、马惠娣主编的《休闲研究译丛》中《你生命中的休闲》的介绍这样说：

> 杰弗瑞·戈比现任美国宾夕法尼亚州立大学健康与人类发展研究院休闲研究系（现为娱乐、公园与旅游管理系——作者）教授，曾任美国国家休闲科学研究院主席，为国际休闲与娱乐协会的学术指导，是美国国家休闲研究讲师团的重要演讲人，曾被 17 个国家邀请去讲学，也曾数次被邀请在美国国家听证会及美国总统府户外活动特别委员会发表咨询报告，是美国休闲娱乐协会文学奖得主，现在仍活跃于美国及国际休闲

研究的舞台上。已有7部专著及100余篇论文发表，涉及休闲行为学、休闲哲学、休闲服务和组织、休闲与未来等多个研究领域。①

而更详细的介绍可以用戈比2008年出版的《你生命中的休闲：新视野》中的“关于作者”来做一补充：

杰弗瑞·戈比博士现任美国宾夕法尼亚州立大学健康与人类发展学院娱乐、公园与旅游管理系荣誉教授，他同时还担任“休闲与旅游未来咨询与策划公司”的主任。已有7部专著及100余篇论文发表，涉及休闲、工作、时间利用、老龄化、娱乐和公园、旅游、健康与未来等。他还曾任美国国家休闲科学研究院、公园与娱乐教育者协会主席。他曾被邀请在美国国家听证会及美国总统府户外活动特别委员会发表咨询报告，经常被不同机构邀请作公开演讲，曾被24个国家邀请去讲学。他关于休闲与娱乐的评论和观点频繁出现于美国各大新闻媒体，主要的比如“美国新闻与世界报道”（*U. S News and World Reports*）、“新闻周刊”（*Newsweek*）、“时代杂志”（*Time*）、“读者文摘”（*Reader's Digest*）、“经济学家”（*The Economist*）、“今日秀”（*The Today Show*）、“早安美国”（*Good Morning America*）、“CBS早间秀”（*CBS Morning Show*）、“纽约时报”（*The New York Times*）、“当代心理学”（*Psychology Today*）、“华尔街杂志”（*The Wall Street Journal*）、“现代美国”（*USA Today*）、“华盛顿邮报”（*The Washington Post*）、“当代成年人”（*Modern Maturity*）、“高等教育年鉴”（*The Chronicle of Higher Education*）、

① 杰弗瑞·戈比：《你生命中的休闲》（1994年，第4版），康筝译、田松校译，云南人民出版社，2000。

"Utne 读者"（*The Utne Reader*）、"NBC 晚间新闻"（*NBC Evening News*）、"CNN 新闻"（*CNN News*）、"ABC 晚间新闻"（*ABC Evening News*）等等。①

引文中提到的戈比的多本专著中就包括已经被译为中文的《人类思想史中的休闲》、《你生命中的休闲》、《21 世纪的休闲与休闲服务》，以及即将在中国面世的第二套《休闲研究译丛》中的两本：《美国人时间利用的社会学调查与方法》②、《走向 21 世纪中期的休闲与休闲产业》③ 等。

2007 年，同为美国知名休闲学者的犹他大学公园、娱乐与旅游系主任达斯汀（Dan Dustin）博士曾在《休闲研究杂志》发表了一篇"向杰弗瑞·戈比的献礼"的评价文章，可以作为对戈比休闲研究及其影响的进一步说明。文章说：

对于宾夕法尼亚州立大学娱乐、公园与旅游管理系来说，拥有一位如此杰出的教员是一种莫大的福分。尽管娱乐、公园与旅游管理系的每一位教员都有自己独特的研究特长，但在他们之中却有一位教员以更广阔的视野而使自己区别于众人。这个人就是杰弗瑞·戈比。在 30 多年的时间里，戈比一直就是宾夕法尼亚州立大学娱乐、公园与旅游管理系的代名词。也许，没有他，在当代休闲研究领域，宾夕法尼亚州立

① Geoffrey Godbey.（2008）. *Leisure in Your Life*: *New Perspectives*. State College, Pennsylvania: Venture Publishing, Inc.

② John P. Robinson & Geoffrey Godbey.（1997）. *Time for Life*: *the Surprising Ways Americans Use Their Time*. University Park, Pennsylvania: The Pennsylvania State University Press,（1999, 2nd ed）.

③ Geoffrey Godbey.（2006）. *Leisure and Leisure Services in the 21st Century*: *Toward Mid Century*. State College, Pennsylvania : Venture Publishing, Inc.

大学将会处于截然不同的地位。我之所以这样说，是因为戈比和其他同样出色的休闲学者一样，通过教学、组织和服务等活动，在娱乐、公园和休闲研究领域产生了里程碑式的影响。

……

戈比的名字将永远与休闲科学研究院（主席，1987～1988）、公园与娱乐教育者协会（主席，1988～1989）、美国公园与娱乐管理学会（发起者，1990）联系在一起。他的名字将永远与国家娱乐与公园协会文学奖（1986）、公园与娱乐教育者协会杰出成员奖（1990）、西奥多·罗斯福与弗兰克林·罗斯福公园与娱乐研究杰出成就奖（2001）联系在一起。他的名字将永远与再版6次、集中探索休闲在个人生命中意义的经典教科书——《你生命中的休闲》（1981，1985，1990，1994，1997，2003）联系在一起。他的名字将永远与通过数据研究、时间预算日记方式，与约翰·罗宾逊合作出版的《美国人时间利用的社会学调查与方法》（Robinson & Godbey，1997）联系在一起。他的名字将永远与一系列关于休闲的前瞻性思考著作——《休闲服务的未来》（1988）、《21世纪的休闲与休闲服务》（1997）、《走向21世纪中期的休闲与休闲产业》（2006）联系在一起。他的名字将永远与《人类思想史中的休闲》（Goodale & Godbey，1988）、《休闲社会学》（Kelly & Godbey，1992）联系在一起。最后，他的名字还将永远与文特出版社——一个由戈比和他的朋友兼同事弗兰克·古德诺尔共同创办的、致力于休闲专著出版的出版公司联系在一起。①

① Dan Dustin.（2007）. A Tribute to Geoffrey C. Godbey. *Journal of Leisure Reasearch*, Vol. 39（1）: 196－198.

迄今为止，戈比的5本专著已被译为中文、韩文和西班牙文，他休闲思想的影响力已波及全世界。

二 研究经历

在戈比发表的100多篇文章中，比较早而且具有较大学术反响的论文是两篇关于成人及老年休闲的文章：《年龄隔离环境对大龄成年人参与休闲活动的影响》①、《城市公园的老人：一份探索性调研》②。之后，他关于休闲研究的文章主要涉及：关于休闲制约的——《家庭休闲制约的新概念》③、《休闲制约的层次模型》④、《休闲制约的特性和过程》⑤、《休闲制约调和》⑥；关于时间利用与健康的——《自我报告休闲参与的真实性》⑦、《迅速增长的匆忙美国人》⑧、《真实性与感觉》⑨、《达到最佳健康状态了吗》⑩、《价值

① Morgan, A. & Geoffrey Godbey. (1978). Effects of entering an age-segregated environment upon leisure activity participation of senior adults. *Journal of Leisure Research*, Vol.10 (3).

② Godbey, G. & Blazy, M. (1983). Old People In Urban Parks: An Exploratory Investigation. *Journal Of Leisure Research*, Vol. 15 (3): 229 - 245.

③ Crawford, D. & Geoffrey Godbey. (1987). Reconceptualizing barriers to family leisure. *Leisure Science*, Vol. 9 (2): 119 - 127.

④ D. W. Crawford, E. L. Jachson & G. Godbey. (1991). A Hierarchical Model of Leisure Constraints. *Leisure Sciences*, Vol. 13 (3): 309 - 320.

⑤ Raymore, L.; Geoffrey Godbey.; Crawford, D. & Von Eye, A. (1993). Nature and Process of Leisure Constraints: An Empirical Test. *Leisure Sciences*, Vol. 15 (1).

⑥ Jackson, E.; Crawford, D. & Geoffrey Godbey. (1993). Negotiation of Leisure Constraints. *Leisure Sciences*, Vol. 15 (3): 1 - 11.

⑦ Chase, D. & Godbey. G. (1983). The accuracy of self-reported participation rates: A research note. *Leisure Studies*. Vol. 2 (2): 231 - 233.

⑧ Geoffrey Godbey & Graefe, A. (1993, April). Rapid growth in rushing Americans. *American Demographics*, 15 (4): 26 - 27.

⑨ Geoffrey Godbey, Graofe, A. & James, S. (1993). Reality and perception—Where do we fit in? *Parks and Recreation*, January: 76 - 83.

⑩ Robinson, J. & Geoffrey Godbey. (1993). Has fitness peaked? *American Demographics*, 15 (9): 291 - 309.

转移与社会变化趋势：对休闲的影响》①、《运动健身与性别差异》②；关于青少年和成人的休闲参与的——《自尊、性别与社会经济地位》③、《成人游戏群体分析》④ 等。近几年发表的文章如：《我们手中的时间》⑤、《休闲研究与娱乐和公园管理研究在日常生活中的意义》⑥、《休闲研究的未来》⑦、《大龄成人休闲的再思考》⑧等，涉及休闲时间、成人休闲、休闲研究的未来等方面。

据检索，迄今为止，戈比仅在《休闲研究杂志》、《休闲科学》、《公园与娱乐管理杂志》、《社会研究》、《未来学家》等重要休闲期刊上发表的文章就有将近50篇。

戈比学术著作的写作也几乎是与他的论文写作同时进行的。他的第一本休闲研究专著是他在加拿大滑铁卢大学时与英国学者帕克合写的《休闲研究与休闲服务》⑨。按照时间先后，他在30多

---

① Thomas, M. & Geoffrey Godbey. (1993). Value shifts and social trends: Implications for recreation. *Journal of Leisurability—Futures Issue*, 20 (4): 28 -38.

② Robinson, J. & Geoffrey Godbey. (1993). Sport fitness and the gender gap. *Leisure Science*, Vol. 15 (4): 291 -308.

③ Raymore, L.; Geoffrey Godbey & Crawford, D. (1994). Self-esteem, gender and socio-economic status: Their relations to perception of constraints among adolescents. *Journal of Leisure Research*, Vol. 26 (2): 99 -118.

④ Scott, D. & Geoffrey Godbey. (1992). An analysis of adult play groups: Social versus serious participation in contract bridge. *Leisure Sciences*, Vol. 14 (1): 47 -67.

⑤ Robinson, J. & Geoffrey Godbey. (2005). Time in our hands. *The Futurist*, 39 (5): 18 -22.

⑥ Geoffrey Godbey, Linda Caldwell & M. Floyd, et al. (2005). Contributions of Leisure Studies and Recreation and Park Management Research in the Active Living Agenda. *American Jcurnal of Perventive Medicine*, Vol. 28 (252): 150 -158.

⑦ Geoffrey Godbey. (2005). The Future of Leisure Studies. *Journal of Leisure Research*, Vol. 28 (3).

⑧ Burnett-Wolle, Sarah & Geoffrey Godbey. (2007). Refining Research on Older Adults' Leisure: Implications of Selection, Optimization, and Compensation and Socioemotional Selectivity Theories. *Journal of Leisure Research.* Vol. 39 (3): 498 -513.

⑨ Geoffrey Godbey & Stanley Parker. (1976). *Leisure Studies and Services: an Overview*. Philadelphia: W. B Saunders Company.

年时间里陆续出版的著作包括：（1）《休闲研究与休闲服务》；（2）《娱乐、公园与休闲服务：基础、组织与管理》①；（3）《你生命中的休闲》②；（4）《人类思想史中的休闲》③；（5）《休闲服务的未来》④；（6）《休闲社会学》⑤；（7）《美国人时间利用的社会学调查与方法》；（8）《21 世纪的休闲与休闲服务》⑥；（9）《走向 21 世纪中期的休闲与休闲产业》；（10）《你生命中的休闲：新视野》等。

这其中还不包括他的《地方娱乐与公园服务的利益》⑦、《作为休闲制约的时间》⑧，以及《蚁山被踏动之后》⑨、《多元社会中的

---

① Geoffrey Godbey.（1976）. *Recreation, Park and Leisure Services: Foundations, Organization, Administration*, Philadelphia: W. B Saunders Company.

② Geoffrey Godbey.（1981）. *Leisure in You Life: an exploration*. Saunders College PuB.（2nd ed, State College, Pennsylvania : Venture Publishing, Inc., 1985; 3rd ed 1990, 4th ed 1994, 5th ed 1999, 6th ed 2003.）

③ Thomas Goodale & Geoffrey Godbey.（1988）. *The Evolution of Leisure: Historical and Philosophical Perspectives*. State College, Pennsylvania: Venture Publishing, Inc. 中译本为：托马斯·古德尔、杰弗瑞·戈比：《人类思想史中的休闲》，成素梅、马惠娣、季斌、冯世梅译，云南人民出版社，2000。

④ Godbey, G.（1989）. *The future of leisure services: Thriving on change*. State College, Pennsylvania: Venture Publishing, Inc.

⑤ John R. Kelly & Geoffrey Godbey.（1992）. *The Sociology of Leisure*. State College, Pennsylvania : Venture Publishing, Inc.

⑥ Geoffrey Godbey.（1997）. *Leisure and Leisure Services in the 21st Century*. State College, Pennsylvania : Venture Publishing, Inc. 中译本为：杰弗瑞·戈比：《21 世纪的休闲与休闲服务》，张春波、陈定家、刘风华译，马惠娣校译，云南人民出版社，2000。

⑦ Geoffrey Godbey, Alan Graefe & Stephen W. James.（1992）. *The benefits of local recreation and park services, a nationwide study of the perceptions of the American public*. Arlington, VA: National Recreation and Park Association.

⑧ Geoffrey Godbey. Time as constraint to leisure.（2005）. In E. Jackson, *Constraints to Leisure*. State College, Pennsylvania : Venture Publishing, Inc.

⑨ Geoffrey Godbey.（2004）. After the anthill was stomped. In K. Weiermair and C. Mathies（Eds.）, *The tourism and leisure industry: Shaping the future*. London, UK: Haworth Press.

休闲规划》①、《文化发展与休闲哲学之间的关系》② 等作为项目成果出版，或者作为主要章节与文章出现在其他著作和论文集中的成果。总计专著数量达到近20种。

三 思想体系

纵观戈比的研究历程，不难看出他休闲思想发展的内在逻辑联系。反映在大量的论文中，戈比用力最深的依次是：不同阶层、不同群体的休闲行为研究，休闲时间的测量，公园、娱乐管理与服务，休闲制约研究，休闲社会学，休闲的发展趋势等。

反映在专著中，可以从他的第一本书《休闲研究与休闲服务》及其结构看出端倪。这本书是戈比与英国休闲学者帕克合著的，当时戈比和帕克都在滑铁卢大学做访问学者，书的主要写作任务是由戈比完成的。这本书共分为四个大的部分：1）休闲的理论与历史回顾③。主要包括休闲概念的探讨，对休闲在史前社会、希腊城邦时期、工业社会和现代社会发展状况的简要回顾，以及对休闲时间如何定义、测量等问题。在这一部分中，作者对时间测量重要性的认识和对当时时间测量存在的诸多争议，是促使他不久以后和罗宾逊合作，通过长期科学观测，最后出版惊世之作《美国人时间利用的社会学调查与方法》的前提所在。2）休闲与生活④。这是文

---

① Geoffrey Godbey. （1985）. Planning for Leisure in a Pluralistic Society. In Thomas Goodale and Peter Witt, *Recreation and Leisure*: *Issues in an Era of Change* （*2nd ed.* ）. State College, Pennsylvania: Venture Publishing.

② Geoffrey Godbey & Jung, B. （1991）. Relations between the development of culture and philosophies of leisure. In B. Driver, P. Brown & G. Peterson （Eds. ）, *Benefits of Leisure*. State College, PA: Venture Publishing, Inc.

③ Geoffrey Godbey & Stanley Parker. （1976）. *Leisure Studies and Services*: *an Overview*. Philadelphia: W. B Saunders Company, pp. 3 – 26.

④ Geoffrey Godbey & Stanley Parker. （1976）. *Leisure Studies and Services*: *an Overview*. Philadelphia: W. B Saunders Company, pp. 29 – 102.

章的主要部分，依次探讨休闲与工作、教育、宗教、生活模式、家庭和性行为的关系。这一部分实际上是从社会学角度对休闲行为的观察，这是后来作者与凯利合作写作《休闲社会学》的先声。3）休闲服务与供给①。这也是作者比较着力的部分，主要对社区休闲、休闲政策、休闲规划、休闲服务机构和休闲决策等进行了有针对性的论述。这一部分的论述为后来作者写作《娱乐、公园与休闲服务：基础、组织与管理》、《休闲服务的未来》、《21世纪的休闲与休闲服务》、《走向21世纪中期的休闲与休闲产业》打下了基础。4）休闲与哲学理想②。作者在这一部分仅仅用了一个章节“休闲与个人”来展开论述，但从中已可以窥见作者对于休闲及其理想的独到见解。这可以看做作者后来写作《人类思想史中的休闲》和《你生命中的休闲》的雏形。

循着这些论著的轨迹，可以发现：戈比的休闲研究由全面检索休闲研究与服务的成果开始，从中梳理出存在于休闲研究中的重点与难点，然后从社会学、时间测量、休闲服务与供给、休闲与生命的关系，以及未来休闲的发展趋势等各个方面对休闲及其社会经济、文化等现象进行全面探讨，从而为构建完整的休闲学术体系奠定基石。

第二节　主要休闲思想

与许多美国同行一样，戈比亲历了休闲研究从20世纪中期到21初期在美国和世界各地的巨大学术进步和实践变革，参与了许多休闲重大理论问题的探讨；与大部分同类研究不同的是，戈比

① Geoffrey Godbey & Stanley Parker. (1976). *Leisure Studies and Services: an Overview*. Philadelphia: W. B Saunders Company, pp. 105 - 172.

② Geoffrey Godbey & Stanley Parker. (1976). *Leisure Studies and Services: an Overview*. Philadelphia: W. B Saunders Company, pp. 175 - 187.

的休闲研究的范围更广、论述更精、影响更大。以下，本节将从“休闲概念及其内涵”、“休闲学科体系”、“休闲与时间”、“休闲服务与管理”、“休闲与政府”、“休闲与旅游”、“休闲与教育”、“休闲与制约”和“休闲的未来”等九个方面简要阐述戈比的休闲学术思想。

一 休闲概念及其内涵

也许在所有的学科体系形成与发展的过程中，都必须首先对某些重要概念作出定义，划定学科研究范畴。一些学科容易定义，其研究范围也容易划分；另一些学科则不易定义，研究范围往往比较模糊。前者比如数学、地理学，后者比如文化学、人类学等。而新兴的休闲学科则由于包含社会经济、文化、心理、行为等多种因素，涉及多个学科体系而更不易给出为学术界普遍接受的定义。但每一位学者都必须有自己倾向性的意见，否则，研究工作就无法展开。在北美，直到今天，关于休闲的定义仍在争论之中，甚至无法统计到底有多少不同的定义。但翻检每一本休闲专著，都会发现几乎相似的几种定义途径：一是从自由时间角度（free time），二是从活动的角度（activity），三是从心态的角度（state of mind），四是从存在方式的角度（state of existence），其他还有从社会阶层（social Classes）、性别差异（gender）、经历（experience）等角度给出定义。在西方享有较高声誉的休闲社会学家纽林格曾说：“什么是休闲！也许本来就没有正确的答案。因为每个人都会对休闲有自己的定义。”① 他认为，“休闲感有，且只有一个判据，那便是心之自由感（perceived freedom）。只要一种行为是自由的，无拘无束的，不受压抑的，那它就是休闲的。去休闲，意味着作为一个自由

① Jay S. Shivers & Lee J. deLisle. (1997). *The Story of Leisure*: *Context*, *Concepts*, *and Current Controversy*. U. S. A, Human Kinetics, p. 192.

的主体，由自己的选择，投身于某一项活动之中”①。这一直成为西方比较传统和流行的休闲定义。但正如后来戈比所指出的那样，无论从自由时间、心态，或者从活动、存在状态等方面对休闲分析，都有比较大的片面性。② 不过，戈比自己的休闲概念也是经过了数年时间的积淀才最终形成的。了解了这个背景，我们就不会奇怪在他最初的两本书《休闲研究与休闲服务》、《娱乐、公园与休闲服务：基础、组织与管理》中我们为什么没有发现他自己关于休闲的定义。直到 1981 年，在《你生命中的休闲》出版时，戈比才给出了他经过深思熟虑的定义。

《休闲研究与休闲服务》是一本建立在大量文献资料分析与评价基础上的著作，戈比和帕克先生对已有的休闲概念进行了较为深入的考察。但传统的从自由时间、活动，或者状态等方面给出的定义，明显具有很多缺陷，作者不愿仓促下结论。于是，作者只是给出了自己具有倾向性的意见：“休闲的核心意义在于，出于经常性娱乐的目的，摆脱日常工作的束缚，通过自由交友、体验新生事物、打发自由时间，并从中得到愉悦和享受。”③ 但作者在书中又多次强调，“休闲必须在特殊的文化背景下定义和理解”④，因为史前社会、农业社会和工业社会，人们对休闲的理解存在很大的差异。

---

① John Neulinger. (1974). *The psychology of leisure*: *Research approaches to the study of leisure*. Springfield. IL: Charles Thomas Publishers, p. 6.

② 杰弗瑞·戈比：《你生命中的休闲》（1994 年，第 4 版），康筝译，田松校译，云南人民出版社，2000，第 7～12 页；Geoffrey Godbey. (2008). *Leisure in Your Life*: *New Perspectives*. State College, Pennsylvania: Venture Publishing, Inc., pp. 6－13.

③ Geoffrey Godbey & Stanley Parker. (1976). *Leisure Studies and Services*: *an Overview*. Philadelphia: W. B Saunders Company, p. 5.

④ Geoffrey Godbey & Stanley Parker. (1976). *Leisure Studies and Services*: *an Overview*. Philadelphia: W. B Saunders Company, p. 14.

接着，戈比在《娱乐、公园与休闲服务：基础、组织与管理》一书中，对休闲作为一种时间、活动，或者一种心理存在状态的情况作了更详细的考察，但疑问仍然存在。[①] 1981 年，戈比出版了他个人的第三本专著《你生命中的休闲》，并把自己经过多年辨析和深思熟虑的休闲定义付诸笔端：

> 休闲是从文化环境和物质环境的外在压力中解脱出来的一种相对自由的生活，它使个体能够以自己所喜爱的、本能地感到有价值的方式，在内心之爱的驱动下行动，并为信仰提供一个基础。[②]

在这个定义中，戈比首先论述了传统休闲观所存在的问题。他认为，“把休闲等同于空闲时间，或把我们的自由概念局限于‘摆脱什么’上的做法都是不能令人满意的”[③]。而新定义的不同正在于“没有涉及时间，也没有涉及被用来定义休闲的一个短语‘精神状态’”[④]。所以，摆脱了一般常用的休闲定义的不足。在戈比的休闲定义中，“‘相对的’自由，强调了自由必须且应该加以限制。……行动的动机是‘内心之爱的驱动’。这一定义包括了内在的心理动机，并且有所超越”。同时，这个定义也避

---

① Geoffrey Godbey. (1976). *Recreation, Park and Leisure Services: Foundations, Organization, Administration*, Philadelphia: W. B Saunders Company, p. 6.

② 杰弗瑞·戈比：《你生命中的休闲》（1994 年，第 4 版），康筝译，田松校译，云南人民出版社，2000，第 14 页；托马斯·古德尔、杰弗瑞·戈比：《人类思想史中的休闲》，成素梅、马惠娣、季斌、冯世梅译，云南人民出版社，2000，第 11 页。

③ 托马斯·古德尔、杰弗瑞·戈比：《人类思想史中的休闲》，成素梅、马惠娣、季斌、冯世梅译，云南人民出版社，2000，第 11 页。

④ 托马斯·古德尔、杰弗瑞·戈比：《人类思想史中的休闲》，成素梅、马惠娣、季斌、冯世梅译，云南人民出版社，2000，第 11 页。

免了只从男性角度考虑问题的缺陷，是一个适用于男女两性的定义。[①] 2008 年，在戈比的新作《你生命中的休闲：新视野》一书中，作者再次强调了这个休闲概念。[②]

另外，休闲与娱乐、游戏等相关概念之间的关系，也往往是休闲研究中不可回避的问题。在戈比看来，虽然有时娱乐、休闲和游戏之类的词是可以互换的，但娱乐、游戏更加具体，而休闲的涵盖面则更加宽泛。所以，可以认为休闲是包括了娱乐、游戏、公园、旅游观光、度假、体育健身运动，乃至饮食、性行为及酒类和其他饮品消费的广泛休闲体验。在戈比眼中，休闲是“一种理想，也是一种生活方式”[③]；休闲的含义是宁静、平和与永恒；[④] 是休闲而不是劳动使得社会进入工业资本主义；[⑤] 在休闲的演化中，我们看到了人类最高层次的需求，理解了什么是衡量人类进步的标准，休闲的重要意义最终才得以彰显。[⑥]

同时，休闲是“通过自我认识和完善而获得自由并发现意义的渐进的过程，是一个对休闲的认识由被动到主动的过程；如果这个过程得以开始时，那么我们这个世界将会变得和平”[⑦]。

戈比的这个休闲定义为很多北美学者所接受，并随着其大量专

---

① 杰弗瑞·戈比：《你生命中的休闲》（1994 年，第 4 版），康筝译，田松校译，云南人民出版社，2000，第 14 页。

② Geoffrey Godbey.（2008）. *Leisure in Your Life*：*New Perspectives*. State College, Pennsylvania：Venture Publishing, Inc., p. 14.

③ 托马斯·古德尔、杰弗瑞·戈比：《人类思想史中的休闲》，成素梅、马惠娣、季斌、冯世梅译，云南人民出版社，2000，第 15 页。

④ 托马斯·古德尔、杰弗瑞·戈比：《人类思想史中的休闲》，成素梅、马惠娣、季斌、冯世梅译，云南人民出版社，2000，第 146 页。

⑤ 托马斯·古德尔、杰弗瑞·戈比：《人类思想史中的休闲》，成素梅、马惠娣、季斌、冯世梅译，云南人民出版社，2000，第 118 页。

⑥ 托马斯·古德尔、杰弗瑞·戈比：《人类思想史中的休闲》，成素梅、马惠娣、季斌、冯世梅译，云南人民出版社，2000，第 1 页。

⑦ 托马斯·古德尔、杰弗瑞·戈比：《人类思想史中的休闲》，成素梅、马惠娣、季斌、冯世梅译，云南人民出版社，2000，第 275 页。

著的出版而在学术界和高校流行；2000年，在于光远、成思危、龚育之、马惠娣等人主持的第一套《休闲研究译丛》在中国问世后，戈比的这个休闲定义也为大多数中国学者所认可。

二 休闲学科体系

戈比认为，和其他许多新兴学科一样，“虽然休闲理论大量借鉴其他学科，但它们在休闲研究中的应用仍反映出休闲学独特的一面”①。

客观而言，我们没有发现戈比对关于休闲学科建设和构想的直接意见和建议。但从他的学术成果和学术活动来看，他一直把建立一个系统的休闲学科作为一个目标。达斯汀先生曾就此说：“正是这种试图不断把休闲置于更广阔背景，并使之与其他生活领域发生更密切联系的追求，照亮了戈比的休闲研究之路。他从未停止过把休闲置于更加宽阔的研究背景下，并因此给予休闲以更加深刻的内涵。……戈比从未停止过努力，并真正做到了这一点。”②

再看他的专著，《人类思想史中的休闲》是一本休闲哲学（思想）史，《休闲社会学》则是从社会学角度对休闲的研究；而《休闲研究与休闲服务》、《娱乐、公园与休闲服务：基础、组织与管理》以及《21世纪的休闲与休闲服务》、《走向21世纪中期的休闲与休闲服务》则是涉及休闲管理与服务、休闲规划与设计、休闲市场学等方面的研究；至于《你生命中的休闲》则是一本休闲概论式的、广泛触及休闲历史、休闲人类学、休闲社会学、休闲文

---

① 杰弗瑞·戈比、〔韩〕沈杰明：《北美休闲研究的发展：对中国的影响》，刘晓杰、刘慧梅译，《浙江大学学报》（人文社会科学版）2008年第38（4）期，第25页。

② Dan Dustin.（2007）. A Tribute to Geoffrey C. Godbey. *Journal of Leisure Reasearch*, Vol. 39（1）：197.

化学和休闲教育的经典教科书。其研究的具体内容几乎涉及休闲与工作、休闲与宗教、休闲与家庭、休闲与教育、休闲与性、休闲与社区、休闲与种族、休闲与年龄等关于休闲的各个方面，并对公园与娱乐管理、政府与休闲组织机构、休闲政策与规划、休闲未来等方面进行了客观分析与评价。

正如当初旅游学者试图把旅游作为一种经济产业来界定一样，把休闲作为一门学科，容易引起教育部门和全社会的重视，从而在客观上有利于休闲学科的全方位发展。戈比深知这一点，并全身心致力于休闲学科在更广泛意义上的发展。

三　休闲与时间

尽管到目前为止有众多关于休闲的不同界定，但休闲研究者都不否认，所有的休闲活动都是在自由时间完成的。因此，对于休闲时间的度量和人们如何利用休闲时间则成了休闲学研究的重中之重。但由于客观上休闲人口的庞大、休闲经济基础的不同，以及主观上休闲文化与背景的差异、对休闲感知的不断变化等因素，学术界和政府部门对休闲时间利用方式的调查虽然一直都在进行，但所得出的结论各有不同。

在20世纪90年代，美国社会和休闲学术界普遍流行的看法是：和20世纪60年代相比，美国人的工作强度正在加强，美国民众正在经历时间的饥荒。① 然而，当戈比进行了一些调研和观察后，认为事实并非如此。

比如，1983年，戈比和齐斯的一项调查研究发现，人们倾向于认为他们比实际情况更多地参与运动和体育活动，因为他们相信

① John P. Robinson & Geoffrey Godbey. (1997). *Time for Life*: *the Surprising Ways Americans Use Their Time*. University Park, Pennsylvania: The Pennsylvania State University Press, (1999, 2nd ed), Proface.

这样做有益。他们发现，一个网球俱乐部和一个游泳俱乐部的会员普遍高估他们对两俱乐部的使用。① 他们认为，客观的测量，包括诸如步数器和加速器等器械的使用，以及包括综合使用直接观察和录像的方法，或许能帮助解决这一问题。在接下来的 1992 年的一项调研中，戈比发现，当人们被问及同 5 年前相比，现在的休闲时间是增多还是减少时，几乎有一半人认为减少了，而仅有不足 1/4 的人认为休闲时间增多了。② 而接下来戈比和格利弗的研究表明，其中的原因则在于，人们总是倾向于过高估计自己的工作时间。③ 于是，1993 年，戈比开始和时间利用专家罗宾逊合作对时间利用的具体情况进行调研，并发表了一系列相关成果。④

在做了较充分的前期研究以及具备了良好的合作基础的背景下，为了更全面地总结美国时间利用的实际情况，1997 年，由戈比和罗宾逊合作的《美国人时间利用的社会学调查与方法》问世了。

在这本书中，作者抛弃了传统的社会调研方式，而是采用了“工作—休闲日记”的方式对人们的休闲时间及其利用方式进行测量，把每日时间分为四种形式：付费工作时间（合同时间）；家务劳动时间（约定时间）；个人时间和自由时间。⑤ 作者通过对 1965

---

① Chase, D. & Godbey. G. (1983). The accuracy of self-reported participation rates: A research note. *Leisure Studies*, Vol. 2 (2): 231 - 233.

② Geoffrey Godbey, Alan Graefe & Stephen W. James. (1992). *The benefits of local recreation and park services, a nationwide study of the perceptions of the American public*. Arlington, VA: National Recreation and Park Association.

③ Geoffrey Godbey & Graefe, A. (1993, April). Rapid growth in rushing Americans. *American Demographics*, 15 (4): 26 - 27.

④ Robinson, J. & Geoffrey Godbey. (1993). Has fitness peaked. *American Demographics*, 15 (9): 291 - 309.

⑤ John P. Robinson & Geoffrey Godbey. (1997). *Time for Life: the Surprising Ways Americans Use Their Time*. University Park, Pennsylvania: The Pennsylvania State University Press, (1999, 2nd ed), p. 11.

年以后长达30多年的长时段数据的观测和分析，得出来自不同层次的数以千计的第一手资料，在此基础上给出令人信服的结论。

正像书中的前言部分介绍的："美国人可能比30年以前拥有更多的自由时间吗？尽管只有为数不多的人相信这一点，但建立在缜密数据基础上的'我们如何利用时间的研究'却显示，与20世纪60年代相比，美国人平均每周的自由时间增加了5个多小时。在本书中，时间利用专家约翰·罗宾逊和杰弗瑞·戈比向读者揭示了这种令人吃惊的结论是如何得出的。同时，他们还讨论了为什么多数美国人没有明显地感觉到自由时间的增加，以及这些新增加的时间是如何利用的。……他们唯一的时间利用信息资料来源——美国人时间利用研究课题，是迄今为止美国最详细的相关领域的历史数据。每隔10年，本课题都会以小时为单位，针对数千人，进行每日时间利用调查。这些时间日记提供了详细和完整的时间利用资料，在此基础上得出的结论，根本区别于那些先前的研究成果——认为美国正经历着时间的饥荒。"①

鉴于特殊的写作背景，《美国人时间利用的社会学调查与方法》的核心就在于澄清当时流行的社会和学术偏见。② 这些偏见主要包括：（1）大多美国人20世纪90年代的工作时间比60年代延长了；（2）由于女性的工作压力增大和男性在家务劳动中付出不多，父母花费在照顾孩子方面的时间更少了；（3）美国人现在睡眠和就餐时间都有所减少；（4）美国人花费在去教堂参加礼拜活动的时间正在减少；（5）美国人花费在艺术创作和艺术欣赏方面

---

① John P. Robinson & Geoffrey Godbey. （1997）. *Time for Life*：*the Surprising Ways Americans Use Their Time*. University Park，Pennsylvania：The Pennsylvania State University Press，（1999，2nd ed），Proface.

② John P. Robinson & Geoffrey Godbey. （1997）. *Time for Life*：*the Surprising Ways Americans Use Their Time*. University Park，Pennsylvania：The Pennsylvania State University Press，（1999，2nd ed），pp. 4 – 5.

的时间也正在减少；（6）为了保持健康，美国人更多地参与到健身活动中来；（7）欣赏光碟和电脑游戏占用了成年人更多的休闲时间，减少了他们进行严肃休闲和文化活动的时间等等。

在书中，约翰·罗宾逊和杰弗瑞·戈比告诉读者："与30年前相比，美国人拥有更多的休闲时间；在未来，休闲时间还会继续增加。"① 只是由于工作及现代生活的压力，人们才感觉更加匆忙，但实际上，"人们的生活状况比他们想象的要好得多"②。平均起来，20世纪90年代的美国人每周拥有39.6小时的自由时间；与30年前相比，每周自由时间增加了5个多小时。在每周近40小时的自由时间的利用方面，美国人休闲活动的方式依时间多少（小时）分别是：看电视（15.0）、社交（6.7）、家庭内部交流（4.4）、阅读（2.8）、业余爱好（2.7）、娱乐/体育/户外活动（2.2）、成人教育（2.2）、其他组织活动（1.2）、文化活动（0.9）、宗教活动（0.9）、听收音/录音（0.4），以及其他嗜好（0.2）等。其中，看电视的时间最长，占了将近38%的自由时间。③

在此书出版以前，从来没有哪一本休闲专著是建立在30多年观察和思考的基础之上的。所以，此书一出，立即在美国社会及学术界引起巨大反响，各种评论和咨询纷至沓来，戈比在此期间接受的访谈和相关演讲也最多。因此，《美国人时间利用的社会学调查

---

① John P. Robinson & Geoffrey Godbey. （1997）. *Time for Life*: *the Surprising Ways Americans Use Their Time*. University Park, Pennsylvania: The Pennsylvania State University Press, （1999, 2nd ed）, p. 5.

② John P. Robinson & Geoffrey Godbey. （1997）. *Time for Life*: *the Surprising Ways Americans Use Their Time*. University Park, Pennsylvania: The Pennsylvania State University Press, （1999, 2nd ed）, p. 56.

③ John P. Robinson & Geoffrey Godbey. （1997）. *Time for Life*: *the Surprising Ways Americans Use Their Time*. University Park, Pennsylvania: The Pennsylvania State University Press, （1999, 2nd ed）, p. 126.

与方法》也成为戈比仅次于《你生命中的休闲》之后影响最大的一本书，并于1999年出了第二版。

今天，这本书已成为美国休闲学术研究里程碑式的著作，两位作者也因此得到了极高的学术评价。美国知名学者罗伯特·帕特南在《美国人时间利用的社会学调查与方法》的前言中曾评价说：

> 对于所有的美国人而言，在重新组织个人优先考虑的事情和重构市民的生活方面，他们（约翰·罗宾逊和杰弗瑞·戈比）的研究将成为无价的、里程碑式的成果。①

四　休闲服务与管理

戈比的休闲研究是从休闲服务及其供给开始的。在他以后的休闲理论研究过程中，休闲服务也是他用力最多的方面之一，因而成果也较丰富。

《休闲研究与休闲服务》、《娱乐、公园与休闲服务：基础、组织与管理》、《休闲服务的未来》、《21世纪的休闲与休闲服务》以及《走向21世纪中期的休闲与休闲产业》这5本书，都集中探讨了休闲服务、管理与政策等方面的问题。《休闲研究与休闲服务》的第三部分“休闲服务的供给”② 分三章分别论述了社区休闲服务、休闲政策和规划、社区休闲服务机构及其管理职能等。《娱乐、公园与休闲服务：基础、组织与管理》则在前一本书的基础

① John P. Robinson & Geoffrey Godbey. (1997). *Time for Life: the Surprising Ways Americans Use Their Time*. University Park, Pennsylvania: The Pennsylvania State University Press, (1999, 2nd ed), Proface.

② Geoffrey Godbey & Stanley Parker. (1976). *Leisure Studies and Services: an Overview*. Philadelphia: W. B Saunders Company, pp. 105 – 175.

上更具体地从功能、组织和管理等方面针对娱乐、公园和休闲服务进行了比较深入的探讨。这本书是戈比唯一一本以主编身份出版的专著。本书的突出特点在于，参与编写的人员，大都是经过戈比精心挑选的有丰富的休闲管理与服务经验的一线工作者。因此，只是浏览这本书的章节比如“城市娱乐”（第 2 章）、“联邦政府在娱乐、公园与休闲服务中的角色”（第 3 章）、“国家公园服务”（第 4 章）、“疗养性娱乐服务及其过程”（第 6 章）、“社区教育”（第 11 章）、“社区休闲资源决策”（第 12 章）、“居民参与休闲决策”（第 16 章）等就能看到较直接的实用性特点。

1992 年，戈比等人所做的一项全国性研究发现，4/5 的美国人在某种程度上利用当地的娱乐设施与公园服务部门。除了 76 岁以上的人群外，受调查的 1/4 人群表示他们“频繁地”利用当地公园。偶尔使用娱乐与公园服务者的数量范围从 57% 的年轻人到 29% 的 76 岁以上人群。参与这些机构发起的娱乐活动和项目的人群范围，包括了从 39% 的 15 ~ 20 岁的年轻人群，到 11% 的 76 岁以上的老年人。① 这项调查显示了城市居民对城市公园和娱乐设施的频繁使用情况，并成为戈比后来出版的《地方娱乐与公园服务的利益》一书的主要成果之一。在《你生命中的休闲》一书的第十三章“休闲服务机构”② 中，戈比再次引用了这项调查结果。到目前为止，美国全国还没有最新的相关调查结果。因此，戈比的这项研究一直成为美国公园的服务与管理可靠的数据资料而被广泛引用。

《休闲服务的未来》、《21 世纪的休闲与休闲服务》以及《走

① Geoffrey Godbey, Alan Graefe & Stephen W. James. (1992). *The benefits of local recreation and park services, a nationwide study of the perceptions of the American public*. Arlington, VA: National Recreation and Park Association.

② 杰弗瑞·戈比：《你生命中的休闲》（1994 年，第 4 版），康筝译，田松校译，云南人民出版社，2000，第 362 ~ 264 页。

向 21 世纪中期的休闲与休闲产业》则从未来的角度对休闲服务的变化趋势进行了分析与预测，从而向读者传输了这样一种信息：环境、工业技术、价值观、人口、经济、健康、工作与休闲等在 21 世纪的变化都将对休闲服务及其方式产生直接或间接的影响，从事休闲管理与服务的个人和组织应该认识和分析变化的趋势，采取有针对性的策略。作者对服务机构和组织的看法和建议是："变得越来越快捷"、"经常与他们的对手协作"、"弄清自己的长处，有所为，有所不为"、"重新认识'国营休闲'，树立讲效益的管理思想"、"必须企业化"、"恰如其分地对待顾客，而不是绝对地一视同仁"、"根据顾客的需求定制服务项目、信息和产品"、"对价格、时间和活动场地进行周密的思考"；① 对于个人而言，应该"寻求不断学习的机会"、"变得更灵活"、"成为一个企业家"、"为他人服务"、"珍视所做的每一件事"、"保持乐观主义"、"避免债务缠身、保持良好的生活习惯"、"运用智慧、付出爱心"等。②

五　休闲与政府

关于休闲发展过程中政府所扮演的角色和发挥的作用，以及未来政府对休闲发展的影响，戈比有其西方自由思想背景的看法，即休闲发展是一个由下而上的自然的过程，只是由于政府认识到了休闲对于社会稳定与发展的作用才逐渐介入其中的。

从源头上来讲，"娱乐与公园管理源自 19 世纪后期工业化和城市化时期各种旨在塑造和改革娱乐的公众活动……目的在于帮助穷人、儿童、老人、残疾人以及农民，改善他们的健康、教育、社

---

① 杰弗瑞·戈比：《21 世纪的休闲与休闲服务》，张春波、陈定家、刘风华译，马惠娣校译，云南人民出版社，2000，第 209～218 页。

② 杰弗瑞·戈比：《21 世纪的休闲与休闲服务》，张春波、陈定家、刘风华译，马惠娣校译，云南人民出版社，2000，第 218～223 页。

会调节和生活机会”①。所以，“政府介入娱乐与公园设施的建设并不一定是由于政府真正认识到了娱乐与休闲的重要性而采取的措施，而是对民间自愿者开拓的这项工作的延伸”②。而“政府为什么要加入到向市民提供休闲服务的行列中来”？戈比自己的解释是：“政府的参与对于为全体人民提供总体福利是必要的。随着社会变得越来越都市化，人与人之间的依赖性越来越大，现在的观点是，公共休闲服务能起到一个‘促进’的作用，它能提供一些非政府不能提供的休闲服务。”也就是说，“政府的最大贡献之一就是提供了商业组织认为在经济上不可行的娱乐设施。譬如，在都市里的大型公园需要大笔费用进行征购、开发和维护。政府的休闲服务机构还能动员社区内的资源，这只有政府才能做到，因为只有政府才能给予持续的支持”③。

笔者并不奇怪戈比的这个认识。其实，大多基于西方自由政治思想基础的学者都有同样的认识。他们认为，在西方，“休闲公共供给有悠久的传统……与其他发展稍逊色的国家和地区相比，北美在休闲参与方面具有更大的社会公平”。④ 同时，西方国家有大量土地资源掌握在私人手中，比如在美国，私人和土著拥有土地资源占60%，而联邦和地方政府只拥有40%的土地占有和使用权。⑤ 因此，西方始终把政府置于提供服务的地位。在大多数历史时期和大多数

① 杰弗瑞·戈比、〔韩〕沈杰明：《北美休闲研究的发展：对中国的影响》，刘晓杰、刘慧梅译，《浙江大学学报》（人文社会科学版）2008年第38（4）期，第23页。

② 托马斯·古德尔、杰弗瑞·戈比：《人类思想史中的休闲》，成素梅、马惠娣、季斌、冯世梅译，云南人民出版社，2000，第129页。

③ 杰弗瑞·戈比：《你生命中的休闲》（1994年，第4版），康筝译，田松校译，云南人民出版社，2000，第375页。

④ 杰弗瑞·戈比、〔韩〕沈杰明：《北美休闲研究的发展：对中国的影响》，刘晓杰、刘慧梅译，《浙江大学学报》（人文社会科学版）2008年第38（4）期，第26页。

⑤ 杰弗瑞·戈比：《你生命中的休闲》（1994年，第4版），康筝译，田松校译，云南人民出版社，2000，第370页。

地区，政府休闲服务机构只是大量的商业和个体休闲服务机构与组织的补充而已。不过，我们还要看到戈比对休闲发展与政府关系的另一面。

翻检戈比的相关论著，我们发现，从他的第一本专著《休闲研究与休闲服务》第10章“休闲、政策和规划”①，直到他的《走向21世纪中期的休闲与休闲产业》的“政府”② 都反映了政府在国家和地方休闲发展中的重要作用和地位。“政府在为城市居民提供休闲服务方面正在发挥越来越重要的作用”③，政府在娱乐方面的功能基本体现在：“1）规划；2）所有权；3）开发；4）管理；5）立法；6）刺激；7）技术支持；8）教育；9）协调；10）研究”④ 等许多方面。作者在《休闲研究与休闲服务》、《娱乐、公园与休闲服务：基础、组织与管理》两本书中提供的大量数据材料，如“相关部门、组织和基金资助的联邦户外娱乐项目表”⑤、“各州对地方政府休闲活动的资助表”⑥，以及“各州对公共休闲活动的资助表”⑦ 等，也都详细地显示了20世纪80年代初期美国联邦、州和地方政府在推动全美休闲、娱乐活动中的巨大贡献。

---

① Geoffrey Godbey & Stanley Parker. (1976). *Leisure Studies and Services: an Overview*. Philadelphia: W. B Saunders Company, pp. 128 - 153.

② Geoffrey Godbey. (2006). *Leisure and Leisure Services in the 21st Century: Toward Mid Century*. State College, Pennsylvania : Venture Publishing, Inc., pp. 205 - 229.

③ Geoffrey Godbey & Stanley Parker. (1976). *Leisure Studies and Services: an Overview*. Philadelphia: W. B Saunders Company, p. 128.

④ Geoffrey Godbey & Stanley Parker. (1976). *Leisure Studies and Services: an Overview*. Philadelphia: W. B Saunders Company, p. 129.

⑤ Geoffrey Godbey & Stanley Parker. (1976). *Leisure Studies and Services: an Overview*. Philadelphia: W. B Saunders Company, pp. 131 - 133.

⑥ Geoffrey Godbey & Stanley Parker. (1976). *Leisure Studies and Services: an Overview*. Philadelphia: W. B Saunders Company. pp. 138 - 139.

⑦ Geoffrey Godbey & Stanley Parker. (1976). *Leisure Studies and Services: an Overview*. Philadelphia: W. B Saunders Company, pp. 140 - 141.

事实上，在二战后的20世纪60、70年代，美国联邦和地方政府不仅为美国休闲发展提供了良好的政策、资金支持，还在研究和教育方面为休闲的大众化提供了良好的环境。在北美休闲发展史上，“全美50个州和加拿大各省都进行过不少与休闲直接相关的活动。每个州都设有以户外娱乐为首要责任的专门机构。另外，处理青年、老年、教育、资源保护区、规划和其他事务的州政府机构也常常向其用户提供娱乐服务。每个州都已开发出了娱乐地区和设施的网络，包括公园、森林、禁猎区、自然保护区、历史遗迹遗址、海滩和船坞等。州政府鼓励使用这些娱乐场所和设施，并推动州内的其他娱乐活动的开展，以促进旅游和消费”。延伸来看，“州政府在各个方面都影响着市政府在娱乐和公园中的地位。它们通过立法正式授权于郡和地方政府承担娱乐和公园服务工作。州也通过提供资金和有关休闲事业的技术支持来帮助其购买和开发空地。它们也会派专家帮助市政府建立娱乐和公园管理部门，起草娱乐和公园的主规划，或向老年人提供休闲项目。州政府也向从事娱乐和公园工作的熟练专业人员颁发证书，向他们提供大专院校培训课程，以此来鼓励更多的专业人员从事这个职业。几乎每一个州至少都有一所大学设有这个专业”①。在《21世纪的休闲与休闲服务》以及《走向21世纪中期的休闲与休闲产业》两本书中，作者对休闲在未来的发展趋势进行展望时，更没有忽视政府的作用。从某种程度上说，正是由于“美国的政府政策煽起穷奢极欲的消费时尚”，以及执行在西方发达国家极低的消费税，鼓励国民适时消费、超前消费，才促成了大众休闲消费局面的形成。② 虽然这种消费倾向不应该提倡，但由于用于娱乐的土地、森林、水面等资源日

① 杰弗瑞·戈比：《你生命中的休闲》（1994年，第4版），康筝译，田松校译，云南人民出版社，2000，第369页。

② 杰弗瑞·戈比：《21世纪的休闲与休闲服务》，张春波、陈定家、刘风华译，马惠娣校译，云南人民出版社，2000，第197～198页。

益紧张，联邦和地方政府在休闲发展中的地位无疑“将变得越来越重要”①。在这种背景下，戈比认为，“对政府来讲，当务之急应该是制定政策，以帮助我们实施一种更加有节制的和更加开朗的实利主义。在这种改良的物质享乐主义中，我们充当的角色是为达到人类终极目标所采取的手段，而这一终极目标就是使全人类快乐，而并非只是把它定位在物质享乐主义的基准上”②。

所以，对于发展中国家，尤其是没有良好公共休闲基础的国家而言，政府不仅可以，而且应该在休闲政策的制定、休闲资源的开发、休闲资金和设施的提供、休闲技术支持、休闲服务与休闲教育方面，发挥更积极的作用。

六　休闲与旅游

西方学者普遍的看法是，休闲包括了两个部分：本地休闲与异地休闲，旅游只是一种异地休闲而已；在本地休闲不能满足居民需要时产生旅游的动机并付诸行动，是一个自然的过程。③ 和流行的观点相近，戈比更多的时候把休闲和旅游看做是既相互关联，又有所不同的研究领域。作为异地休闲的一种重要手段，戈比给予旅游足够的重视，并在几乎所有专著中都涉及旅行和旅游议题。而在《你生命中的休闲》第 9 章④中则用较大篇幅对旅游进行了论述。

在他看来，旅行和旅游需求是人类的基本休闲需求之一，有着悠久的历史传统。“在众多的休闲选择中，旅游特别适合于把个体

---

① 杰弗瑞·戈比：《21 世纪的休闲与休闲服务》，张春波、陈定家、刘风华译，马惠娣校译，云南人民出版社，2000，第 189 页。

② 杰弗瑞·戈比：《21 世纪的休闲与休闲服务》，张春波、陈定家、刘风华译，马惠娣校译，云南人民出版社，2000，第 201 页。

③ A. J. Veal. (2002). *Leisure and tourism policy and planning* (*Second Edition*). Oxon: CABI Publishing, p. 3.

④ 杰弗瑞·戈比：《你生命中的休闲》（1994 年，第 4 版），康筝译，田松校译，云南人民出版社，2000，第 238～259 页。

与整个现代世界拉到一起。”① “现在世界里的旅游就是一种对（生命）意义的追求——努力理解整个世界。”② 按照经济效益来衡量，“旅游业可以说是世界最大的混合工业”；“在全球有越来越多的人喜欢通过旅行来享受生活乐趣，这种现象对经济产生了广泛的影响”③。也就是说，“旅游业引起政府的重视，是因为它被视为发展或重振区域经济的手段”④。

不过，戈比也对流行在全球旅游市场中的“流水作业的旅游业”——全程由旅行社、旅馆、标准化的旅游“套装”、住宿和串联其中的交通往返提出了批评意见，并对旨在保护环境和突出个性的生态旅游给予肯定。⑤ 同时，他认为，旅游业对环境和社会所造成的负面影响也是一个不应被忽视的因素。“旅游业对所有相关的经济、环境和文化问题都有着巨大的影响，而这些影响刚刚才开始得到人们的认识。甚至连旅游业的相关理论也反映了这种不确定性。”⑥ 但可以肯定的是，“就像工业农业正在减少物种多样性一样，它（旅游业）也正在减少世界文化的多样性”⑦；而且，旅游业也可能是“一种能够削弱意识形态和地方特色的后现

① 杰弗瑞·戈比：《你生命中的休闲》（1994 年，第 4 版），康筝译，田松校译，云南人民出版社，2000，第 246 页。

② 杰弗瑞·戈比：《你生命中的休闲》（1994 年，第 4 版），康筝译，田松校译，云南人民出版社，2000，第 247 页。

③ 杰弗瑞·戈比：《21 世纪的休闲与休闲服务》，张春波、陈定家、刘风华译，马惠娣校译，云南人民出版社，2000，第 128 页。

④ 杰弗瑞·戈比、〔韩〕沈杰明：《北美休闲研究的发展：对中国的影响》，刘晓杰、刘慧梅译，《浙江大学学报》（人文社会科学版）2008 年第 38（4）期，第 27 页。

⑤ 杰弗瑞·戈比：《21 世纪的休闲与休闲服务》，张春波、陈定家、刘风华译，马惠娣校译，云南人民出版社，2000，第 129 页。

⑥ 杰弗瑞·戈比：《21 世纪的休闲与休闲服务》，张春波、陈定家、刘风华译，马惠娣校译，云南人民出版社，2000，第 129 页。

⑦ 杰弗瑞·戈比：《21 世纪的休闲与休闲服务》，张春波、陈定家、刘风华译，马惠娣校译，云南人民出版社，2000，第 128 页。

代现象"[①]。

戈比认为，长期以来，"作为一个学术领域，旅游业的研究传统上采纳商业取向，而休闲研究则具有福利主义趋向"。在未来，"旅游业将会成为休闲的一个重要子领域，可反映出普遍的社会趋势，旅游业在经济中的地位将得到更普遍认同"[②]。正是因为旅游的商业特色和经济作用，政府在旅游业的过去、现在和未来所起作用都是非常明显的。但由于旅游的正面作用和负面影响都同样突出，它"是否能够作为增加地区、民族和国家间相互了解的一种手段，或者只是一种追求短期利益的商业手段"[③]，还有待观察。也正是从这个层面上来说，"旅游业需要更好地管理，更有效地规划"[④]。所有政府部门和许多公共机构，应"不断认清自身在旅游业中的作用，并将努力进行'再定位'，使自己成为旅游业的维护者和推动者"[⑤]。从而使旅游业在"进一步塑造我们的文化、经济和个人生活"[⑥] 的过程中，变得更加有序、理性，并最终成为人类的福祉。

七　休闲与教育

作为一个在休闲教育第一线工作30多年的休闲学者，戈比一

① 杰弗瑞·戈比：《21世纪的休闲与休闲服务》，张春波、陈定家、刘风华译，马惠娣校译，云南人民出版社，2000，第129页。

② 杰弗瑞·戈比、〔韩〕沈杰明：《北美休闲研究的发展：对中国的影响》，刘晓杰、刘慧梅译，《浙江大学学报》（人文社会科学版）2008年第38（4）期，第27页。

③ 杰弗瑞·戈比：《你生命中的休闲》（1994年，第4版），康筝译，田松校译，云南人民出版社，2000，第256页。

④ 杰弗瑞·戈比：《你生命中的休闲》（1994年，第4版），康筝译，田松校译，云南人民出版社，2000，第256页。

⑤ 杰弗瑞·戈比：《21世纪的休闲与休闲服务》，张春波、陈定家、刘风华译，马惠娣校译，云南人民出版社，2000，第132页。

⑥ 杰弗瑞·戈比：《你生命中的休闲》（1994年，第4版），康筝译，田松校译，云南人民出版社，2000，第256页。

直都比较关注休闲教育。从某种意义上来说，他 30 多年的学术历程也是对美国大众的一个休闲教育过程。他一直试图向社会表达自己的休闲理想，从而引导整个社会正确地认识休闲、积极地进行休闲，从而提升生命的整体质量。

早在 1973 年，戈比就发现，“在包括引导人们更全面、更满意地过一种休闲生活在内的更加广泛的意义上定义教育目标，已逐渐呈现增长的趋势”。基于此，“教育的确而且应该在帮助人们更有效地利用休闲方面发挥积极的作用”①。在《休闲研究与休闲服务》一书中，戈比对在二战之后就已经在美国教育机构中占有一定地位的休闲课程及学生休闲行为教育给予了充分肯定。到了 70 年代初期，美国学生在学校“除了学习体育，还能够学习文学、艺术、不同流派的音乐，学习手工制作以及其他许多种不同的能够满足他们潜在休闲需求的活动”②。《娱乐、公园与休闲服务：基础、组织与管理》一书则有专门的对于成人休闲教育的论述。③《你生命中的休闲》用了一章的篇幅，综合表述作者关于休闲教育的思想，而《人类思想史中的休闲》和《21 世纪的休闲与休闲服务》则是作者休闲教育思想的进一步完善。

戈比认为，从广泛的意义上来说，“教育的理想立足于这样一种信念：人们能够做出选择。知识的整个目的是使人做出正确的选择”④。源于古希腊亚里士多德等人的休闲理想更强化了这样的信

① Jeoffrey Godbey & Stanley Parker. （1976）. *Leisure Studies and Services：an Overview*. Philadelphia：W. B Saunders Company，p. 42.

② Jeoffrey Godbey & Stanley Parker. （1976）. *Leisure Studies and Services：an Overview*. Philadelphia：W. B Saunders Company，p. 46.

③ Jeoffrey Godbey. （1976）. Recreation，Park and Leisure Services：Foundations，Organization，Administration，Philadelphia：W. B Saunders Company，pp. 201 – 217.

④ 托马斯·古德尔、杰弗瑞·戈比：《人类思想史中的休闲》，成素梅、马惠娣、季斌、冯世梅译，云南人民出版社，2000，第 24 页。

念，即“休闲同知识、美德、愉快与幸福是不可分离的”①。这就是说，任何让人们获得知识、养成美德、学会愉快与健康地生活的休闲过程都是教育所追求的目标。随着休闲活动及其方式不断丰富与发展，“大多数休闲活动都有需要学习的内容。在有些休闲活动中，这种学习是有限的，只占很小的比重。而在另一些活动中，学习却是其核心内容”②。休闲活动的实践还证实，“人们的受教育程度会影响到他们在休闲时选择的活动和他们的休闲价值观。教育不仅能引发人们对很多休闲活动的兴趣，也能传授技巧、开发鉴赏力，使人们能够参与某些休闲活动。很多休闲活动没有一定的技巧就不能享受其中的乐趣，而这些技巧是要通过正规学习才能掌握的”③。戈比通过研究还发现，“穷困、受教育少的城市老年人非常不愿意去公园和娱乐中心，这是因为他们害怕有犯罪发生，而那些收入较高受教育较多的老年人就不是这样”④。“受教育水平较高的人对休闲服务的要求也较多。他们会对感兴趣的活动或设施提出很多问题，希望索取更多的信息，并且更愿意去试探或尝试新事物，将学习融入旅游等多种休闲活动当中”⑤。

同时，在休闲教育过程中，应该避免把休闲教育作简单化理解。戈比肯定了休闲教育家曼迪和L. 奥德姆关于这方面的观点，并认为休闲教育不是把休闲内容仅仅当做事例在课堂上讲解，不是仅仅为

① 托马斯·古德尔、杰弗瑞·戈比：《人类思想史中的休闲》，成素梅、马惠娣、季斌、冯世梅译，云南人民出版社，2000，第34页。

② 杰弗瑞·戈比：《你生命中的休闲》（1994年，第4版），康筝译，田松校译，云南人民出版社，2000，第294页。

③ 杰弗瑞·戈比：《你生命中的休闲》（1994年，第4版），康筝译，田松校译，云南人民出版社，2000，第317页。

④ Geoffrey Godbey, Patterson, A. & Brown, L. (1979). *Crime and fear of crime among the elderly-Relationship to leisure behavior*. Washington, DC: American Association of Retired Persons, p. 3.

⑤ 杰弗瑞·戈比：《21世纪的休闲与休闲服务》，张春波、陈定家、刘风华译，马惠娣校译，云南人民出版社，2000，第118页。

了让人参与更多的娱乐活动，也不是传授技巧和提供活动项目，向所有人鼓吹同一种休闲生活方式，或者把学校的每一门课目都和休闲联系起来。而是一场使人能够通过休闲来改善自己生活质量的全面运动，一个使人明确自己休闲价值观和休闲目的的过程，一种使人们能够在休闲中提高自己生活质量的方法。休闲教育是为了帮助人们自主地确定休闲在生活中的位置，为了从休闲的角度认识自己。是一种贯穿于从幼儿园以前到退休以后的终身教育；一种通过扩大人们的选择范围，使他们获得令人满意的、高质量的休闲体验的活动。①

随着社会结构的复杂化和教育职能的多样化，戈比认为，休闲教育应该成为一种普及化的教育；应该从课程设计、建筑特色、教室环境和教学方式等各个方面对不合时宜的休闲教育进行改革，“使教学过程更富休闲性”②。当然，休闲教育已经不再只是学校的责任，还是家庭和父母的责任，“很多地方性休闲服务机构，从城市的娱乐和公园管理机关，到青年自愿服务组织，到商业机构，都可以参与到休闲教育中来”③。

此外，戈比还强调，休闲教育应该关注特殊群体，特别是“发育不健全、精神混乱和肢体残疾的人们”，原因在于，休闲教育“对这些精神和身体残疾者有特殊意义”④。

八　休闲与制约

休闲制约（或障碍）也是休闲学术领域一直受到关注的问题。

---

① 杰弗瑞·戈比：《你生命中的休闲》（1994 年，第 4 版），康筝译，田松校译，云南人民出版社，2000，第 300～301 页。

② 杰弗瑞·戈比：《你生命中的休闲》（1994 年，第 4 版），康筝译，田松校译，云南人民出版社，2000，第 306 页。

③ 杰弗瑞·戈比：《你生命中的休闲》（1994 年，第 4 版），康筝译，田松校译，云南人民出版社，2000，第 315 页。

④ 杰弗瑞·戈比：《你生命中的休闲》（1994 年，第 4 版），康筝译，田松校译，云南人民出版社，2000，第 302 页。

戈比在自己的休闲理论研究中曾有不少论文和专著涉及这个问题。

制约人们参与和享受休闲的因素有很多，简单来分，可以分为主观因素与客观因素。在《你生命中的休闲》中，戈比曾引用了布兰登伯格等人的说法，把“影响到人们是否开始去参与某一项特定的休闲活动”的因素分为四类：客观可能性、知识背景、社会环境、参与者自身接受新鲜事物的能力等。[①] 在戈比看来，“我们每个人都会因为这样那样的原因，无法以自己喜欢的方式享受休闲”。因为，“一个没有约束的世界是无法想象的。我们所有人都是被约束、被限制的对象”[②]。关于休闲制约因素的分析，戈比先后在1987、1991、1993年独立或与其他人合作在《休闲科学》上发表了《家庭休闲制约的新概念》、《休闲制约的层次模型》、《休闲制约的特性和过程》、《休闲制约调和》4篇主要文章。在《休闲制约的层次模型》一文中，他提出了著名的三类休闲障碍说[③]——内在心理性的、人际关系性的、结构性的，并用大量的事例来说明自己的观点。而后，三类休闲障碍理论被学术界广泛采用，并反映在戈比《你生命中的休闲》[④]、《人类思想史中的休闲》[⑤]，以及戈比与凯利合著的《休闲社会学》[⑥] 等论著中。

就不同群体来讲，其面对的休闲障碍是不同的。比如，戈比认

---

① 杰弗瑞·戈比：《你生命中的休闲》（1994年，第4版），康筝译，田松校译，云南人民出版社，2000，第97页。

② 杰弗瑞·戈比：《你生命中的休闲》（1994年，第4版），康筝译，田松校译，云南人民出版社，2000，第91~92页。

③ D. W. Crawford, E. L. Jachson & G. Godbey.（1991）. A Hierarchical Model of Leisure Constraints. *Leisure Sciences*, Vol. 13（3）: 313.

④ 杰弗瑞·戈比：《你生命中的休闲》（1994年，第4版），康筝译，田松校译，云南人民出版社，2000，第93~94页。

⑤ 托马斯·古德尔、杰弗瑞·戈比：《人类思想史中的休闲》，成素梅、马惠娣、季斌、冯世梅译，云南人民出版社，2000，第276~278页。

⑥ John R. Kelly & Geoffrey Godbey.（1992）. *The Sociology of Leisure*. State College, Pennsylvania: Venture Publishing, Inc., p. 359.

为，穷困、受教育少的城市老年人可能不愿意去公园和娱乐中心，这是因为他们害怕有犯罪发生。而“在十几岁的青少年当中，那些自我评价较低的年轻人在参与某项休闲活动时所遇到的障碍更多的是心理障碍。其中女孩子比男孩子更容易自我贬低，所以她们所涉及的心理障碍会更多”①。

分析休闲障碍的目的是为了最终找到克服障碍的途径。戈比认为，就三种障碍来说，“一定要按照一定的顺序依次克服，才有可能使休闲活动得以实现。首先需要克服的是心理障碍，确信自己做这件事是正当的。只有在克服了心理障碍之后，人际障碍才有考虑的必要。就是说，只有在一个人认定自己有足够的正当理由去做某一件事时，才会把寻找同伴提上议事日程。最后，如果这一关也通过了，结构性的障碍就一定能够克服”②。他还认为，“一个人是否着手克服参与一项休闲活动时所遇上的障碍，不光取决于他们碰上的是什么障碍，还要取决于他们是否有能力去克服这些障碍”③。而“将休闲的障碍减低到最低程度可能会降低人们对自己、他人和世界所造成的威胁”，“人们就有可能成为他能够成为的人”。这就是戈比强调的“充分发展”，即人在其“生活中达到最高的伦理和道德状态”④。

由此看来，在戈比的理论体系中，休闲制约（或障碍）是一个根本性的问题。人类争取真正意义上休闲的过程其实也就是一个克服各种休闲障碍的过程。所以，戈比强调指出，“休闲是这样一

---

① 杰弗瑞·戈比：《你生命中的休闲》（1994年，第4版），康筝译，田松校译，云南人民出版社，2000，第229页。

② 杰弗瑞·戈比：《你生命中的休闲》（1994年，第4版），康筝译，田松校译，云南人民出版社，2000，第94页。

③ 杰弗瑞·戈比：《你生命中的休闲》（1994年，第4版），康筝译，田松校译，云南人民出版社，2000，第96页。

④ 托马斯·古德尔、杰弗瑞·戈比：《人类思想史中的休闲》，成素梅、马惠娣、季斌、冯世梅译译，云南人民出版社，2000，第281页。

种生活，它使人相对摆脱了文明和物质性环境所带来的外在压力，从而使得他能够‘由衷’地行动”，最终获得真正的快乐。[①] 在克服了各种休闲制约因素之后，休闲才能成为真正的休闲，并“将人的目的体现于其中”[②]。

九 休闲的未来

在美国，戈比还被认为是一个未来学家。这主要源于他的《休闲服务的未来》、《21 世纪的休闲与休闲服务》和《走向 21 世纪中期的休闲与休闲产业》等著作中关于休闲未来的预测。实际上，从更早的时候，他已开始描绘休闲的未来。

在《你生命中的休闲》中，作者用了一章的篇幅来介绍自己对未来休闲的设想，这包括：人类将成为变化的对象而不断改造人类自身；知识作为基本资源的后资本主义时代将到来；人们会更多地旅行，而减少对处所的依附；由于长期存在的世界观的差异，人类意识的“战争”将不断深入；休闲的中心地位将会加强；标准化和集中化将逐渐消失；休闲将具有更多的教育和宗教的作用；休闲与健康之间的关系将更加受到重视；政府将以新的动机和组织方式参与休闲；休闲将在不久的将来被妇女重塑，因此，休闲的女性化倾向将越来越明显；由于环境污染越来越危及人类的存在，限制破坏性的休闲消费模式将成为必然；转向生态化的、可持续的生活方式将成为人类必然的选择等等。[③]

在与凯利合著的《休闲社会学》中，戈比在他主笔的第四部

---

① 托马斯·古德尔、杰弗瑞·戈比：《人类思想史中的休闲》，成素梅、马惠娣、季斌、冯世梅译译，云南人民出版社，2000，第 278 页。

② 托马斯·古德尔、杰弗瑞·戈比：《人类思想史中的休闲》，成素梅、马惠娣、季斌、冯世梅译译，云南人民出版社，2000，第 282 页。

③ 杰弗瑞·戈比：《你生命中的休闲》（1994 年，第 4 版），康筝译，田松校译，云南人民出版社，2000，第 387 ~404 页。

分“休闲的未来”中，从“社会变革与休闲”、“休闲发展的新方向”，以及“从消费到行动”三个大的方面论述了对未来休闲趋势的观察和思考，其中涉及了老龄化、工作、教育、文化发展等社会变革对休闲的影响，预测了人类的休闲生活方式、道德价值体系和生活质量的变化趋势，并特别说明未来社会人们会更加关注健康和休闲教育，加大在这方面的消费。①

在以上基础上，戈比在《休闲服务的未来》、《21世纪的休闲与休闲服务》和《走向21世纪中期的休闲与休闲产业》三本书中，从更广阔的视野对21世纪初期和中期休闲与休闲服务发展变化的大趋势做出种种科学的预测。这三本书的前后逻辑联系是：第一本书是后两本书的雏形，《走向21世纪中期的休闲与休闲产业》则是在前两本书基础上的进一步深化，资料更丰富一些，结构更合理一些，预测也更长远一些。

戈比在《休闲服务的未来》中安排了两个部分的内容，“变化”② 和“适应变化”③，涉及了由于不同时代的冲突、二战后生活方式变革、迅速老化的人口、女性革命、犯罪、工作市场等19个方面的变化而带来的对于休闲行为、休闲服务、休闲教育、休闲消费、旅游等15个方面的影响，奠定了后两本书的基本框架。接下来，戈比在《21世纪的休闲与休闲服务》和《走向21世纪中期的休闲与休闲产业》中，运用大量前沿的环境、工业技术、价值观、人口、经济、健康等资料，结合10多张图解、20多张表格，对影响休闲发展的各种因素进行分析。在此基础上，戈比提出了切

① John R. Kelly & Geoffrey Godbey. (1992). *The Sociology of Leisure*. State College, Pennsylvania : Venture Publishing, Inc., pp. 479 – 511.

② Godbey, G. (1989). *The future of leisure services: Thriving on change*. State College, Pennsylvania: Venture Publishing, Inc., pp. 3 – 55.

③ Godbey, G. (1989). *The future of leisure services: Thriving on change*. State College, Pennsylvania: Venture Publishing, Inc., pp. 57 – 105.

中要害的组织和个人策略，充分显示了作者的远见卓识。

在戈比看来，“目前，休闲正在经历一个更新的过程”，“在即将到来的新世界中，休闲将不断地演变为人类生活的中心内容；此外，‘休闲’服务的提供者也不能仅仅依靠休闲服务者良好的意愿或以往的休闲服务模式……”因此，“要求休闲服务界的专业人士更多地了解目前发生在环境、经济、社会、工业技术应用以及价值观领域内的诸多变化”①。这些重要的变化趋势包括，“在所有国家中，人口爆炸都将超越其他因素，成为重新定义休闲及休闲服务的决定性因素”②；“温室效应将迫使人们对旅行，尤其是那些助长变暖趋势的旅行方式进行一定的限制”③；“非矿物燃料经济将使我们的生活更加安静、更加祥和，并使我们的社会更加接近休闲社会”④；“未来的休闲也许很难与标准化的活动组合结为一体，相比之下，它与清静以及环境质量之间的关系将变得更为密切”⑤；“随着男女之间的界限在越来越多的领域内消逝，大量传统的成见已不再具有真实性。从前，许多休闲提供者一向可以预知服务对象的性别，可是今后他们将面临挑战，随时准备满足男女双方的需要”⑥；“简朴（simplicity）运动可能会更加接近主流”⑦；“娱乐和休闲将

---

① 杰弗瑞·戈比：《21 世纪的休闲与休闲服务》，张春波、陈定家、刘风华译，马惠娣校译，云南人民出版社，2000，第 2 页。

② 杰弗瑞·戈比：《21 世纪的休闲与休闲服务》，张春波、陈定家、刘风华译，马惠娣校译，云南人民出版社，2000，第 23 页。

③ 杰弗瑞·戈比：《21 世纪的休闲与休闲服务》，张春波、陈定家、刘风华译，马惠娣校译，云南人民出版社，2000，第 33 页。

④ 杰弗瑞·戈比：《21 世纪的休闲与休闲服务》，张春波、陈定家、刘风华译，马惠娣校译，云南人民出版社，2000，第 41 页。

⑤ 杰弗瑞·戈比：《21 世纪的休闲与休闲服务》，张春波、陈定家、刘风华译，马惠娣校译，云南人民出版社，2000，第 73 页。

⑥ 杰弗瑞·戈比：《21 世纪的休闲与休闲服务》，张春波、陈定家、刘风华译，马惠娣校译，云南人民出版社，2000，第 111 页。

⑦ 杰弗瑞·戈比：《21 世纪的休闲与休闲服务》，张春波、陈定家、刘风华译，马惠娣校译，云南人民出版社，2000，第 124 页。

日益成为保养和增进健康的重要途径”①；“为健康不佳和有身体障碍的人提供合适的休闲活动将变得越来越重要”②；“工作时间的减少，将会逐渐把休闲变成社交活动和经济福利的中心，这就意味着休闲将得到人们更多的理解，人们会进一步认识到个人幸福、家庭稳定、集体观念、健康、环境、经济等等都与休闲密切相关”③；“国家变得越富有，休息时间就越多，而休闲的普及又会变成推动经济发展的重要力量”④；“由政府主办的休闲机构将得到改革、重组和权力下放，并且将变得更为重要”⑤。休闲消费将转变成就业机会，休闲服务将从标准化、集中化转向个性化服务，人们对休闲与健康之间的关系更加关注，应运而生的休闲教育将占教育产业的极大份额。“在诸多过程中，娱乐和休闲本身都不是中心，而是要借助他们来帮助他人、参与特定活动、解决社会问题”⑥。“归根到底，娱乐是一种为达到某种目的而采取的措施——这个目的就是更高质量的生活，不断进步的学习，更好的健康状况，更健美的体形，对自然更好的认识和理解，良好的社会道德以及较低的犯罪率等等，不一而足”⑦。

在这里，还需要补充说明一点：在 20 世纪晚期，关于 21 世纪

---

① 杰弗瑞·戈比：《21 世纪的休闲与休闲服务》，张春波、陈定家、刘风华译，马惠娣校译，云南人民出版社，2000，第 136 页。

② 杰弗瑞·戈比：《21 世纪的休闲与休闲服务》，张春波、陈定家、刘风华译，马惠娣校译，云南人民出版社，2000，第 149 页。

③ 杰弗瑞·戈比：《21 世纪的休闲与休闲服务》，张春波、陈定家、刘风华译，马惠娣校译，云南人民出版社，2000，第 162 页。

④ 杰弗瑞·戈比：《21 世纪的休闲与休闲服务》，张春波、陈定家、刘风华译，马惠娣校译，云南人民出版社，2000，第 167 页。

⑤ 杰弗瑞·戈比：《21 世纪的休闲与休闲服务》，张春波、陈定家、刘风华译，马惠娣校译，云南人民出版社，2000，第 183 页。

⑥ 杰弗瑞·戈比：《21 世纪的休闲与休闲服务》，张春波、陈定家、刘风华译，马惠娣校译，云南人民出版社，2000，第 220 页。

⑦ 杰弗瑞·戈比：《21 世纪的休闲与休闲服务》，张春波、陈定家、刘风华译，马惠娣校译，云南人民出版社，2000，第 221 页。

休闲及其服务发展趋势的出版物在西方并不少见，即以戈比同类书名出版的作品就有十多种。与其他同类作品相比，戈比的著作视野更宽广一些，针对性也更强一些，而在体例上也更合理一些。特别是戈比在每一个小的章节后安排的“思考题”和“对休闲的潜在影响”更适合作为高校休闲专业的教科书使用。

总之，对21世纪初期、中期休闲及休闲服务发展方向的预测显示了作者理性、科学的思考、判断、预测能力；作者积极、乐观、向上的生活态度始终跃然于笔端，最终给读者强化了这样的概念：休闲与娱乐是一个离不开爱的生活空间，人们在休闲中既丰富思想，又滋养心灵。① 因此，无论这个世界向何处发展，作为一个休闲领域的研究和从业者都应该尽力去预见未来的多种可能性，去感知现实生活中的奇迹，去期望美好的事情并积极去促使这些事情发生——所有这些品质使一个人更乐观，而且更有益于个人的健康和幸福。②

以上，笔者从所选择的几个有限方面，就戈比的主要休闲思想进行了简要评述。限于篇幅，反映在戈比思想中的关于休闲哲学、严肃休闲、休闲与家庭、休闲与性、休闲与文化等诸多问题都未能触及。同时，也许读者还注意到，以上评述中，对戈比与约翰·凯利合作的《休闲社会学》一书提及的还不够。实际上，这是一本比较畅销的休闲社会学教科书。休闲首先是社会行为。在北美，因为有比较好的休闲社会基础，休闲社会学研究一直是休闲研究的主体部分，这方面成果的数量也是最多的。而和其他同类主题的著作相比，这本《休闲社会学》的突出特点在于它更扎实和全面，并融入了休闲与社会发展的未来思想。在本书的内容安排上，“休闲

① 杰弗瑞·戈比：《21世纪的休闲与休闲服务》，张春波、陈定家、刘风华译，马惠娣校译，云南人民出版社，2000，第223页。

② 杰弗瑞·戈比：《21世纪的休闲与休闲服务》，张春波、陈定家、刘风华译，马惠娣校译，云南人民出版社，2000，第222页。

历史考察”、“休闲社会学相关问题”、“休闲方式”和“休闲的未来”四大部分合理紧凑，从前言到结束，37 个章节的排序清晰明了。加上两个人都是这个领域思想成熟的学者，使全书如行云流水、一气呵成。而在个别论题，如休闲主体与定义（第 2 章）、休闲文化与种族（第 11 章）、严肃休闲（第 18 章）、休闲与性（第 21 章）、休闲与性别（第 22 章）、休闲制约（第 26 章）、户外娱乐（第 31 章）、艺术与休闲（第 32 章）、社会变革与休闲（第 35 章）、休闲发展新方向（第 36 章）等方面，都融入了作者独到的见解和深刻的分析。正因为如此，直到今天，这本书仍作为许多大学休闲专业的本科教材在使用。

第三节　西方视野中的中国休闲

在北美，有不少杰出的休闲学者对中国的历史文化和休闲状况有比较深入的了解，其中，就包括杰弗瑞·戈比先生。

戈比在“指导自己工作的哲学信条”中曾这样说：“全球化在这里找到了落脚点。所有有关休闲与旅游的问题都必须置于国际化的视野中进行审视。”①这也正是戈比的博大之处。研究他的论著，不难发现，戈比虽然在绝大部分时间里都是在探讨美国的休闲问题，但不时突破国界的限制，站在全球的视野对包括中国在内的许多发展中国家的休闲现状给予评价与深刻辨析。

戈比曾经数次来中国，足迹遍及中国的北京、上海、杭州、无锡、开封等地，仅仅杭州的宋城公园他就调研过 5 次。他曾经给浙江大学“亚太休闲研究中心”捐献大量的英文版休闲专业图书，曾经在北京深入居民区进行休闲调研，曾经亲自帮助策划了 2006 年杭州第二届世界休闲博览会，曾经作为首席专家主持和参与了无

① “Philosophies that Guide My Work”, Http: //www. geoffreygodbey. com.

锡的休闲与旅游发展规划，曾经数次在北京、杭州和开封的高校发表休闲学术演讲，并亲自介绍中国休闲学者马惠娣进入美国休闲学界，使其成为亚洲第一个、中国唯一一位进入美国休闲科学研究院的中国学者。此外，他还曾经在宾夕法尼亚州立大学培养和指导过6名来自中国的研究生和访问学者。所以，可以肯定地说，到目前为止，戈比是对中国历史、文化和休闲现状了解最多、对推动现当代中国休闲社会发展和休闲研究贡献最大的西方休闲学者之一。正是基于这样的大背景，戈比对中国休闲所存在问题及未来发展趋势的看法才高屋建瓴、掷地有声，从而弥足珍贵。

戈比认为，21世纪初期，“中国正在经历自己的工业革命。与这一革命相连的是，城市化的迅猛推进，收入的增加，对工作之余和家庭之外的生活机会的期待，人员流动性的增加，中产阶级的兴起和与之同步的贫富之间差距的扩大，以及对休闲、玩耍、娱乐和旅游的态度的转变。在某些方面，中国工业化的影响与其他经历过此过程的国家如出一辙。然而，在许多更深的层面，由于复杂的原因，诸如极高的人口密度、儒教和道教思想在日常生活中持续的影响以及中国的人的辩证思维，中国的工业革命有其独特的一面”①。“随着节假日的增多、每周工作日的减少，中国城市居民的空余时间增加，闲暇时间的使用因而变得更为重要。……如何利用休闲也成为青少年成长、家庭和睦、老年人康乐和独立，以及人们身体健康的一个关键变量”②。

另外，戈比对中国目前鼓励汽车工业发展的政策提出了批

① 杰弗瑞·戈比、〔韩〕沈杰明：《北美休闲研究的发展：对中国的影响》，刘晓杰、刘慧梅译，《浙江大学学报》（人文社会科学版）2008年第38（4）期，第23页。

② 杰弗瑞·戈比、〔韩〕沈杰明：《北美休闲研究的发展：对中国的影响》，刘晓杰、刘慧梅译，《浙江大学学报》（人文社会科学版）2008年第38（4）期，第23页。

评意见，并对这种盲目发展将给中国休闲带来的负面影响提出了警示。① 他还批评中国的开发商在建造高层住宅时对住户的休闲生活缺乏考虑。所以，他主张："政府应有所作为，应要求这类建筑物在设计时照顾到儿童玩耍的需要、年轻夫妇或与子女生活在一起的老年父母的休闲需求，即儿童们能在哪里玩耍？何时有机会接触大自然？大多数中国人所居住的农村也存在着问题。在乡村，政府能够提供什么样的休闲基础设施？旅游业如何成为一种推动社会变革的积极力量？"②

戈比还一直反对休闲发展的趋同性。他一再强调："北美的消费模式不但不能复制到世界其他地方，也不能在北美继续下去，否则，我们的空气、水、土地和野生动物就会遭到根本的破坏。休闲并不意味着大规模的消费……最满意的休闲利用方式与大量消费并没有什么联系。"③ 他明确指出，美国的休闲发展经验不一定适合于其他国家，"北美社会所采用的休闲模式并不能作为中国的模式；只有中国人自己能确定自己如何利用休闲中有价值的内容"。并"希望在中国的现代化过程中，中国人审视休闲时能把其他国家作为一个背景加以借鉴，使自己的休闲模式不断演进"④。

其实，约翰·凯利、加里·奇克、琳达·凯德维尔、卡拉·亨德森等都表达了与戈比同样的看法，即中国在休闲发展道路上，不能盲目模仿美国、模仿西方，必须体现出自己的特色。

---

① 杰弗瑞·戈比：《21 世纪的休闲与休闲服务》，张春波、陈定家、刘风华译，马惠娣校译，云南人民出版社，2000，第 64 页。

② 杰弗瑞·戈比、〔韩〕沈杰明：《北美休闲研究的发展：对中国的影响》，刘晓杰、刘慧梅译，《浙江大学学报》（人文社会科学版）2008 年第 38（4）期，第 27 ~ 28 页。

③ 杰弗瑞·戈比：《你生命中的休闲》（1994 年，第 4 版），康筝译，田松校译，云南人民出版社，2000，第 404 页。

④ 杰弗瑞·戈比：《你生命中的休闲》（1994 年，第 4 版），康筝译，田松校译，云南人民出版社，2000，序言。

关于中国休闲研究的方向，戈比认为："中国的休闲研究必须寻求认识那些由于快速工业化和城市化导致的休闲变化，以及休闲服务供给组织的必要性。虽然有些必需的专题研究——诸如时间使用的描述性研究、工作与休闲活动的变化，以及各种娱乐、公园和文化场地与服务的使用与管理——与西方的休闲研究相同，但是中国的休闲研究必须立足于自身的文化与历史发展。中国社会强烈的集体性意味着在休闲方面对不同人群的分析可能要优先于社会心理学研究。"①

他认为，虽然源于老子、孔子和庄子的中国传统休闲哲学思想，以及太极拳、少林功夫、麻将、民间传统艺术等中国特有的休闲娱乐方式应该会在未来对世界休闲发展作出独特的理论贡献，但是，他又不主张中国学者"耗费几十年时间来探讨休闲在中国情境里（特别是古代历史）的含义"。他主张："中国社会变化的速度要求他们超越这些问题而关注更具应用性和实用性的途径，以便改善中国人民每日生活中有意义的休闲的机会"②。

就在笔者将要完成本篇写作的初稿，征求戈比的意见时，他还一再说明，他对中国的了解还太有限，并强调了以下几个方面的看法：

首先，在新的一轮城市规划和发展中，应充分考虑居民休闲的需要，为休闲发展留出空间。

其次，对已定型的城市休闲方式应灵活掌握。上海的屋顶花园值得推广，而韩国在每栋居民建筑楼里留出两三个面积适当的套房

① 杰弗瑞·戈比、〔韩〕沈杰明：《北美休闲研究的发展：对中国的影响》，刘晓杰、刘慧梅译，《浙江大学学报》（人文社会科学版）2008 年第 38（4）期，第 27 页。

② 杰弗瑞·戈比、〔韩〕沈杰明：《北美休闲研究的发展：对中国的影响》，刘晓杰、刘慧梅译，《浙江大学学报》（人文社会科学版）2008 年第 38（4）期，第 27 页。

作为休闲中心的做法也值得中国借鉴。

第三，应区别中国的城市和农村差异，针对不同地区规划不同的休闲模式；同时区分大城市、中等城市和小城镇的特殊性。

第四，区分不同收入阶层和不同群体的休闲需求的差异性，尤其应重视青少年休闲需求的供给。就这一点，他谈到，美国在二战后的一段时间，曾鼓励地方政府组织一些流动休闲活动，其方式是卡车载着微型游泳池、乒乓球桌、小型图书馆等深入社区中，为青少年提供休闲服务。

第五，在满足休闲需求的过程中，应发挥政府、商业组织和非营利机构等各方面的作用，只有社会的广泛参与，才能丰富休闲供给的渠道，满足不断增长的休闲需求。

第六，他还一再强调中国的老龄化问题，认为应及早考虑满足老年人的休闲需要问题。

第七，他对中国通过旅游促进经济发展和满足休闲需求的方式给予肯定，也对由规模巨大的旅游人群带来的环境退化和污染问题表示出忧虑。

最后，他还肯定地认为，休闲交流是互动的，以中国的儒家文化为核心的东方休闲思想和方式在未来也必定会在某种程度上为西方社会带来益处。

第四节　自身休闲实践

休闲和旅游是实践性非常强的专业，任何理论都只有从实践中来才有说服力，也只有付诸实践才具有作用，戈比深知这一点。他曾说："经常询问顾客需要什么是必要的，但往往又是不够的；很多顾客往往不知道，或者不能说出他们有什么样的需要——除非你拿东西给他们看。"就规划来说，他又强调，"任何休闲与旅游规划必须具有可操作性"，"好的主意必须能够付诸实施，否则，就不是好的主意"①。基于此，在戈比的休闲理论研究历程中，我们不难发现其不间断的休闲实践活动。这些实践活动包括两个方面：一方面是他自己不间断地从事休闲调研项目、休闲咨询与规划工作实践，另一方面则是他自身生活中的休闲实践活动。

先看第一个方面。翻检戈比的经历，他从没有把休闲基础理论研究与休闲社会调研和实践割裂开来。从1968年开始，他就承担了多项国家和地方休闲、娱乐、公园规划、设计与调研项目。他几乎不间断地从政府和非政府组织获得研究项目，并针对项目进行实证研究。他的《地方娱乐与公园服务的利益》就是美国国家娱乐与公园协会的项目成果。就在笔者写作这部稿子时，戈比还同时承担着NRPA资助的国家调研项目"娱乐和公园管理与服务中的有关健康的合伙企业"。

再看他通过未来咨询公司展开的休闲实践。戈比的未来咨询公司成立于20年前，其主要职能是接受休闲与旅游咨询，并帮助相关部门和企业进行休闲与旅游培训、规划等。20多年来，该公司已先后承担世界各地的休闲与旅游咨询和规划项目100多项。仅2008年的客户和项目就包括：新西兰航空公司关于减轻长距离航行中的压力的问题，澳大利亚中心区的工作、休闲和社区研究，美国国家公园咨询服务，第二届世界休闲博览会（杭州）咨询和规划，无锡旅游发展咨询与规划等10多个。② 理论只有服务于实践才会体现出应有的价值，反过来，实践则在一定程度上不断提升着理论研究的水平。而戈比是美国休闲学界为数不多的在理论和实践两个方面都相当出色的学者之一。

最后，再来看他自身生活中的休闲实践。在戈比以及美国学者的休闲研究中，大多把读书作为一种休闲活动，如果是这样的话，

① "Philosophies that Guide My Work", http://www.geoffreygodbey.com.

② http://www.geoffreygodbey.com.

恐怕戈比的读书时间必然要长于其他休闲活动了，否则，便无法解释他那些足可等身（顺便提一下，戈比的身高足有1.9米）的著作和论文是如何产生的。达斯汀先生曾认为，“戈比的自信不仅来源于他的智识，更来源于他广泛的阅读和旅行。‘除非不断地阅读，否则你就不配作为一个教授’，戈比自己曾说。戈比所说的阅读并非只是指阅读关于娱乐、公园与休闲研究的专业书籍，而是指更广泛地阅读各种最新出版物”①。

当然，如果说对于教师和学者，读书不算作严格的休闲的话，那么诗歌创作应该是不折不扣的休闲行为了。这个方面的特点在戈比身上体现得也最为明显。实际上，在他出版第一本休闲专著之前，他的诗歌已经见诸报端和杂志，其中包括《西北评论》（*Northwest Review*）和《马拉海特评论》（*The Malahat Review*）。1969年，他在男性视野出版社出版了他的诗集《自行车上的侏儒》（*The Midget on a Bicycle*）②。这也是为什么我们总能从他的专著中发现他自己诗作的原因所在，也是我们之所以总能感觉到反映在他著作中那种行云流水般流畅语言的原因所在。

说到其他休闲，他早年喜欢网球，而且还是一个网球教练。而按照他自己的说法，除了诗歌创作，他还喜欢旅行、壁球，喜欢与孩子一块玩耍。③ 在他家里，他有自己的台球桌、健身房。而在工作和写作之余，戈比费时最多的休闲活动应该说是花园工作了。从年轻的时候他就喜欢园艺，而且，从1982年起，他又开始了素食

---

① Dan Dustin. (2007). A Tribute to Geoffrey C. Godbey. *Journal of Leisure Reasearch*, Vol. 39 (1): 196－197.

② Jeoffrey Godbey. (1976). *Recreation*, *Park and Leisure Services*: *Foundations*, *Organization*, *Administration*. Philadelphia: W. B Saunders Company, “About the Author”.

③ 杰弗瑞·戈比：《你生命中的休闲》(1994年，第4版)，康筝译，田松校译，云南人民出版社，2000，第2页。

的实践，是一个不折不扣的素食主义者。

在戈比看来，“许多环境问题与我们的饮食有关。食用牛、猪、羊、马、狗、鱼和其他动物将引发数不清的环境和健康问题”。同时，“以食肉为主的饮食要消耗上千万吨的粮食，这些粮食本可以用来养活其他人”①。和传统观点不同，戈比认为，素食不仅不会引起营养不良，而且和肉食主义相比，“素食主义能够为人们提供一个十分健康的食谱，它不仅能帮助人们解决沼气排泄、全球变暖等环境问题，还有助于减少人们因营养不良和生活富足引发的疾病——心脏病、糖尿病和癌症”。在素食方面，戈比并不孤立，有证据表明，“在美国，越来越多的人倾向于食用家禽而不再是牛肉，而且吃荤食的人数在全国人口中所占的比例也在不断下降。……在这种情况下，素食主义运动必然会呈现出上升的趋势”②。

关于素食主义对休闲的影响，戈比谈到了两个方面：其一，餐馆在制订菜单和提供服务时会考虑到荤食和素食者的不同需要；其二，素食主义还会激发人们对园艺和烹饪的兴趣，并把它们作为一种休闲追求。“更多的人将会自己种菜，自己烤面包，实现部分食物的自给自足。素食主义的上升再加上人口老龄化将使园艺在今后的几十年中成为一项越来越受欢迎的活动。”③

无论戈比的这个预言是否会变为现实，起码他自己一直实践着，并从自己的园艺中不仅得到了足够的蔬菜，更得到了锻炼和乐趣。在本人跟随戈比访学的一年中，戈比不止一次地谈到他的园

① 杰弗瑞·戈比：《21世纪的休闲与休闲服务》，张春波、陈定家、刘风华译，马惠娣校译，云南人民出版社，2000，第52页。

② 杰弗瑞·戈比：《21世纪的休闲与休闲服务》，张春波、陈定家、刘风华译，马惠娣校译，云南人民出版社，2000，第53页。

③ 杰弗瑞·戈比：《21世纪的休闲与休闲服务》，张春波、陈定家、刘风华译，马惠娣校译，云南人民出版社，2000，第54页。

艺，谈到要尝试种一些中国蔬菜。果然，到了 2008 年秋天，笔者便多次得到机会参观戈比的菜园，品尝完全天然的新鲜番茄、黄瓜、笋瓜、豆角、胡萝卜、大蒜和洋葱等。

当然，戈比也从来没有强人所难。我从第一次见到他，到离开宾州大学前的与他的多次聚餐中，如果他作为主人，都会考虑荤食者的需求。如果他请我到外面吃饭，一定要我点一个自己喜欢的荤菜。有时，我奇怪戈比素食 27 年了，他的身躯依然那么高大，身体依然那么强壮，精神总是那么焕发、神采奕奕，这使我开始怀疑曾经十分流行的营养理论。于是，不知不觉中，我们全家的蔬菜消费量便与日俱增了。

第五章 北美休闲高等教育

北美的休闲教育传统源于古希腊。2000 多年前的古希腊哲学家、教育家亚里士多德提出："休闲同知识、美德、愉快与幸福是不可分离的。"① 即任何让人们获得知识、养成美德、学会愉快与健康地生活的过程，其实都是教育的目标。因此，在早期希腊的学校教育和社会教育中就融入了休闲教育的内容，在一定程度上强化了人们的休闲理想和信念。北美进入现代社会以后，随着休闲需求的不断增长和休闲活动、方式的不断丰富与发展，"大多数休闲活动都有需要学习的内容。在有些休闲活动中，这种学习是有限的，只占很小的比重。而在另一些活动中，学习却是其核心内容"②。休闲活动的实践还证实："人们的受教育程度会影响到他们在休闲时选择的活动和他们的休闲价值观。教育不仅能引发人们对很多休

① 托马斯·古德尔、杰弗瑞·戈比：《人类思想史中的休闲》，成素梅、马惠娣、季斌、冯世梅译，云南人民出版社，2000，第 34 页。

② 杰弗瑞·戈比：《你生命中的休闲》（1994 年，第 4 版），康筝译、田松校译，云南人民出版社，2000，第 294 页。

闲活动的兴趣，也能传授技巧、开发鉴赏力，使人们能够参与某些休闲活动。很多休闲活动没有一定的技巧就不能享受其中的乐趣，而这些技巧是要通过正规学习才能掌握的。"[①] 基于此，北美社会一直保留着对休闲教育比较重视的传统。

休闲教育是一个广阔的范畴，它包括了学校教育在内的整个社会休闲教育体系。而在北美，学校休闲教育从小学就已经开始。限于篇幅，这里只讨论北美的休闲高等教育。

第一节　北美休闲高等教育的发展过程

根据不同时期的发展特点，我们可以把北美休闲高等教育划分为三个阶段。

一　起步阶段：20 世纪初期至二战时期

一般认为，现代西方的休闲、娱乐与公园管理源自 19 世纪后期工业化和城市化发展过程中带来的一系列问题。当时，注意力主要集中在非工作性活动的能力，目的在于帮助穷人、儿童、老人、残疾人以及农民，改善他们的健康、教育、社会调节和生活机会。[②] 随后，大量城市公园被建立起来，现代休闲教育也随之出现。从地域来看，休闲高等教育"最先从欧洲大学里的社会学系发展起来，关注工业社会中不断增多的闲暇时间所带来的问题"[③]。

---

① 杰弗瑞·戈比：《你生命中的休闲》（1994 年，第 4 版），康筝译、田松校译，云南人民出版社，2000，第 317 页。

② 杰弗瑞·戈比、〔韩〕沈杰明：《北美休闲研究的发展：对中国的影响》，刘晓杰、刘慧梅译，《浙江大学学报》（人文社会科学版）2008 年第 38（4）期，第 23 页。

③ J. Dum azedier. （1974）. Prominent Recreation Defines Leisure. *Recreation Canada*, Vol. 32: 55.

20 世纪初期，正处在快速工业化过程中的北美也面临同样的问题。

在这种背景下，1911 ~ 1913 年，已有部分美国的大学和学院开设了与游戏、室外运动有关的课程。1926 年，国家娱乐与公园协会的前身国家娱乐协会（简称 NRA）建立起一所国家娱乐学院，旨在为一些大学和学院的毕业生提供休闲服务与管理的再培训机会，以满足日益增长的公共娱乐机构对休闲人才的需求。从一些有记录的大学休闲课程的设立过程看，1926 年，宾夕法尼亚州立大学（the Pennsylvania State University）已经开设了娱乐相关课程；1932 年，伊利诺伊大学（University of Illinois at Urbana-Champaign）开设“娱乐活动”课程（Recreational Activities）。1937 年，美国第一次全国性的高校休闲课程教学研讨会（First National Curriculum Conference）在明尼苏达大学（University of Minnesota）召开；1940 年，伊利诺伊大学颁发了第一个休闲专业的学士学位。此后，美国高校的休闲教育迅速扩展，一些正式的休闲专业、系科也如雨后春笋般出现。

比较早正式设立休闲专业的北美高等学校主要包括：美国的伊利诺伊大学（1940）、宾夕法尼亚州立大学（1946）、加利福尼亚州立大学（California State University，1953）、克莱姆森大学（Clemson University）、得克萨斯 A 和 M 大学（Texas A and M University）、佛蒙特大学（University of Vermont）等，加拿大的亚伯塔大学（University of Alberta，1964）、滑铁卢大学（University of Waterloo，1968）等。

这些学校与休闲相关的系科名称各异，但一般都涵盖了休闲、娱乐、公园，或体育、旅游等方面的内容。比如，伊利诺伊大学的娱乐、体育与旅游系（Dept. of Recreation，Sport & Tourism Management），加利福尼亚州立大学的娱乐与休闲研究系（Dept. of Recreation and Leisure Studies），宾夕法尼亚州立大学的娱乐、公园与旅游管理系（Dept. of Recreation，Park & Tourism Management）；其他比较常见的休闲专业名称还有：娱乐与公园系（Dept. of Recreation & Parks），运动教育与娱乐系（P. E. & Recreation Dept.），健康、运动机能学与娱乐系（Dept. of Health，Kinesiology & Recreation），娱乐管理与旅游系（Dept. of Recreation Management & Tourism），娱乐与公园管理系（Dept. of Recreation & Parks Management），娱乐与休闲研究系（Dept. of Recreation & Leisure Studies），资源娱乐与旅游系（Dept. of Resource Recreation & Tourism），饭店、餐馆与娱乐管理系（Dept. of Hotel，Restaurant & Recreation Management）等。这些系科所属学院也根据专业的侧重点和学校的情况略有差异，比如，宾州大学的娱乐、公园与旅游管理系归属健康与人类发展学院，伊利诺伊大学的娱乐、体育与旅游系属于应用健康科学学院，其他涵盖休闲相关系科的学院还有：自然资源学院、教育学院、生命科学学院、林学院、体育与健康学院等。

北美的大学实行学校、学院和系科三级管理制，学校主要负责资金、财务、土地征用、安全服务、社会交流等宏观的问题；学院负责联络系科与学校，不承担实际的学术和教学业务。所以，系科在事实上成为主要的教学单位。一个学院一般设立 3 个以上在专业层面相互关联的系科，各系科之间既相互独立，又在教学、科研等方面密切合作，资源共享。

从 20 世纪初期北美休闲高等教育的情况来看，在教学和研究内容上，“虽然同一系科既研究休闲，又研究娱乐与公园管理，但他们大多数主要关注学生的职业训练，使他们能成为公共娱乐与公园、疗养性娱乐和户外娱乐机构的领军人物。教师的研究围绕着对当代社会休闲的认识以及娱乐与公园服务的供给等问题”①。

① 杰弗瑞·戈比、〔韩〕沈杰明：《北美休闲研究的发展：对中国的影响》，刘晓杰、刘慧梅译，《浙江大学学报》（人文社会科学版）2008 年第 38（4）期，第 24 页。

所以，在20世纪初至二战时期近半个世纪的发展过程中，北美休闲高等教育的总体特征是：根据社会对休闲教育与人才的需求，很多大学纷纷设立休闲相关专业；虽然专业名称各异，而且归属不同的学院，但大多比较注意关注现实问题，注重学生的职业训练，使学生毕业后能迅速适应社会需求，成为休闲发展的主力军。

这一阶段休闲高等教育的不足之处在于：专业规模不一，课程也很不固定，教学资源还相对匮乏，社会对休闲专业的认识和认可度还比较低，休闲高等教育还处于量的扩张阶段。

二　发展阶段：二战以后至20世纪80年代

二战以后至20世纪80年代是北美经济发展的黄金时期。随着经济的大发展，人们生活水平的提高和休闲时间的增加，社会对休闲的需求迅速膨胀，国家和地方政府开始投入大量资金用于国家公园、城市公园和休闲资源的开发、休闲设施的提供等。①

根据美国国家娱乐与公园协会（NRPA）的相关资料，这一时期，美国联邦政府先后设立国家公园服务部、户外娱乐部，以对国民娱乐提供持续的协调、资助、管理与服务，并对城市和国家公园建设给予持续不断的资金支持。与此同时，许多非政府组织的休闲学会（协会）和机构——美国国家娱乐与公园协会、美国公园与娱乐管理学会、休闲科学研究院、美国疗养性娱乐协会，以及加拿大休闲研究协会等相继出现；一批休闲学术期刊——美国的《疗养性娱乐杂志》、《休闲研究杂志》、《休闲科学》、《公园与娱乐管理杂志》，加拿大的《休闲研究》以及《世界休闲》等也逐步成为休闲教育和休闲科研工作者的学术阵地。

高校休闲教育适应这一变化，也在前一个阶段量的扩张的基础

---

① Richard Kraus. (2000). *Leisure in a changing America*: *Trends and issues for the 21st century* (*2nd ed*). Boston: Allyn & Bacon, p. 39.

上，逐步改进课程体系，增加硕士、博士高等学历教育，科研成果迅速涌现，教学资源逐渐丰富起来。

这一时期北美休闲高等教育的发展主要表现在：一是休闲专业在高校规模的扩张。到20世纪80年代末期，大多数公立、私立大学（学院）都已经设立了与休闲相关的专业。二是休闲教育质的提升，主要是硕士、博士学位点建设。在20世纪70年代以前，大多数北美大学只提供娱乐与休闲专业的本科学历教育；但到了20世纪80年代末期，绝大多数大学（不包括学院）都开始了硕士教育；同时，一些设立休闲专业较早的名牌大学，比如宾州大学、伊利诺伊大学、佛罗里达大学、北卡罗来纳大学、克莱姆森大学、得克萨斯A和M大学、佛蒙特大学、犹他大学等，以及加拿大的滑铁卢大学、亚伯塔大学等开始招收和培养休闲专业的博士研究生。

这个阶段北美休闲高等教育的总体特征是：北美经济的大发展促进了社会对休闲需求的迅速膨胀；适应这一社会变化，各个高校休闲专业在教学、科研、人才培养等各个方面都得到了质的提升；大量的学术期刊出现，大量的学术专著问世，专业的休闲学会（协会）出现，在很大程度上丰富了教学资源；一大批硕士、博士学位教育课程设立，休闲理论的探讨进入十分活跃的时期；大多数学校仍然比较关注社会现实问题，使休闲理论与实践有机地结合起来。

不过，虽然这一阶段北美休闲高等教育发展处于质的提升时期，但其不足之处在于：社会休闲实践（比如城市公园建设）逐步趋同化，因而影响到休闲教育也出现了趋同倾向，活力不足；同时，许多理论问题仍处于探讨阶段，百家争鸣，尚未取得一致的学术看法，对一些休闲问题比如休闲时间的认识甚至出现了偏差。①

---

① Richard Kraus.（2000）. *Leisure in a changing America*: *Trends and issues for the 21st century*（*2nd ed*）. Boston: Allyn & Bacon, p. 57.

三　成熟与深化阶段：20世纪90年代至21世纪初期

进入20世纪90年代，北美社会已完全进入了福利化社会的阶段，社会产品丰富、技术领先、交通发达，休闲已经成为普遍的社会行为。与此同时，北美的休闲高等教育在20世纪90年代以后也比较成熟了。这主要表现在：相对成熟的休闲理论、制度化的教学模式、逐渐拓宽的学术视野，以及频繁的国际教育交流与合作等。

随着学术探讨的深入，包括休闲的含义、休闲时间的测量、休闲学科体系等很多学术上一直争议的问题得到了相对一致的意见；休闲学术刊物关于休闲社会学、休闲社会心理学、公园管理与服务、休闲市场需求与供给、休闲与旅游、老人休闲、成人休闲、青少年休闲、休闲与家庭、休闲与工作等传统休闲学术问题的探讨逐步深入；休闲出版物大量涌现；成立于20世纪中期的北美两家著名的休闲专业出版社文特（Venture Publishing Inc.）和萨格莫尔（Sagamore Publishing Inc.）出版社，也为休闲研究与教育的发展提供了理论支持。

在教学模式上，北美休闲高等教育也在前期基础上逐渐走向制度化，职业休闲教育、社会休闲教育和远程网络休闲教育等也成为很多高校关注的目标。

大量的学术成果和频繁的学术交流，使教师和学生的学术视野不断得到拓宽。以2008年10月14～18日在马里兰州巴尔的摩召开的国家娱乐与公园协会的大会暨博览会为例，在5天的会期中，安排了388场次的学术报告，有将近1000名资深学者、经验丰富的管理人员、高校青年教师、硕士、博士登上讲台，发表自己新的休闲理论和实践见解，交流学术和教育经验。在众多报告人中，高校青年教师、在读博士、硕士研究生占了70%以上的比例。从这个层面上来讲，博览会实际成为高校教师、学生学术交流与高校休闲教育的竞技舞台。走在美国休闲教育前列的宾州大学、伊利诺伊大学、北卡罗来纳大学等高校的休闲专业都有10～20位教师和研究生参与会议报告。此外，这些高校在博览会上也都布置了精美的展台，注重对外宣传自己的学科优势与特色，并注意招揽有潜力的外校毕业博士生加入它们的高教行列。①

在21世纪之初，北美休闲高等教育也逐渐出现了新的发展趋势，主要表现为休闲研究新的视野以及频繁的国际教育交流与合作等。这一时期出现在《休闲研究杂志》、《休闲科学》、《休闲研究》（加拿大）等主要休闲学术期刊上的大量的论文不仅探讨传统的休闲问题，而且有不少文章开始关注休闲与种族、休闲与性、跨文化休闲、特殊群体的休闲、小的商业组织与休闲等问题，休闲与旅游、休闲与健康的关系被重新作为重要的休闲课题给予了充分关注。同时，以往的休闲研究和教育主要从西方的观念出发，忽视了休闲在东方和第三世界不同背景中的意义，而在这一时期，则逐渐纠正这一片面看法。

随着国际交往的逐步拓展，更多的北美学者亲自到不同的文化背景中进行休闲体验，到北美以外地区的高校进行学术交流。例如，在伊利诺伊大学、宾州大学，加拿大的亚伯塔大学、滑铁卢大学，几乎有一半的专业教师都有亚洲、欧洲、非洲和美洲的学术经历，而后把体验的成果反映在学术研究中，带到休闲课堂教学中。在宾州大学的本科休闲与旅游基础课程中还专门安排有关亚洲的专题课，对包括日本、韩国、中国大陆、新加坡、中国香港、中国台湾、泰国和印度等国家和地区的休闲和旅游研究做出专门的介绍和评价。在2008年春季笔者亲历的宾州大学研究生课程“休闲哲

---

① 美国国家娱乐与公园协会编制，巴尔的摩·2008 NRPA：*Congress & Exposition—official program and exhibitor guide*。

学”中，授课老师津恩博士（Dr. Zinn）拿出了三周的时间讨论中国孔子、老子和庄子的休闲哲学思想。

第二节　北美高校的休闲教学及学位教育

从以上对北美休闲教育发展过程的追溯中可以看出，北美的休闲教育起步早，发展快。在发展过程中，由于得到了政府和地方的大力支持，民众和社会的广泛参与，高校休闲教育逐步走向成熟，为北美大众休闲社会发展提供理论支撑。下面，笔者从本科和研究生教育两个层次，重点介绍一下现代北美高校休闲教学及其学位教育情况。

一　本科教学及其学士学位教育

截至2008年底，北美开展休闲教育的大学（学院）情况如下：

表5－1　2008年北美大学休闲教育（本科）情况一览表

地　区	设有娱乐、公园以及休闲（或相关）专业的大学（学院）（所）	获得学位类型
美　国	335	科学学士（BS） 教育艺术学士（BA）
加拿大	26	科学学士（BS） 教育艺术学士（BA）
合　计	361	

资料来源：根据NRPA，http：//www.nrpa.org资料整理。

表中显示，美国有335所、加拿大有26所大学（学院）设有娱乐、公园以及休闲（或相关）专业。实际上，美国除俄勒冈（Oregon）州以外，其他50个州（特区）中都有大学（学院）设有娱乐、公园以及休闲（或相关）专业，其中，设有娱乐、公园以及休闲（或相关）专业的大学（学院）比较多的州依次是：加利福尼亚（20）、北卡罗来纳（20）、弗吉尼亚（18）、宾夕法尼亚（16）、田纳西（15）、佐治亚（14）、伊利诺伊（12）；有10所大学的州包括：科罗拉多、佛罗里达、印第安纳、密歇根、纽约、俄亥俄、华盛顿等。

北美高校休闲系科的规模不一，比如：截至2008年底，加拿大亚伯塔大学的运动教育与休闲学院，有36位教工，875名本科生，在校硕士、博士研究生和MBA学生有100名；宾夕法尼亚州立大学娱乐、公园与旅游管理系有31位教工，本科学生492人，在读的博士、硕士研究生有31人。

本科休闲教育一般需要4年完成，学生毕业可以获得科学（BS）、艺术教育（BA）的学士学位。总体来说，北美的本科休闲教学过程体现出如下特色：

1. 多样化的课程设计

北美的休闲教育课程体系一般由三个部分组成：基础课（占40%左右）、专业课（占40%左右）和实践课（占20%左右）。许多大学根据不同的学术背景，并结合当地的休闲实际，在课程设计中，除了休闲学基础、旅游学基础、娱乐服务入门、休闲与人类行为、残障人的娱乐、娱乐服务项目、娱乐服务市场、娱乐服务项目评估等基础课程外，还开设休闲教育、体育运动学、休闲资源学、森林与自然资源管理、社区服务等特色课程。宾州大学则把职业高尔夫管理、商业与社区娱乐管理、户外娱乐与疗养性休闲，以及国家公园管理、休闲规划、旅游与休闲文化等作为自己的特色专业方向。[①] 这方面的情况从表5－2中可以更清楚地看到。

---

① *2005 - 2006 Student Handbook*, *Department of Recreation*, *Park and Tourism Management*, the College of Health and Human Development, The Pennsylvania State University, p. 8.

表 5-2　北美几所大学的休闲专业方向及学分要求、主要课程、培养目标等

大学名称	专业方向	备　注
1. 宾夕法尼亚州立大学娱乐、公园与旅游管理系(Department of Recreation, Park and Tourism Management)	商业与社区娱乐管理(Commercial and Community Recreation Management) 高尔夫管理(Golf Management) 户外娱乐(Outdoor Recreation) 疗养性娱乐(Therapeutic Recreation)	毕业学分 120 以上 公共基础课程:娱乐服务入门、休闲与人类行为、娱乐服务中的监督与群体动力学、残障人的娱乐、娱乐服务项目、娱乐服务市场、娱乐服务项目评估、娱乐服务政策与法律等 专业课程:(1)商业与社区娱乐管理的主要课程包括:商业娱乐与旅游概论、旅游和休闲行为、娱乐设施规划等;(2)高尔夫管理的主要课程包括:高尔夫管理概论、高尔夫经营管理、高尔夫管理中的分享等;(3)户外娱乐的主要课程包括:团队建设与设施、娱乐资源规划与管理、环境保护原则、非营利性娱乐机构经营、环境教育方法与案例、娱乐设施规划、探险性娱乐项目及其管理、娱乐与公园管理、老龄化管理等;(4)疗养性娱乐的主要课程包括:疗养性娱乐在残障人中的运用、疗养性娱乐服务及救助、疗养性娱乐中的休闲教育、疗养性娱乐中的设施技术、疗养性娱乐管理等
2. 伊利诺伊大学娱乐、体育与旅游系(Department of Recreation, Sport and Tourism)	娱乐管理(Recreation Management) 体育管理(Sport Management) 旅游管理(Tourism Management)	毕业学分 128 以上 课程设计侧重于管理学基本理论、休闲理论研究、体育理论与管理,以及旅游业管理与应用等
3. 犹他大学公园、娱乐与旅游系(Department of Parks, Recreation, and Tourism)	休闲服务管理(Leisure Service Management) 自然资源娱乐规划与管理(Natural Resources Recreation Planning and Management) 体验教育(Experiential Education) 疗养性娱乐(Therapeutic Recreation) 体育管理(Sport Management)	(1)休闲服务管理方向主要包括旅游市场与管理、接待业管理、商业娱乐管理和社区公园与娱乐管理等 4 个分支。(2)自然资源娱乐规划与管理则主要培养娱乐规划设计、设施开发和管理方面的人才,并特别注重学生的实践活动。(3)体验教育则侧重于培养学生团体动力学与领导、商业管理、教育哲学、教学与交流等方面的技能,使学生获得和提高户外活动知识与环境认知技能,特别是要学生进行把参与者的体验转化为参与者的真实生活的策划

续表 5－2

大学名称	专业方向	备　注
4. 印第安纳大学娱乐、公园与旅游研究系（Department of Recreation, Park and Tourism Studies）	户外娱乐与资源管理（Outdoor Recreation and Resources Management）	(1)户外娱乐与资源管理的目的是培养学生户外娱乐管理、资源管理、野营管理的能力，并十分重视户外环境教育等方面知识的传授。公园与娱乐管理则在于为地方、州和联邦的公园与娱乐项目提供管理与咨询服务。(2)娱乐性体育管理则是为公共、私人、非营利、学术或者职业场所提供管理、指导、项目规划与服务。(3)疗养性娱乐的课程设计主要是针对致力于为患有疾病者或者残障人提供疗养性娱乐康复服务。(4)旅游业的课程内容涉及旅游、饭店、风景区、海上游线、航空线路、旅游者、主题公园、事件与节庆、旅游中心等管理、规划与设计等
	公园与娱乐管理（Park and Recreation Management）	
	娱乐性体育管理（Recreation Sports Management）	
	疗养性娱乐（Therapeutic Recreation）	
	旅游业（Tourism）	
5. 滑铁卢大学娱乐与休闲研究系（Department of Recreation and Leisure Studies）	娱乐与休闲研究（Recreation and Leisure Studies）	一年级，学生不分方向，主要学习娱乐与休闲概论、娱乐与休闲规划、娱乐与休闲服务发展史、娱乐与休闲政策、环境保护对休闲服务的影响、全球及地方旅游业概论、人口老龄化问题及其对休闲的影响等；二年级、三年级和四年级则侧重于分析、研究和实践技能的培养，课程设计则侧重于一些专业课如：疗养性娱乐、娱乐与商业、公园规划与管理、旅游管理等
	疗养性娱乐（Therapeutic Recreation）	
	娱乐与商业（Recreation and Business）	
	公园管理（Parks）	
	旅游业（Tourism）	

资料来源：(1) *2005－2006 Student Handbook*, *Department of Recreation*, *Park and Tourism Management*, the College of Health and Human Development, The Pennsylvania State University；(2) 吴承照、刘莉萍、曹霞：《PRT 学科发展的国际动态与中国的对接》，《旅游学科》，《2006 人力资源与教育教学特刊》，第 36～37 页；(3) 黄向：《加拿大大学的旅游相关专业学制教育体系现状研究》，《旅游学科》，《2006 人力资源与教育教学特刊》，第 47～51 页；(4) 各大学相关网站信息。

2. 丰富的教学资源

随着现代化教学手段的普及，北美的休闲课堂教学中，随时都可以利用网络资源、多媒体教学设备，许多音像资料被直接运用到课堂教学中。休闲期刊也多有电子版本，被应用到课堂教学中。

3. 活跃的课堂教学氛围

北美的大学教育一直崇尚学术自由，学生在课堂上可随时举手提问，发表自己的不同看法。教师也尽量多方面地介绍相关的学术信息，教会学生养成相对开放、宽阔的学术视野。而且学生的提问和回答问题的情况还要做记录，并和期中的测验、期末的考试一同记入学生成绩中。

4. 注重休闲教育实践

北美高校普遍推行学分制，学生的学费也是按照学分计算的。一般来说，学生的毕业学分在 120 个以上，一年三个学期（在暑假有一个小学期）一般要修 30 个以上的学分。休闲专业教育中，对学生的实践性要求十分严格，学校对实践课都有特殊安排，并要求学生利用相应的学期或三个假期（春假、暑假和冬假）到相关休闲机构、旅游点等进行实习，根据实践记录和实习单位评语获得相应的学分。比如，宾州大学对本科生的实践要求有两项，一是要有不少于 300 小时的户外休闲专业田野工作经历；二是 12 周的休闲机构、旅游景点、相关公司或机构的专业实习。而高尔夫管理专业方向的学生要有最少 16 个月的全美职业高尔夫运动协会的专业工作与实践经历。[①] 在满足这些实践要求的基础上，修满其他必要的学分才能获得学士学位。

5. 择业范围较广

最终学生的毕业是根据学分的情况决定的，修满了规定的学

---

① *2005 - 2006 Student Handbook*, *Department of Recreation*, *Park and Tourism Management*, the College of Health and Human Development, The Pennsylvania State University, pp. 32 - 33.

分，达到了学校的要求就可以毕业。部分学生可以选择申请继续攻读硕士学位，大多数则直接就业。休闲专业的就业面还是比较宽泛的，各种休闲与旅游服务机构是他们的首选，其次是教育和管理部门。

需要指出的是，在北美，与休闲相关的旅游管理往往注重理论研究，而另设立有接待业管理（Hospitality Management）、旅馆管理等系科（Restaurant Management）。设有这类系科（专业）的学校也很多，比如宾夕法尼亚州立大学除了娱乐、公园与旅游管理系，还有一个接待业管理系（Department of Hospitality Management），就是侧重接待业与宾馆管理的，主要关注旅游实践方面的教育和培训。限于篇幅，这里不重点讨论这个问题。

二　研究生培养与教育

截至2008年，北美高校设立有休闲教育硕士学位的高校如表5-3所示：

表5-3　北美高校设立有硕士学位教育的高校

地　区	设有公园、娱乐与休闲研究硕士学位的大学(所)	获得学位类型	具有硕士学位授予权的学校占设有娱乐、公园以及休闲(或相关)专业的大学(学院)的比例(%)
美　国	126	科学硕士(MS) 公共健康硕士(MPH) 接待业管理硕士(MHA)	37.61
加拿大	8	科学硕士(MS) 公共健康硕士(MPH) 接待业管理硕士(MHA)	30.77
合　计	134		

资料来源：根据NRPA，http://www.nrpa.org资料整理。

表中显示，在美国有126所大学拥有与休闲相关的硕士学位授予权，占全部休闲高校的37.61%；在加拿大有8所高校有休闲硕士学位授予权，占全部休闲高校的30.77%。根据不同专业背景和

表 5－4　2008 年北美休闲博士学位教育情况一览表

地区	所在大学、系科名称	所得学位（Degree）	学位名称（Degree Title）
美国（20）	1. 阿肯色大学健康、运动、娱乐与舞蹈系	教育学博士（Ed. D.）	休闲教育
	2. 科罗拉多州立大学娱乐与旅游系	哲学博士（Ph. D.）	娱乐资源
	3. 康涅狄格大学健康学系	哲学博士（Ph. D.）	体育社会科学 体育管理 休闲和旅游
	4. 佛罗里达大学娱乐、公园与旅游系	哲学博士（Ph. D.）	健康与人类
	5. 佐治亚大学娱乐、休闲研究系	哲学博士（Ph. D.）	娱乐与休闲研究
	6. 艾奥瓦大学健康与体育研究系	哲学博士（Ph. D.）	健康与体育研究系
	7. 爱达荷大学娱乐与旅游系	哲学博士（Ph. D.）	自然资源科学
	8. 伊利诺伊大学娱乐、体育与旅游系	哲学博士（Ph. D.）	休闲研究
	9. 印第安纳大学娱乐与公园管理系	资源学博士（Re. D.） 哲学博士（Ph. D.）	娱乐 人类学
	10. 密歇根州立大学社区、农业、娱乐和资源系	哲学博士（Ph. D.）	公园、娱乐和旅游资源
	11. 明尼苏达大学娱乐和体育研究系	哲学博士（Ph. D.）	教育
	12. 蒙大拿大学娱乐管理系	哲学博士（Ph. D.）	林业
	13. 北卡罗来纳州立大学公园、娱乐和旅游管理系	哲学博士（Ph. D.）	公园、娱乐和旅游管理
	14. 俄克拉荷马州立大学休闲研究系	哲学博士（Ph. D.）	健康、休闲与人类
	15. 宾夕法尼亚州立大学娱乐、公园与旅游管理系	哲学博士（Ph. D.）	娱乐、公园与旅游管理
	16. 克莱姆森大学公园、娱乐与旅游管理系	哲学博士（Ph. D.）	公园、娱乐与旅游管理系
	17. 得克萨斯 A 和 M 大学娱乐、公园与旅游科学系	哲学博士（Ph. D.）	娱乐、公园与旅游科学
	18. 犹他大学公园、娱乐与旅游管理系	教育学博士（Ed. D.） 哲学博士（Ph. D.）	公园、娱乐与旅游
	19. 佛蒙特大学娱乐管理系	哲学博士（Ph. D.）	自然资源
	20. 西弗吉尼亚大学娱乐、公园和旅游资源系	哲学博士（Ph. D.）	森林资源科学
加拿大（2）	1. 亚伯塔大学运动教育与休闲学院	哲学博士（Ph. D.）	运动教育与娱乐
	2. 滑铁卢大学娱乐与休闲研究系	哲学博士（Ph. D.）	娱乐与休闲研究
合计	22		

资料来源：根据 NRPA，http：//www. nrpa. org 资料整理。

学校实际，硕士毕业可以获得公共健康、科学、艺术、教育，或者接待业管理的硕士学位。

表 5－4 显示，在美国开展博士学位教育的高校有 20 所，加拿大有 2 所。这些高校一般都有悠久的休闲教育传统，在休闲理论研究与实践方面都是走在北美，乃至全球休闲高校前列的。无论硕士或是博士研究生一般都要求有一定的专业基础，特别是休闲实践经历。研究生教育也实行学分制，攻读硕士最少需要3～4个学期的时间；博士则需要 3～4 年的时间，这就是说，硕士和博士连读最快也需要 5 年左右的时间，但无论硕士或是博士一般都要求 8 年之内完成全部学业。①

北美高校的休闲硕士和博士教育仍然属于精英教育，学校对研究生培养都有严格的要求。和其他专业一样，休闲专业研究生的培养也实行学分制、导师负责制；导师带硕士或博士的人数很有限，通常情况下，一位导师同时指导的硕士和博士生加在一起也就是 3～5 名。

研究生的授课方式灵活多样，大多采用小课堂的讨论形式，选修同一门课程的学生一般只有几个或十几个。在课程结束以前，一些老师要求学生结合学习内容作一个 15 分钟左右的学术报告，另有 5 分钟由同学和老师评议。一些指导老师还要求学生另外写一篇研究型论文，或者通过课堂测试给出综合成绩；如果这篇研究型论文写得比较好，授课老师往往会帮助修改并争取发表在公开杂志上。每个老师的授课特点不同，有些研究生课程的学习任务还是很重的。以 2008 年秋季，宾夕法尼亚州立大学娱乐、公园与旅游管理系的研究课程“旅游基础学”为例：每周二下午 2 小时的课，

---

① *2008 Graduate Handbook of Department of Recreation, Park and Tourism Management*, the College of Health and Human Development, The Pennsylvania State University, pp. 8－16.

除了指定必读的6本参考书，每次课前，老师规定一个议题，并提前通过电脑网络给学生发送6~10篇论文，学生可以提前把自己的评议意见和问题通过网络传给老师和每个同学；上课时，就主要针对这些问题发言、讨论，课堂气氛十分活跃。一个学期下来，仅仅需要认真阅读的论文就有100多篇。有一个旅游接待业管理的中国学生一开始选修了这门课，后来由于她同时选了接待业管理的另一门课程，感到实在没有时间完成课前的阅读任务而不得不退选了这门课。

另外，研究生每个学期都有专门的讨论课（Seminar），邀请本系、本校或外校在本学科、专业有特长的专家学者来作报告，而后结合报告，学生自由讨论。而且，研究生在学习期间，还要求有必要的实践经历，到与所学专业相关的休闲与旅游机构、社区做一定量的社会服务与实践工作。①

在获得了必要的学分后，研究生方可申请答辩。硕士答辩委员会的组成应不少于3人，博士则不少于5人，其中有1人应是外系（院/校）人员。对于博士研究生，一些学校的休闲专业还要求在其学习期间，在导师指导下为本科生讲授1~2门本专业的基础课，以检验其学习成果，并为其在高校就业打好基础。在论文答辩前，博士研究生还要通过一个综合考试，所有指导老师都出一份4个小时左右的试卷，综合考查学生的学术研究和运用文献的能力，在确认学生能力达到了相关要求后，方可进入由导师小组成员组成的委员会进行答辩。对博士论文的写作，要求有创新，内容多少则是次要因素。结合博士论文，博士生在答辩前都会争取机会发表相关的论文。一些博士生为了使自己的论文能得到更多的指导意见，往往

① *2008 Graduate Handbook of Department of Recreation, Park and Tourism Management*, the College of Health and Human Development, The Pennsylvania State University, pp. 10 – 13.

利用参加一些会议的机会作相关报告或陈述，以期得到相关专家指导，对论文不断修改和丰富。

由于硕士和博士研究生的数量有限，研究生都可以得到较好的科研条件，每年都可以获得参加学术会议的机会，并得到学校的资助（宾州大学休闲专业的研究生每年可以得到 300 ~ 400 美元的学术会议资助）；同时，学生也积极参与导师的科研项目，并主动争取校外和校内的科研基金资助。近年来，不断增加的国际研究生就是主要依靠这些科研基金和从事教学实习的补助来解决自己的生活费用问题的。从这个角度来说，北美高校为研究生教育提供了比较好的科研条件，基本解决了他们的生活问题，使他们能集中精力从事科研，为未来的科研和教学打下了较好的基础。

还需要指出的是，北美高校对休闲专业教材都没有特殊的规定。授课老师一般只向学生推荐适当的教材。比如，大家比较熟悉的第一套《休闲研究译丛》5 本——《人类思想史中的休闲》、《你生命中的休闲》、《女性休闲——女性主义的视角》、《21 世纪的休闲与休闲服务》、《走向自由——休闲社会学新论》，以及《旅游与社会》①、《休闲研究：21 世纪的前景》② 等都是在北美广受欢迎的本科、研究生教材。对于这些教材，学生可以从图书馆借阅，或者购买相关的参考书来辅助学习。

当然，学校和老师对学生要求严，学校对老师的要求也很严格。几乎每个学校在期末都有针对性地让学生对本学期授课老师的授课质量进行书面评价，尤其是研究生课程的评议更加详细。学生评议的结果往往是管理部门对任课老师业绩考核和聘任的重要依据。

---

① Robert W. Wyllie. (2000), *Tourism and Society: A Guide to Problems and Issues*. State College, Pennsylvania: Venture Publishing, Inc.

② Edgar L. Jackson & Thomas L. Burton. (1999), *Leisure Studies: Prospects for the Twenty-first Century*. State College, Pennsylvania: Venture Publishing, Inc.

第三节 北美休闲高等教育的发展趋势

21世纪，随着经济的发展和全球一体化进程的加快，休闲的观念将进一步普及，休闲成为普通大众生活的组成部分之一也将成为一个必然的现实。在这个过程中，休闲教育将受到各个国家和政府的进一步重视，而在北美，休闲教育也将呈现一些新的发展趋势。

一 休闲教育方向将进一步丰富

北美的休闲教育发轫于社会学教育，而后开始注重休闲服务与实践研究，最后再把重点放在社会心理学方面。[①] 但从半个多世纪的发展历程来讲，休闲教育与研究却是逐步细化的一个过程。在这个过程中，很多学科的理论都在休闲研究中得到了应用，体现在休闲教育的课程中，包括：休闲哲学、休闲社会学、休闲人类学、休闲行为学、休闲心理学、休闲生态与环境学、休闲文化学、休闲市场学、休闲服务与管理等。而在具体的教学和研究方法上，从一开始的定性研究逐渐走向定性与定量研究结合，而以定量研究为主。从未来发展趋势而言，北美休闲研究仍将把重点放在社会心理学研究方面。反映在休闲教育方面，将在传统教育的基础上，更加注重休闲对人才的需求，针对休闲市场的需求培养更专业的高级管理和服务人才。一些专业课程，比如高尔夫教育、社区公园服务与管理、国家公园管理、亚洲休闲与旅游市场研究、疗养性休闲、残疾人休闲、青少年游戏、老人休闲等课程将会越来越受欢迎。

---

① 杰弗瑞·戈比、〔韩〕沈杰明：《北美休闲研究的发展：对中国的影响》，刘晓杰、刘慧梅译，《浙江大学学报》（人文社会科学版）2008年第38（4）期，第26~27页。

二 休闲教育与旅游教育将进一步融合

就休闲行为来说，本地的休闲是休闲的主体，旅游只是异地休闲而已；但由于旅游有比较显著的经济效益，才使旅游在某些背景下与休闲相提并论。① 反映在学校教育中，北美大部分高校的休闲与旅游都在同一个系科，从休闲中剥离出去的主要是宾馆与接待业管理。但由于同属于服务产业，在学科理论与实践方面又有相同的背景，所以，在实际教学与科研过程中，休闲与旅游教育的融合是一个必然的趋势。休闲与旅游教育资源的共享、休闲与旅游研究的综合教学将是一个自然的过程。

三 休闲健康教育将得到进一步重视

休闲与健康的关系一直是休闲研究的重要课题，北美休闲教育也一直没有脱离休闲的健康意义。在美国休闲学者杰弗瑞·戈比看来，21 世纪中期，对北美休闲研究产生影响的学科，“健康似乎排位第一”，因为，“毕竟，休闲研究是一个应用领域，应该反映社会环境，即社会对健康越来越关心。休闲越来越多地被视为健康运动、减少压力的生活的一部分。政府休闲、公园与娱乐服务部门，企业和非政府组织，与健康水平及医疗机构的关联度正不断加强。增多的肥胖症、久坐的生活方式、人口的老龄化以及保健的高成本很可能会增强这种关联度”②。休闲教育也必然反映这一趋势，相关高校会把休闲健康教育作为一个重要的方面给予充分的重视。

---

① Veal, Anthony James. (2002). *Leisure and tourism policy and planning*. New York, NY: CABI Publishing. p. 3.

② 杰弗瑞·戈比、〔韩〕沈杰明：《北美休闲研究的发展：对中国的影响》，刘晓杰、刘慧梅译，《浙江大学学报》（人文社会科学版）2008 年第 38（4）期，第 26 页。

四　休闲服务与实践将得到进一步加强

休闲和旅游是实践性非常强的专业，任何理论都只有从实践中来才有说服力，也只有付诸实践才具有现实作用。北美休闲教育工作者深知这一点。所以，休闲服务和实践一直是各个大学努力的目标。这不仅表现在课程设计中要求学生每个假期都尽可能地寻找实践机会，也表现在教师积极参与休闲服务与实践项目方面。拿宾夕法尼亚州立大学娱乐、公园与旅游管理系来讲，他们把工作重点放在以下几个方面：1）国家公园管理的理论与实践；2）残疾人的疗养性休闲；3）跨文化旅游研究与实践；4）青少年休闲与娱乐等。① 他们不断从国家公园、城市社区，甚至亚洲、非洲得到规划项目资助。最终，休闲服务与实践又在一定程度上丰富了休闲教育的内容，提升了休闲教育的活力。

五　国际休闲教育交流与合作将更加频繁

开放性教育一直是北美教育的特色之一，所以接受国际学生和访问学者也一直是北美大学的教育传统，在休闲教育方面也是这样。从发展过程来讲，最早大量进入北美大学接受本科和研究生教育的是日本和韩国的学生，而后是印度、中国台湾、中国大陆还有东南亚、非洲等国家和地区的学生。宾夕法尼亚州立大学的娱乐、公园与旅游管理系早在1987、1991年就有两位亚洲学生获得硕士、博士学位；1993年，还有一位中国学生石少平（Shi Shaoping）通过写作“游客旅游动机和满意度研究：以中国长江探险旅游为例”（*Tourist Travel Motivations and Satisfaction Study of China/Yangtze*

① *2005 - 2006 Student Handbook*, *Department of Recreation*, *Park and Tourism Management*, the College of Health and Human Development, The Pennsylvania State University, pp. 8 - 9.

River Adventure Tours）而在宾州大学获得了科学硕士学位。到目前为止，曾经在那里获得硕士、博士学位的国际学生的来源地涵盖了韩国、日本、印度、中国台湾、中国香港、中国大陆等各个国家和地区，仅2008年在宾州大学就读休闲和旅游专业的硕士和博士学位，以及访问交流的国际学生、学者就有近18人。近年来，又有越来越多的国际学生开始进入北美的大学修习休闲本科课程。这也使宾夕法尼亚州立大学、伊利诺伊大学、滑铁卢大学等逐渐成为北美休闲国际教育的主要阵地。

第四节　对中国休闲高等教育的启示

中国的休闲教育在21世纪之初才刚刚起步。所以，无疑，北美的休闲教育在许多方面都对中国的休闲教育有重要的借鉴价值。

第一，从内涵和外延上来说，休闲应包括旅游，旅游研究应该是休闲研究的一个组成部分。我国现有的旅游系或风景园林系是难以胜任国家公园、城市公园，以及遗产地保护利用需求的，大量的户外娱乐项目内容也远非旅游研究所能涵盖。

第二，随着我国城市化进程的加快、老龄化人口的增加等，国家与政府主管部门应对休闲产业和休闲教育发展给予应有的重视。高校休闲教育是培养高层次休闲服务与管理人才的基地，国家和政府教育主管部门应充分认识到休闲高等教育的重要性，并在机构设施、项目资金、专业建设等方面给予足够的重视。

第三，合理规划专业布局，处理好休闲与旅游专业的关系。在北美，美国和加拿大高校拥有比较大的办学自主权，在专业与学科增置方面的自由度较大；而在学位授予方面则沿袭了欧洲的传统，使休闲教育归属科学、艺术、教育、哲学等比较大的学科门类。而在我国，目前的专业布局中，旅游归属工商管理类，休闲则作为社会学的一个分支，另外一些与休闲相关的专业内容则分布在体育、艺术和教育等学科门类中。这种分散、不合理的局面无疑将在很大程度上制约休闲教育的进一步发展。当务之急，在于建立一个新的休闲学一级学科，把公园、娱乐、游戏与旅游管理等纳入其中，使之沿着有中国特色的休闲教育发展道路快速前进。

第四，加强国际休闲教育交流与合作。西方的休闲教育已经走过了近百年的发展历史，北美的休闲教育更走在了西方休闲教育的前列。亚洲国家休闲教育的发展大多借鉴了西方的经验，早在20世纪80年代，日本、韩国、泰国、印度、中国香港和中国台湾都已开始了与北美等西方国家休闲高等教育的交流。而今，在这些国家和地区，休闲高等教育都已步入正轨的发展阶段。结合中国的高等教育实际，高等院校在筹建相关休闲专业与学科的同时，应积极借鉴以北美为主、包括亚洲国家的成功经验，尽快使休闲高等教育走上正轨。

当然，中国有着悠久的休闲传统和丰富的休闲哲学理念，又有着人口众多、休闲资源有限和经济水平有待发展等不同于西方发达国家的休闲背景。我们不应盲目地模仿西方休闲的发展模式，包括休闲教育的模式。但毕竟，在众多的方面，高等教育都有相近或相同的发展规律。我们应该在充分考虑我国国情的基础上，合理借鉴北美休闲高等教育经验，为我所用，探索出有中国特色的休闲高等教育道路，为推动中国休闲社会发展做出积极的贡献。

第六章 比较视野中的中美休闲

应该说，在全球一体化的今天，休闲发展有其共同的规律。在几乎所有的层面上，北美休闲发展与休闲研究的成功经验都值得我们学习和借鉴。在许多北美学者的休闲论著中也都涉及了中国的休闲问题。但同时，许多北美学者也注意到了东西方文化的差异。其实，这是一个直接牵涉到中国如何借鉴北美休闲研究和发展的成果以及北美如何真正了解中国休闲文化和传统，并使中美之间在休闲发展的过程中合理互补的问题。下面，分几个方面从作者个人的角度谈谈中美休闲研究的异同，为更好地借鉴北美休闲研究的合理成分，寻找真正的中国式休闲道路提供支持和帮助。

第一节　休闲在中国的意蕴

休闲在中国文化背景下有特殊的含义。马惠娣认为，中文的“休”字是由“人”与“木”所组合，其意象为人倚着树木或人坐在树下休闲。因此，“休”有休息、休憩、休养等暂停劳动的意思。“闲”字的繁体字被写作“閒”，即由“門”与“月”组合而成，其意象为家中一轮明月，或独处静思，或与家人相聚。所以，“闲”有安闲、闲适、闲逸等意思。①

表面看来，中西方对于休闲的原概念及其含义都有不同的理解。但从根本上说，在追求身心的自由、宁静、放松、安适等方面却是相同的。也正是因为这样，全世界的人都能欣赏李白与杜甫的诗；西方人能够感受到老子《道德经》、孔子所编《诗经》的意蕴，而中国人能够欣赏亚里士多德的《伦理学》、卢克莱修的《物性论》。②

在北美休闲发展的过程中，公园运动和以公园管理为核心的休闲管理和服务模式是其休闲成功运作的关键所在。而在我国，倡导外出旅游则是休闲的核心内容，忽视了居民本地休闲活动的供给，过多地强调了旅游的商业性质，而忽视了休闲的福利性质。③

同时，我们也应看到，在北美学者的大量论著中，休闲与旅游又往往是并列的。这一方面说明了旅游在休闲学术领域的独特地位，另一方面也说明旅游有其独立的理论体系和特征。不过，在休闲与旅游的关系上，北美学者仍只是把旅游看做是休闲研究的重要子领域而已。但在我国，休闲研究还只是社会学研究的一个小部分，部分旅游研究试图涵盖休闲研究，这很明显偏离了休闲研究的正确方向。

---

① 马惠娣：《休闲：人类美丽的精神家园》，中国经济出版社，2004，第 77、114 ~ 115 页。

② 托马斯·古德尔、杰弗瑞·戈比：《人类思想史中的休闲》，成素梅、马惠娣、季斌、冯世梅译，云南人民出版社，2000，“中文版序”。

③ 杰弗瑞·戈比、〔韩〕沈杰明：《北美休闲研究的发展：对中国的影响》，刘晓杰、刘慧梅译，《浙江大学学报》（人文社会科学版）2008 年第 38（4）期，第 27 页。

第二节　个体主义、集体主义及其对休闲行为的影响

当我们谈到中西方文化的差异时，往往涉及个体主义与集体主义的问题。对于休闲研究，也牵涉同样的问题。

一　个体主义与集体主义的区别

中美休闲发展建立在不同的历史和文化背景基础上。中国有长达5000年的文明史，传统休闲文化遗产丰富；同时，深受儒家思想文化影响，崇尚集体主义，个人利益服从国家和民族的整体利益。而在北美，美国和加拿大都只有数百年的文明史，其文化传统来源于欧洲的古希腊、罗马、法国文化；基督教为主，自由主义、个体主义起支配作用，个人利益和权利至上。在北美，休闲已经成为被普遍接受的观念、成为普通民众自觉的社会行为，并正在成为塑造西方社会未来的主要因素。而在中国，虽然有悠久的休闲传统，但事实上，休闲经常表现为旅游、健身，并在很多情况下融入社会行为中，成为集体活动的一部分。如表6-1所示。

从表6-1中看出，美国社会更强调自由表达、自信、自我价值的实现等；而中国更注重社会的秩序、和谐稳定，更崇尚努力工作、尊重知识。

集体主义形成了中国人生活中的两个核心：一是家庭、家族、亲戚的血缘生活圈。人活着要光宗耀祖，成就了事业要衣锦还乡，临死时要叶落归根。所以，海外华人见了面首先问两件事：贵姓、籍贯，同姓、同乡就特别亲热，关系好，做事就相互帮忙。中国的历史发展其实也就是家族盛衰史。举例来说，中国古典文学名著《红楼梦》讲的就是贾、史、王、薛四大家族史；国民党蒋介石的统治被认为是蒋、宋、孔、陈四大家族的统治；2008~2009年闹得

表 6-1 美国与中国社会与个人价值观的差异

国 别	主要社会价值观	主要个人价值观
美 国	• 自由表达 • 个性自由 • 个人权利 • 通过公开辩论方式解决个人矛盾与政治问题 • 为自己打算 • 政府的责任	• 自信 • 努力工作 • 事业上的成功 • 自我实现 • 帮助别人 • 诚实
中 国	• 秩序社会 • 和谐 • 政府的责任 • 接受新思想 • 自由表达 • 尊重权利	• 努力工作 • 尊重知识 • 诚实 • 自律 • 自信

资料来源：John Ap.（2004）. Intercultural Behavior：Glimpse of Leisure from an Asian Perspective. In Klaus Weiermair，and Christine Mathies，. *The Tourism and Leisure Industry：Shaping the Future*. Bing hamton，NY：The Haworth Hospitality Press，p. 125。

沸沸扬扬的台湾地区前领导人陈水扁的经济犯罪也表现为家族犯罪。对于工作的中国人来说，另一个核心则是单位。单位不仅意味着可以得到薪水，最主要的是单位代表着国家和集体，使每一个工作人员找到了一种归属感。单位是成就事业的地方，是人生价值实现的地方，是给家庭、家族带来荣耀的地方。所以，单位自然成为工作人员除了家庭之外的另一个社会活动中心。

二 集体观念对中国人休闲行为的影响

对于集体主义观念影响下的中国人的休闲行为，约翰·阿普曾说："在家庭成员中，年长的老人应该受到尊重。在一些重要的节日，家庭一般都有一些重要的聚会、庆祝活动。在传统的中国春节，庆祝活动往往开始于一场全部家庭成员都参加的年夜饭。在平时，每隔一两周时间，亲戚和朋友之间都要相互拜访。……如此一来，一个人在假期里留给自己的想从事自己喜爱的休闲活动的时间就不多了。"①

的确，无论在中国的周末或者传统节假日，看望父母（岳父母）、亲戚、朋友都是一项重要的活动，由此必然占了一定的休闲时间。但占取时间的比例多大，还有待进一步的统计和调研。

在国内以往对于中国公众的休闲调研中，我们较多地采用了社会学的调研方式，选取个别城市或乡村作为对象，从而得出了部分有意义的统计资料。其中，王雅林、马惠娣等根据对北京、上海、天津、哈尔滨等城市的调研，得出结论认为，工作日里，在业和非在业的城市人群的休闲时间分配方面，占时间最多的项目依次是：看电视、读报看书、游园散步、听广播等。② 在休息日（包括周末和公共假日），虽然看电视、读报刊书籍依然是占有休闲时间最多的两个项目，但有趣的现象是，从事社交活动（走亲访友、约会、聚餐等）占到了第三位。③ 王琪延多年对北京城市居民休闲时间及其分配的调查也基本得出了同样的结论。④ 通过对河北农民闲暇生活及时间分配状况所做的调查研究⑤，田翠琴、齐心等发现，在中国北方农民四季主要闲暇活动中，看电视、户外交往/交谈、无事

---

① John Ap. (2004). Intercultural Behavior: Glimpse of Leisure from an Asian Perspective. In Klaus Weiermair, and Christine Mathies. *The Tourism and Leisure Industry: Shaping the Future.* Bing Hamton, NY: The Haworth Hospitality Press, pp. 126 - 127.

② 马惠娣、张景安：《中国公众休闲状况调查》，中国经济出版社，2004，第 30 页；王雅林：《城市休闲——上海、天津、哈尔滨城市居民时间分配的考察》，社会科学文献出版社，2003，第 27 ~ 35 页。两人在休闲项目的排列顺序上略有差异。

③ 马惠娣、张景安：《中国公众休闲状况调查》，中国经济出版社，2004，第 30 ~ 31 页；王雅林：《城市休闲——上海、天津、哈尔滨城市居民时间分配的考察》，社会科学文献出版社，2003，第 44 ~ 45 页。

④ 王琪延：《中国人的生活时间分配》，经济科学出版社，2000。

⑤ 田翠琴、齐心：《农民闲暇》，社会科学文献出版社，2005，第 112 页。

休息闲呆、搓麻将、夫妻之间的交流交谈则占了大量时间。其次，第六位则是探访接待亲友。当然，也不排除在户外交往/交谈、搓麻将活动中亲戚、朋友参与其中的情况。这也印证了中国集体主义传统对于休闲行为的影响。其实，对于中国人而言，饮食、聚餐本身就是一种休闲活动，中国特殊的饮食烹饪方式和进食过程——食礼、祝酒、敬酒和酒戏，导致一场酒席可能持续 2 ~ 3 个小时，甚至 5 ~ 6 个小时，使之区别于美国等西方的饮食方式；同时，这种团圆、聚餐往往伴随着其他休闲活动：打麻将、打扑克、聊天、谈心、儿童游戏、一块看电视等。而且，我们也就会明白为什么中国人就餐时喜欢热闹甚至吵嚷，而西方人则喜欢宁静的就餐环境。

中国人的另一个休闲活动中心则是单位，特别是对于城市在业人员而言，更是如此。很多单位都有自己的休闲活动中心，单位还定期、不定期举办各种各样的比赛、娱乐活动。一些比赛、娱乐活动利用非工作时间或周末，部分比赛甚至占用一些工作时间。这种休闲活动被认为是可以增进集体观念、加强和谐与团结的有效方式。这种情况，也是与北美十分不同的地方。这样一来，集体休闲活动与个体休闲活动也会产生冲突，个体休闲时间可能会取决于集体休闲时间的安排，如果有集体活动，个体休闲时间则往往被占用。

家庭走访、聚餐、约会，以及周末的集体休闲活动，使商店、饭馆、各种服务中心在周末反而更忙一些，营业时间都比平时要增加。而在美国，许多服务机构周末的营业时间往往要比平时减少。从某种意义上讲，由于具有集体意识的文化背景和家庭式、集体式休闲为主的特殊时间安排，中国人的个体休闲活动变成了家庭、集体休闲活动的延伸。

从空间和地点来看，个人休闲活动往往在家庭和公共娱乐休闲机构完成，并以大众的休闲形式为主。其主要表现形式为：看电视、阅读、闲逛、听广播、下棋打牌等。[①] 而集体的休闲活动往往在单位开展，其表现形式则为各种比赛、竞技活动。由此看来，中国公众对公共休闲空间的需求就没有西方社会强烈，这也就在一定程度上减轻了社会公共休闲供给的压力。从下面一节的分析中，也可以看出中国对城市社区公园的使用主要以离退休的老人为主，这与儿童、成人大量利用美国社区公园的情况有所不同。

所以，可以说，对于中国人而言，休闲是人的社会文化行为的延伸（休闲作为一种手段），以集体休闲为主，大多数休闲活动在家庭、单位完成，与工作有交叉，对公共休闲资源（比如公园）要求少。同时，由于社会经济的迅速发展，以及受到西方文化的强烈影响，中国的休闲正处于快速的变化过程中。在美国，休闲是人的自然和物质要求（休闲作为一种目的），以个体休闲为主，大多数休闲活动在纯休闲场所完成，与工作严格区分，对公共休闲资源（比如公园）的量和质都有较高要求，休闲时段分布较均匀，处于相对成熟的阶段。

第三节　社区公园与城市居民休闲比较

上文谈到，由于不同的文化背景，中美大众休闲行为方式有很大差异。这种差异可以从城市社区公园及其休闲群体中得到进一步的反映。

截至2007年，中国城市（镇）人口已经达到5.94亿，占全部人口的44.9%。[②] 由于人口基数庞大，中国早已是世界上城市人口最多的国家。城市经济发展、社会安定、居民休闲与健康需求等问

---

① 马惠娣、张景安：《中国公众休闲状况调查》，中国经济出版社，2004，第30～31页。

② 中国人口：http：//www.chinapop.gov.cn/wxzl/rkgk/200806。

题日益凸显出来。城市居民的绝大部分休闲活动主要是在居住地附近完成的。而且，在居民当地休闲活动的诸多方式中，社区公园活动无疑是最好的方式之一。在美国，20 世纪中期已经建立起了以社区公园为核心的城市休闲模式，为满足居民的休闲需求提供了保障。在我国，虽然政府部门已开始关注居民休闲的需要，并从宏观上制定了发展旅游、鼓励全民健身等休闲计划，但具体到各个城市，由于历史背景、资源环境、休闲观念等的差异，居民休闲需求满足的程度便有很大不同。这里将从社区公园入手，以美国宾夕法尼亚州斯泰特考利奇（State College）与中国开封为例，对城市社区公园及居民活动特点进行比较分析，从中可以看出中美之间城市居民的休闲行为差异。

一 斯泰特考利奇与开封概况

斯泰特考利奇位于美国东北部宾夕法尼亚州的中心地区，地形起伏较大，有大片的森林和草地，被称为“宾夕法尼亚的植物园”（Arboretum at Penn State），俗称“幸福山谷”（Hapy Valley），是近 20 多年来美国公认的处于前 10 位的绿色生态宜居城镇之一。2007 底，城镇人口 38.7 万。小镇拥有在全美排名前 30 位的具有 150 多年历史的宾夕法尼亚州立大学中心校区，仅大学教工和学生就达 4.4 万多，占了全镇人口的 11.4% 以上。斯泰特考利奇有一个小型的飞机场，道路、交通便利；整个小镇围绕大学设计自己的发展思路，没有大型工业企业，大型购物中心、商场、餐馆、宾馆很多，服务业构成小镇的主要产业。①

开封市位于黄河中下游冲积平原的东部，北依黄河，市区人口 80.1 万。开封是中国首批公布的 24 座历史文化名城和中国七大古都之一，迄今已有 2700 余年的历史。和斯泰特考利奇相同的是，

① http：//en. wikipedia. org/wiki/State_ College，_ Pennsylvania.

具有近百年历史的河南大学也位于开封，截至2007年，在校教工和学生人数达到了近4.5万人，占市区人口的5.6%。开封位于豫东平原，无山却多水，城内有龙亭湖、包公湖、铁塔湖、阳光湖等，城郊有黑池、柳池等湖泊，是著名的“北方水城”。开封又名“菊城”，每年的10~11月举办菊花花会。开封还留存有丰富的文物和历史人文景观，有城墙、铁塔、繁塔、延庆观、宋东京城遗址、山陕甘会馆等国家级保护文物，重建和新建了如包公祠、宋都御街、大相国寺、清明上河园、翰园碑林、天波杨府、大梁门、朱雀园、金明广场等景点。作为著名的旅游城市，开封也没有大型的工业企业，城市污染少，环境较好，宜于人居。①

从以上材料来看，两座城市的共同之处很多，比如：都有较好的自然或历史文化环境，有良好的休闲资源，都有一座古老的大学。所以，虽然两座城市人口有些差异，但考虑到中国人口基数大的国情，把这两座城市放在一起从城市休闲的角度做一比较，具有较强的可比性。

二　斯泰特考利奇社区公园的管理与服务

美国的公园和城市休闲运动已经有了近百年的发展历史，其社区公园的管理和服务也已形成比较完善的体系，为满足城市（镇）居民的休闲需求提供了良好的条件。

1. 社区公园的建设

按照美国联邦和地方政府规定，每一个居民社区必须配备必要的休闲娱乐设施，其中重要的一项内容就是社区公园。社区公园土地由地方政府划批，建设资金由地方政府支出。对于社区公园的面积、数量和分布，不同的城市有不同的标准，但无论大城市、中等城市，还是小城市（镇），都要求社区公园要紧邻居民区，方便居

① http：//www. 55www. com/dili/city/kaifeng. htm.

民进行休闲活动。

斯泰特考利奇居民的娱乐活动主要由“中心区公园与娱乐部”（Centre Region Parks & Recreation，简称 CRPR）来组织和完成。社区公园的建设和管理也是这个部门的职责之一。

截至 2008 年，在斯泰特考利奇中心区公园与娱乐部管理下的社区公园共有 42 处，另有 3 处球场、2 个公共游泳池、2 处草场、1 处湿地、1 处大型自然生态保护区和 1 个老年活动中心，共 52 处公园、娱乐休闲场地。每个社区公园的面积，小则 1 英亩左右，大则二三十英亩，个别的达到七八十英亩。社区公园的设施也根据公园的面积大小而有所不同，以宾夕法尼亚州立大学中心校区附近的落日公园（Sunset Park）为例，公园面积 20 英亩，其设施包括：1 处草坪式运动场、2 处野餐亭、1 个篮球场、1 个沙滩排球场、1 个马蹄铁游戏场、3 处可供儿童和成人娱乐和锻炼使用的娱乐健身设施、1 个垒球场，另有季节性开放的卫生间（冬季关闭）、散步小径、饮用水、草地、树林，外加一个小型停车场。而比较全面的公园设施还包括：秋千、网球场、棒球场、橄榄球场、足球场、自行车道、室外地滚球场、垂钓区、室内健身中心、公园养护中心等。最简易的公园设施一般也会有草地、树木、儿童游乐设施、秋千、篮球场、野餐亭等。此外，在斯泰特考利奇还开辟有专门的狩猎区，在每年的 9 月 16 日至次年的 1 月 31 日可以在这个区域狩猎鹿、野鸡、野兔等野生动物。①

从斯泰特考利奇的情况来看，社区公园都因地制宜进行规划设计，以附近居民的散步为主，比较关注儿童和成人的娱乐健身设施，而且以林木、花草作为公园的背景和点缀。同时，公园大都设有野餐设施（餐亭、桌椅和烤炉），开辟有供青少年锻炼的篮球、棒球或网球场，有洁净的饮用水，附设停车场等。

---

① 斯泰特考利奇“中心区公园与娱乐部”：http：//www. crpr. crg。

2. 社区公园的管理与服务

公园与娱乐部是美国各个城市专门负责市民休闲与娱乐事务的职能部门。公园与娱乐部不仅负责社区公园的规划、建设，其职责还包括设施维护、卫生清洁、安全等一系列管理和服务职能。每年，公园与娱乐管理部门都安排固定的资金用于设施的添加、置换等；在不同的季节，公园还派出清洁人员打扫落叶、清理积雪、排出积水等。

斯泰特考利奇的“中心区公园与娱乐部”建有固定的网站，有定期出版的期刊“中心区休闲指南”（CRPR Leisure Guide），每年还根据不同的季节安排丰富多彩的节庆和娱乐活动。一些娱乐、比赛活动往往在特定的公园举行，其他的一些针对不同年龄段的休闲知识和技能比赛、野营活动等则在老年活动中心，或选择在当地中小学举办，并适当收取一些费用。

对于居民的游园活动，“中心区公园与娱乐部”制定了固定的准则，内容一般包括：禁止在公园使用酒精饮料，包括啤酒；禁止机动车辆进入园区；禁止在公园遛狗；不允许携带枪支、弹药和其他火药武器入园；禁止损毁、移动园内各种设施、设备等。另外，使用公园的野餐烧烤炉、风雨餐厅以及运动场地，要提前24小时向管理部门申请，并交纳35～45美元不等的使用金。如果不这样做，则有可能随时被管理部门预先的安排所替代。

这些管理措施对于公园的合理、有效、正常运转起到了保障作用。

三　开封的社区公园建设与管理

21世纪初期，随着我国经济的发展、人民生活水平的提高、休闲时间的增加，以及城市化进程的加快等，中国的城市休闲需求迅速膨胀。但城市休闲供给和社区公园的建设与管理服务等存在程度不同的问题。

从20世纪80年代起，开封在城市建设和发展中开始把旅游和休闲作为刺激经济增长的重要手段，使城市环境和面貌得到了较大改观。截至2008年底，全市较大规模的旅游景点达到了15处，城内的5个湖泊和一年一度的菊花花会，又使开封拥有了“北方水城”和“菊花故乡”的美誉。围绕明清古城墙和龙亭、包公二湖，开封还建成了古城南门城市公园、古城西门城市公园、古城北门城市公园、北门森林公园、玉津园、环包公湖休闲娱乐带、环龙亭湖休闲娱乐带、金明广场、华北体育场、曹门体育休闲设施等10处开放型城市休闲场所。[①] 由于以上10处休闲场所紧邻居民区，都在实际上成为城市居民休闲、健身、娱乐的主要去处，具有西方社区公园的意义。就开封10处城市社区公园来说，其主要特点和存在的不足包括：

第一，具有一定的休闲资源基础，但缺乏合理的整合和规划。开封具有悠久的历史文化传统，有环城墙一带比较良好的休闲娱乐空间，加上部分景区点较低的门票价格，并允许晨练居民以较低年票价格进园活动等因素，使整个城市休闲资源的综合利用状况比较好。但在社区公园的布局上，过多集中于城市外围，远离城市中心地区，在居住较密集的区域没有足够的空间满足居民娱乐、休闲的需要。

第二，多个部门控制休闲资源，城市休闲管理机制急需改善。目前，开封10处社区公园大部分归属城管局园林科。但城墙保护属于文物局，环城森林属于林业局，其他涉及社区公园管理的部门还包括文化局、旅游局、环卫部门等。这些部门又都只侧重于对园区土地、设施的管理，而没有一个部门专门负责城市居民的休闲活动。存在多头管理、职责不清等问题。

第三，休闲设施有相应配置，但后期管理与服务不到位。在每个公园建立之初，都配备有相应的休闲设施。比如，建成于2006年

① http://www.55www.com/dili/city/kaifeng.htm.

的古城北门城市公园，占地面积大约150亩，辟有小径，新植花草、树木，建有小型广场1个、小型非机动车停车场1个、小雕塑若干、两座小亭、收费公共卫生间1座、石质长条坐椅20个等。公园背倚明清古城墙，紧邻河南大学，北面隔一条小河与居民区相望。但是，到目前为止，公园没有严格的管理和服务措施，公园内机动车辆、宠物随便进出，使公园内的卫生状况经常处于不良状态，公园雕塑、石凳、灯具等设施也都存在一定程度的损毁现象。

第四，社区休闲属于自发状态，缺乏有效的组织和整合。由于附近有大量潜在的休闲群体，开封各个社区公园的利用率还是比较高的，每天都有一些自发组织的舞蹈、地方戏、集体游戏等活动。但从总体上来说，社区公园娱乐、休闲活动没有整体规划，缺乏有效的组织和整合，不能真正以社区公园为核心，形成良好的休闲氛围。

四　社区公园休闲群体分析

社区公园主要是为了满足城市居民休闲的需求而设立的，因此，社区居民自然是公园游客的主体。下面以斯泰特考利奇落日公园与开封古城北门城市公园为例，比较分析一下社区公园的休闲群体。

1. 调查过程

斯泰特考利奇位于美国东北部，气候类似于中国的沈阳，社区公园游人最多的是春末、夏、秋初三个季节。开封属于暖温带大陆性季风气候，只要不是下雨或风雪天气，城市公园都会有游人，游人最多的季节也同样是春天、夏天和秋天。所以，笔者选择了落日公园的春天和古城北门城市公园的秋天，对两个公园进行了调研。为使数据更真实地反映两处公园游人的实际情况，笔者还各选择了工作日和周末，总共进行了四次调研分析。

位于河南大学东门外的古城北门城市公园属于全天候开放的免费公园，服务附近不少于20000人的城市居民。自从公园建成以后，大量社区居民参与游园活动，公园利用率较高。落日公园位于宾夕法尼亚州立大学中心校区以西大约600米，服务于附近社区大约3500名居民。公园也属于全开放公园，由于紧邻大学校园，公园的利用率也比较高。下面具体来看一看这两个社区公园不同时段的利用情况：

表6-2　落日社区公园（Sunset Park）休闲群体状况一览表
（时间：2008-5-8，周四）

休闲活动群体	人数(人)	所占比例(%)	备　注
玩耍的儿童、少年及陪伴的家庭人口	15	50	主要出现在下午3点以后
学生、教师、工人	10	33.3	
老人	3	10	
其他	2	6.7	
总　数	30	100	

资料来源：根据作者本人调研资料整理。

表6-3　落日社区公园（Sunset Park）休闲群体及活动状况一览表
（时间：2008-5-10，周六）

休闲活动群体	人数(人)	所占比例(%)	备注
玩耍的儿童、少年及陪伴的家庭人口	81	36	全天
野餐烧烤聚会的学生、教师、工人	30	13.3	
打篮球、沙滩排球、垒球、踢足球、跑步、掷飞盘等的中青年人	69	30.7	
散步、聊天、晒太阳等的老人	45	20	
总　数	225	100	

资料来源：根据作者本人调研资料整理。

表6-4　古城北门城市公园休闲群体状况一览表
（时间：2008-11-14，周五）

休闲活动群体	人数(人)	所占比例(%)	备　注
离退休老人	23	59.0	集中在早、晚
本地在职人员及学生	13	33.3	
无业者及外地流动人员	3	7.7	
总　数	39	100	

资料来源：河南大学休闲与旅游文化研究中心。

表 6-5　古城北门城市公园休闲群体状况一览表

（时间：2008-11-16，周日）

休闲活动群体	人数(人)	所占比例(%)	备　注
带儿童玩耍的家庭人口	30	6.7	集中在早、晚
离退休老人	301	66.7	
本地在职人员及学生	91	20.2	
无业者及外地流动人员	29	6.4	
总　　数	451	100	

资料来源：河南大学休闲与旅游文化研究中心。

表 6-6　古城北门城市公园休闲活动分类情况一览表

（时间：2008-11-16，周日）

休闲活动类型	人数(人)	所占比例(%)
跳民族舞，扇子舞，打太极拳，打腰鼓，唱戏，抖空竹，甩鞭子，抽陀螺，拉二胡等传统休闲活动	197	43.7
玩耍的儿童、少年及陪伴的家庭人口	30	6.7
跑步、打羽毛球、做健美操等体育锻炼活动	21	4.6
跳交谊舞、打扑克、散步、聊天、阅读、唱歌等休闲活动	203	45.0
总　　数	451	100

资料来源：河南大学休闲与旅游文化研究中心。

2. 资料分析结果

根据一般观察，在游园旺季，落日公园每天的游人有可能达到200~300人；少的时候是冬季和初春，每天可能只有几个人，或十几个人。就表6-2、6-3中显示的春末落日公园两个时间段的休闲情况来看，无论在周四或是周六，公园休闲人群中，以家庭带孩子游玩的人数最多；其次是来锻炼的中青年人和烧烤的大学教工、学生和工人群体；再次才是来散步、休闲的老人群体。从休闲活动的类型来讲，由于公园充分考虑了少年、儿童玩耍的需要，相关设施齐全，所以，从周六显示的情况看出，玩耍的儿童、少年及陪伴的家庭人口最多，占了36%；其次是锻炼人群，占了30.7%，这也是由于公园管理部门充分考虑了相关体育设施的配置；再就是野餐烧烤聚会的人。美国社区公园很特殊的地方就是配备有烧烤炉，游人自带木炭、食品和餐具就可以在公园里举行一个小规模的聚餐活动了。

从表 6-4、6-5、6-6 显示的对开封古城北门城市公园 11 月中旬的两次调研情况来看，无论周五或是周日，公园休闲人群最多的是离退休老人，其次是在职工作人员和学生，再次才是带孩子玩耍的家庭人口，还有少量无业人员和外地流动人口。这说明对开封城市社区公园的使用主要以离退休老人为主，这与儿童及家庭成员、在业工作人员和学生大量利用美国社区公园的情况有所不同。

从公园活动的类型来看，由于我国社区公园中大多没有或很少配置体育锻炼设施，而一些公园的儿童娱乐、玩耍设施也不齐备，所以，从表 6-6 的统计可以看出，游人的主要活动就是跳交谊舞、打扑克、散步、聊天、阅读、唱歌等比较流行的现代休闲活动，占了 45.0%；其次是比较传统的跳民族舞、扇子舞，打太极拳，打腰鼓，唱戏，抖空竹，甩鞭子，抽陀螺，拉二胡等休闲活动，占了 43.7%；而参与体育活动和玩耍的儿童及家庭成员加起来只有 11% 多一点。

其他一些表中显示和没有显示的信息还包括：相比而言，中国人喜欢在早饭前到公园晨练，晚饭后到公园散步，不习惯在公园吃东西、体育锻炼；而美国人则很少晨练，喜欢带吃的东西来公园品尝。平均来说，中国人利用公园的频率高些，流动性大些；而美国游人在公园滞留的时间长些，公园的使用频率稍微低一些。

还需要指出的是，在社区休闲中，少年儿童是一个特殊的群体，中美两国在这个方面有着不同的背景。在美国，小学和中学的作息制度是 8 点多开始上课，下午 3 点左右学生即放学回家，出于安全和教育等多方面需求，政府认为有必要开辟一些社区休闲空间、建设一些社区公园来解决这一社会问题。① 所以，20世纪初期美国城市社区公园的快速发展也就有这方面的原因。而在现代美国社区公园的休闲群体中，就可以明显看出少年儿童占有不小的比例。中国小学、中学的作息时间与美国不同，一般是8点开始上课，下午四五点钟放学，② 放学之后还要花费1~2个小时的时间做家庭作业。所以，除了周末和假期，他们很少有外出玩耍的时间。

由于以上诸方面的原因，中国公众——主要是工作人员和学生群体，对公共休闲空间和设施的需求就没有西方社会强烈，这在一定程度上减轻了城市公共休闲供给的压力。

---

① 斯泰特考利奇“中心地区教育部”：http：//www. scasd. org。
② 开封市教育局：http：//www. kfedu. com. cn。

结语

我们知道，由于特殊的文化背景和不同的经济发展水平，中国的休闲不可能是北美休闲的简单复制。正如泰尔所说：

> 虽然（包括中国在内的亚洲）仍在不断受到西方的影响，但结果并不是另一个麦当劳的简单复制……相反，在美国与东方之间越来越紧密的联系可能导致的结果是：东方可能会逐渐丧失自己的传统，但也一定有别于西方。①

也许对于北美和中国而言，都需要做些什么。北美需要更多地研究中国的休闲市场及其需求特征，为进一步进入中国广阔的休闲产品市场做好准备；而对于中国来说，需要做的可能更多。在笔者看来，当务之急，应从以下几点着手：

第一，制定国民休闲计划，从宏观层面对城乡居民休闲做出科

① Tay，S.（2001）. Don't cry for Asia. *Newsweek Special Edition*：*Issues Asia*，July-September：74.

学、合理安排。有计划、有步骤地在资金投入，城市规划和改造，休闲组织和管理等方面，做出必要的改变。

第二，由于集中化的特点，政府将优先考虑增加集体单位（公司、工厂、事业单位、学校等）的休闲供给，在一定程度上缓解城市休闲空间和设施不足的问题。

第三，以城市社区建设为核心，加强公共休闲供给。目前，我国的城市居委会、物业管理部门没有在城市社区休闲中发挥出应有的作用。未来，中国政府应该在居委会、物业管理部门基础上组成真正的社区集体单位，在城市居民休闲的组织、管理、资金筹措、服务、安全、规划等方面发挥更加核心的作用。

第四，从政府层面，积极引导和改革长假制度，从仅仅提倡旅游的休假方式，到全方位的积极、愉快地休闲。

第五，挖掘传统休闲文化中的精髓，在积极借鉴和学习西方现代休闲思想方式的同时，弘扬中国传统休闲思想、方式和文化。

第六，加强休闲教育，尤其要重视学校的休闲教育，培养更多的休闲管理和服务人才，为休闲经济、文化的发展提供必要的智力支持。

当然，我们也必须承认，在休闲的理论研究和社会实践方面，中西方也的确走了一条截然不同的道路。而今，北美国家已经在其经济高度发达的基础上，成功地构建起了完善的国民休闲体系。但在中国，全社会的休闲实践才刚刚起步。要在全社会形成良好的休闲观念和理想，人人都掌握必要的休闲技能，拥有自由的休闲空间和实践，构建真正属于中国人民的“中国式休闲”，将会是一个漫长的过程。

2000 年由世界休闲理事会正式批准通过的《休闲宪章》提出：休闲是每一个体的基本权利，个体应该提升休闲体验，政府应该重视国民的休闲活动。[①] 所以，可以肯定地说：

① “Chater for Leisure”，世界休闲组织网站：http：//www.worldleisure.org。

休闲已成为这个时代的重要的特征之一，是我们社会文化活动的重要组成部分，是与每个人的生活质量息息相关的领域。社会发展规律不以人的意志为转移，只要科学技术不断地向前发展，普遍有闲的社会就会快速地向我们走来。①

让我们共同期待中国大众休闲时代早日到来吧，并为这个时代的到来共同努力、再努力！

① 马惠娣：《休闲：人类美丽的精神家园》，中国经济出版社，2004，“序二”。

附录

一 北美休闲研究大事记

1872 年，美国黄石公园被开辟为国家公园，这是世界上第一个国家公园。

1899 年，凡勃伦《有闲阶级论》出版。

1902 年，将近 800 个美国城市组织了自己的公园管理系统。

1916 年，美国国家公园管理机构国家公园服务部正式建立，负责管理全国的 15 个国家公园和 21 个纪念馆。

1926 年，运动和娱乐协会更名为国家娱乐协会。宾夕法尼亚州立大学已经开设了娱乐相关课程。

1927 年，有将近 1700 座城市建立了自己的公园管理系统，下辖的公园总面积达到了 250000 英亩。

1932 年，伊利诺伊大学开设“娱乐活动”课程。

1937 年，美国第一次全国性的高校休闲课程教学研讨会在明尼苏达大学召开。

1940 年，美国伊利诺伊大学设立休闲学专业。

1945 年，二战结束后，又有大批的公园、游泳池、图书馆，以及其他休闲机构建立起来。北美公园和娱乐发展进入快速推进时期。

1946 年，宾夕法尼亚州立大学设立休闲学专业；伊利诺伊大学颁发北美第一个休闲学学士学位。

1953 年，加利福尼亚州立大学设立休闲学专业。

1955 年，加利福尼亚州洛杉矶迪斯尼乐园（Disneyland）开园，标志着美国第一个主题公园的诞生。

1956 年，美国国家娱乐协会建立国际娱乐分会，并成为世界休闲协会的前身。美国国家公园服务部开始实施旨在提升国家公园的“使命 66”计划。

1962 年，美国联邦政府正式设立户外娱乐部，以对国民娱乐提供持续的协调、资助、管理与服务。

1964 年，加拿大亚伯塔大学设立休闲学专业。

1965 年，在国家娱乐协会的基础上，美国国家娱乐与公园协会正式诞生。

1967 年，《疗养性娱乐杂志》创刊。

1968 年，加拿大滑铁卢大学设立休闲学专业。

1969 年，《休闲研究杂志》创刊。

1977 年，《休闲科学》创刊。

1978 年，美国联邦政府又以“国家公园与娱乐行动”的名义斥资 12 亿美元用于城市和国家公园建设。

1980 年，美国公园与娱乐管理学会和国家休闲科学研究院成立。

1981 年，加拿大休闲研究协会成立。

1982 年，《公园与娱乐管理杂志》创刊。加拿大两家主要休闲学术期刊《休闲研究》、《世界休闲》先后问世。

1984 年，美国疗养性娱乐协会成立。

1999 年，宾夕法尼亚州立大学授予第一位亚洲学生休闲学硕士学位。

2000 年，美国学者的 5 本休闲专著《人类思想史中的休闲》、

《你生命中的休闲》、《女性休闲——女性主义的视角》、《21世纪的休闲与休闲服务》、《走向自由——休闲社会学新论》被译为中文，由云南人民出版社出版。

2006年，美国休闲科学研究院接纳中国学者马惠娣为正式成员，这是迄今为止唯一一位中国（也是亚洲）休闲科学研究院成员。

2008年6月17日，美国正式成为中国公民出境旅游目的地国。美国的入境旅游发展进入新的阶段。

2008年10月14~18日，在马里兰州巴尔的摩召开NRPA大会暨展览会。会议规模为历届之最。会议期间，仅各种学术报告和讲座就有388场次。

2008年12月底，美国有335所、加拿大有26所大学（学院）设有娱乐、公园以及休闲（或相关）专业。在美国有126所大学拥有与休闲相关的硕士学位授予权；在加拿大有8所高校有休闲硕士学位授予权。在美国开展博士学位教育的高校有20所，加拿大有2所。

2009年10月13~17日，将在犹他州盐湖城（Salt Lake City）召开NRPA大会暨展览会。

2010年10月26~29日，将在明尼阿波利斯（Minneapolis）召开NRPA大会暨展览会。

2011年11月1~4日，将在亚特兰大（Atlanta）召开NRPA大会暨展览会。

2012年10月16~20日，将在安那海姆（Anaheim）召开NRPA大会暨展览会。

附录二 美国休闲科学研究院成员及其学术研究概况

1. 休闲科学研究院的早期创立者

1980 年，美国的 30 位知名休闲学者组织发起，成立了具有重要历史意义的休闲科学研究院。这 30 位休闲学者分别是：

埃利奥特·埃夫登（Elliott M. Avedon）、伊迪丝·鲍尔（Edith L. Ball）、约瑟夫·班农（Joseph J. Bannon）、赫伯特·布兰特利（Herbert Brantley）、乔治·巴特勒（George D. Butler）、雷诺·卡尔逊（Reynold E. Carlson）、尼尔·奇克（Neil Cheek，Jr.）、西奥多·德普（Theodore R. Depe）、黛安娜·邓恩（Diana R. Dunn）、迈克尔·埃利斯（Michael J. Ellis）、杰弗瑞·戈比（Geoffrey C. Godbey）、西摩·戈尔德（Seymour M. Gold）、戴维·格雷（David E. Gray）、爱德华·希思（Edward H. Heath）、马克斯·凯普兰（Max Kaplan）、理查德·克劳斯（Richard G. Kraus）、珍妮特·麦克莱恩（Janet R. MacLean）、托尼·莫布利（Tony A. Mobley）、琼·芒迪（Jean C. Mundy）、詹姆斯·墨菲（James F. Murphy）、约翰·纽林格（John Neulinger）、莱斯利·里德（Leslie M. Reid）、艾伦·萨波拉（Allen V. Sapora）、道格拉斯·塞

萨姆斯（H. Douglas Sessoms）、杰伊·希弗斯（Jay S. Shivers）、布赖恩·萨顿·史密斯（Brian Sutton-Smith）、路易斯·塔德辛克（Louis F. Twardzik）、贝蒂·范·德·史密森（Betty van der Smissen）、卡尔顿·凡·多伦（Carlton S. Van Doren）、约翰·威廉姆斯（John G. Williams）。

2. 历任主席

以下是从 1980 年以来休闲科学研究院的历任主席：

1980～1981，戴维·格雷（David E. Gray），加利福尼亚州立大学公园与娱乐系。

1981～1982，黛安娜·邓恩（Diana R. Dunn），宾夕法尼亚州立大学娱乐、公园管理系。

1982～1983，约翰·纽林格（John Neulinger），纽约城市大学。

1983～1984，莱斯利·里德（Leslie M. Reid），得克萨斯 A 和 M 大学娱乐、公园与旅游科学系。

1984～1985，道格拉斯·塞萨姆斯（H. Douglas Sessoms），北卡罗来纳大学娱乐、公园与旅游科学系。

1985～1986，爱德华·希思（Edward H. Heath），得克萨斯 A 和 M 大学娱乐、公园与旅游科学系。

1986～1987，赫伯特·布兰特利（Herbert Brantley），印第安纳大学娱乐与公园管理系。

1987～1988，杰弗瑞·戈比（Geoffrey C. Godbey），宾夕法尼亚州立大学娱乐、公园管理系。

1988～1989，霍华德·汀斯利（Howard E. A. Tinsley），南伊利诺伊大学心理学系。

1989～1990，托马斯·古德尔（Thomas L. Goodale），乔治·梅森大学健康科学系。

1990～1991，罗伯特·迪顿（Robert B. Ditton），得克萨斯 A 和 M 大学野生动物与渔场科学系。

1991～1992，贝弗利·德赖弗（Beverly L. Driver），曾就职于森林服务部，1997 年至今担任公园与娱乐资源管理顾问。

1992～1993，皮特·维特（Peter A. Witt），得克萨斯 A 和 M 大学娱乐、公园与旅游科学系。

1993～1994，道格拉斯·克莱伯（Douglas A. Kleiber），乔治亚大学娱乐与休闲研究系。

1994～1995，劳伦斯·艾伦（Lawrence R. Allen），克莱姆森大学健康、教育与人类发展学院。

1995～1996，埃德加·杰克逊（Edgar L. Jackson），加拿大亚伯塔大学地球与太空科学系。

1996～1997，卡拉·亨德森（Karla A. Henderson），北卡罗来纳州立大学公园、娱乐与旅游管理系。

1997～1998，丹尼尔·达斯汀（Daniel L. Dustin），犹他大学公园、娱乐与旅游管理系。

1998～1999，艾伦·尤尔特（Alan W. Ewert），印第安纳大学健康、运动教育与娱乐学院。

1999～2000，约翰·克朗普顿（John L. Crompton），得克萨斯 A 和 M 大学娱乐、公园与旅游科学系。

2000～2001，戴维·奥斯汀（David R. Austin），印第安纳大学娱乐、公园管理系。

2001～2002，苏珊·萧（Susan M. Shaw），加拿大滑铁卢大学娱乐与休闲研究系。

2002～2003，约瑟夫·奥利里（Joseph T. O'Leary），得克萨斯 A 和 M 大学娱乐、公园与旅游科学系。

2003～2004，加里·埃利斯（Gary D. Ellis），得克萨斯 A 和 M 大学娱乐、公园和旅游科学系。

2004～2005，罗杰·曼内尔（Roger C. Mannell），加拿大滑铁卢大学娱乐与休闲研究系。

2005～2006，约翰·赫尔茨曼（John Hultsman），加利福尼亚州立大学巴克斯菲尔安特鲁普山谷分校。

2006～2007，威廉·哈米特（William E. Hammitt），克莱姆森大学公园、娱乐与旅游管理系和森林资源系。

2007～2008，黛博拉·拜尔列席基（Deb Bialeschki），北卡罗来纳大学娱乐与休闲研究系。

2007～2008，詹姆斯·墨菲（James Murphy），圣·弗朗西斯科州立大学娱乐与休闲研究系。

2008～2009，琳达·凯德维尔（Linda Caldwell），宾夕法尼亚州立大学娱乐、公园与旅游管理系。

3. 休闲科学研究院主要成员及其研究概况（见后页）

成员(按英文姓氏字母排名)	入会时间	个人简介	学术兴趣及成果
＊劳伦斯·艾伦(Lawrence R. Allen)	1987	克莱姆森大学健康、教育与人类发展学院教授；1994～1995 年休闲科学研究院主席	其研究兴趣主要集中在社区旅游发展、娱乐服务，以及它们对于社区经济、社会、文化的影响。曾对美国大量的社区旅游及娱乐活动进行广泛调研，其对偏远地区和小社区的调研及其成果尤其突出
玛丽亚·阿利森(Maria T. Allison)	1993	亚利桑那州立大学娱乐管理与旅游系教授	其研究兴趣主要集中在种族、跨文化关系以及游戏、体育与休闲中的文化差异特征方面
＊戴维·奥斯汀(David Austin)	1988	印第安纳大学娱乐、公园管理系教授；2000～2001 年休闲科学研究院主席	其研究主要集中在休闲社会心理学和疗养性娱乐方面。他所发表的 100 多篇论文涉及：对残障人、无家可归者的服务态度，疗养性娱乐的课程设计等。他独著或与人合作的《疗养性娱乐的过程与技巧》(*Therapeutic Recreation Processes and Techniques*)、《全面与特殊的娱乐：残障人的机会》(*Inclusive and Special Recreation：Oportunities for Persons with Disabilities*)、《疗养性娱乐入门》(*Therapeutic Recreation：An Introduction*)以及《疗养性娱乐基本原理》(*Conceptual Foundations for Therapeutic Recreation*)四本书都成了畅销的教科书。他还曾经是《休闲研究杂志》、《当代疗养性娱乐和休闲年刊》的特约编辑。曾获得过 NRPA 文学奖等在内的大奖近 10 项
☆约瑟夫·班农(Joseph J. Bannon)	1980(休闲科学研究院建立者之一)	伊利诺伊大学娱乐、体育与旅游系教授	其研究主要集中在休闲规划和管理方面。《当前休闲服务中的问题》(*Current Issues in Leisure Services*)是其代表作。他还曾担任《公园与娱乐管理杂志》的合作编辑，曾获得 SPRE 和 APRS 杰出会员奖、NRPA 国家文学奖和杰出专家奖
林恩·巴尼特－莫里斯(Lynn Barnett-Morris)	1986	伊利诺伊大学娱乐、体育与旅游系教授	其早期的研究成果集中在儿童游戏及其与儿童的个性与情感发展的关系、游戏环境设计及游戏方法等方面。她曾担任《休闲研究》(*Research About Leisure*)编辑。出版多种关于儿童游戏方面的论著

续表

成员（按英文姓氏字母排名）	入会时间	个人简介	学术兴趣及成果
罗伯特·贝克尔（Robert H. Becker）	1985	克莱姆森大学公园、娱乐与旅游管理系教授	其研究集中在休闲资源管理及其影响评价，以及密西西比河盆地和东南地区的社会和社区影响评价方面
＊黛博拉·拜尔列席基（M. Deborah Bialeschki）	2002	北卡罗来纳大学娱乐与休闲研究系教授；2007～2008 年休闲科学研究院主席	她研究兴趣主要集中在女性休闲、户外娱乐和通过有组织的野营活动促进人类发展方面。与美国野营协会有长期的合作研究关系。她独著或与人合作的著作包括：《女性休闲：女性主义的视角》（*Gains and Gaps*，与 Henderson，Shaw，and Freysinger 合著）、《休闲服务评价》（*Evaluation of Leisure Services*，和 Henderson 合著）、《休闲服务入门》（*Introduction to Leisure Services*，和 Henderson，Hodges，Hemingway 合著）等。她还曾任美国野营协会国家标准理事会主席，以及《休闲》、《休闲研究杂志》、《公园和娱乐管理杂志》等杂志的编审，并曾获得多项大奖
☆＊赫伯特·布兰特利（Herbert Brantley）	1980（休闲科学研究院建立者之一）	曾担任克莱姆森大学公园、娱乐与旅游管理系第一任主任 21 年。印第安纳大学娱乐与公园管理系荣誉退休教授。1986～1987 年休闲科学研究院主席	他的主要学术兴趣集中在资源分配的伦理学以及环境管理方面。曾担任 NRPA 和 SPRE 主席等多种学术职务
佩里·布朗（Perry J. Brown）	1985	蒙大拿大学森林学院教授	他曾负责自然资源娱乐、野生生物、山地资源和荒原等相关项目的研究。其休闲研究主要集中在休闲者行为解释、变化中的管理思想，以及基于利益基础的娱乐规划和管理研究等

续表

成员(按英文姓氏字母排名)	入会时间	个人简介	学术兴趣及成果
戈登·布尔蒂纳(Gordon L. Bultena)	1985	艾奥瓦州立大学生物学系教授	其研究方向为环境与自然资源,特别是自然与价值冲突背景下的公共价值观、人与自然资源管理问题、影响公共资源选择的社会因素等方面。他后来的研究转向持续的农场改造、新技术的社会影响,以及现代化对偏远社区的影响等方面
威廉·伯奇(William R. Burch)	1983	耶鲁大学自然资源管理、森林与环境研究系教授	他长期致力于美国、新西兰、亚洲南部和东南部、拉丁美洲、日本和西欧的森林与环境问题的研究。研究方向包括休闲与社会、能源与社会结构、社会变革与土地利用、自然资源教育等方面。曾经独立或合作出版14本著作,其中,《人类社会中的休闲社会组织》(*The Social Organization of Leisure in Human Society*)、《白日梦和噩梦:美国环境的社会学篇章》(*Daydreams and Nightmares:A Sociological Essay on the American Environment*)、《社区与森林:社会中自然资源的连续性》(*Community and Forestry:Continuities in the Sociology of Natural Resources*)等比较著名
拉伯尔·伯奇(Rabel J. Burdge)	1982	西华盛顿大学社会学与环境研究系教授	研究方向为休闲的社会影响与社区研究等。代表作为:《社会影响评价的概念、过程与方法》(*The Concepts,Process and Methods of Social Impact Assessment*)、《社会影响评价的社区指南》(*A Community Guide to Social Impact Assessment*)
托马斯·伯顿(Thomas L. Burton)	1989	加拿大亚伯塔大学运动教育与休闲学院荣誉退休教授。曾担任加拿大休闲学会的第一任主席,加拿大、澳大利亚、英国,以及联合国经济委员会和联合国休闲与教育事务顾问等职	其研究领域很广泛,在其多种专著中,《娱乐研究试验》(*Experiments in Recreation Research*)、《加拿大自然资源政策》(*Natural Resource Policy in Canada*)、《成为人的环境:休闲》(*Making Man's Environment:Leisure*),以及他与杰克逊合作的《认识休闲与娱乐:回顾过去和展望未来》(*Understanding Leisure and Recreation:Maping the Past,Charting the Future*)、《休闲研究:21世纪的前景》(*Leisure Studies:Prospects for the Twenty-First Century*)最为知名。他还曾担任《休闲科学》、《休闲研究杂志》以及《休闲研究》的编委。他后来的研究兴趣转向娱乐与休闲服务供给的政策基础等方面

续表

成员（按英文姓氏字母排名）	入会时间	个人简介	学术兴趣及成果
*琳达·凯德维尔（Linda Caldwell）	2001	宾夕法尼亚州立大学娱乐、公园与旅游管理系教授；2008～2009年休闲科学研究院主席	其研究主要集中在青少年休闲与健康方面。她的代表性成果为《娱乐和青年人发展》（*Recreation and Youth Development*，与 Peter Witt 合著）。曾担任《休闲研究杂志》、《疗养性娱乐杂志》、《休闲》、《应用性娱乐研究》等杂志编审，并曾是《公园与娱乐管理杂志》、《疗养性娱乐杂志》青少年与休闲特刊的特邀编辑。业余爱好花园工作、摄影、游泳、户外活动和旅游
加里·奇克（Garry E. Chick）	1996	宾夕法尼亚州立大学娱乐、公园与旅游管理系教授	他主要研究休闲与文化、文化表达，以及工作与休闲关系等。曾担任游戏研究协会主席，《游戏与文化》、《休闲科学》等杂志编审
詹姆斯·克里斯坦森（James Christensen）	1987	俄亥俄州立大学自然资源学院教授	其学术兴趣主要集中在休闲行为的定量分析、研究方法论和环境问题方面。其大部分研究成果发表在《休闲研究杂志》、《休闲科学》、《环境教育杂志》和《湿地研究》等杂志上；曾出版 3 本专著，并曾担任《休闲研究杂志》助理编辑、编辑和书评编辑
弗雷德·科尔特（Fred Coalter）	2004	英国斯特灵（University of Stirling）大学体育研究系教授	其研究兴趣在于休闲政策方面，特别是参与倾向、公共休闲服务的价格、休闲服务社会（主要是体育服务）影响的界定和测量等。他曾直接参与社会服务活动，并担任爱丁堡休闲委员会主席、爱丁堡市体育与娱乐设施管理诚信公司的代表。并曾担任《休闲管理国际杂志》和《休闲研究》的编辑
戴维·康普顿（David M. Compton）	1988	犹他大学公园、娱乐与旅游系教授	曾在《疗养性娱乐杂志》、《适应性体育活动季刊》、《体育医学杂志》发表大量论文。出版了 7 本专著，其中包括：《疗养性娱乐的问题：过渡期间的职业》（*Issues in Therapeutic Recreation: A Profession in Transition*）、《休闲与精神健康》（*Leisure and Mental Health*，与 Sepo Iso-Ahola 合著）、《休闲咨询》（*Leisure Counseling*，与 Judith Goldstein 合著）等

续表

成员(按英文姓氏字母排名)	入会时间	个人简介	学术兴趣及成果
肯尼斯·柯德尔(H. Kenneth Cordell)	1990	佐治亚大学森林服务、娱乐与荒原评价研究中心教授	曾担任美国森林服务部户外娱乐与荒原方面的评价专家。曾发表100多篇(部)论著,为相关专业组织作了大量报告,他还是国家科学发展学会、美国森林者协会成员,曾获得NRPA罗斯福国家研究奖
*约翰·克朗普顿(John Crompton)	1984	得克萨斯A和M大学娱乐、公园与旅游科学系教授;1999~2000年休闲科学研究院主席	克朗普顿博士先前的研究兴趣在于涉及公共休闲服务和旅游业的市场与资金方面。他的5本著作和大量的文章都是关于休闲、旅游和市场领域的。为了研究的需要,他自己曾经长期坚持2~3天的短期休闲服务市场工作。他曾担任SPRE、得克萨斯娱乐与公园学会,以及美国公园与娱乐管理协会的主席,曾获得过美国休闲与娱乐协会国家文学奖、罗斯福研究奖,以及旅行与旅游研究协会旅行研究奖等多项大奖
米哈里·奇克森特米哈伊(Mihaly Csikszentmihalyi)	1983	克拉利蒙特研究大学(Claremont Graduate University, Claremont, California, U. S. A.)心理学与管理系教授	其研究主要集中在休闲心理学方面。提出了著名的"畅"理论。1976年出版《摆脱厌倦与焦虑:寓畅爽于工作与游玩》(*Beyond Boredom and Anxiety: Experiencing Flow in Work and Play*),后被译为16种文字。1990年出版《畅:最佳体验的心理学》(*Flow: The Psychology of Optimal Experience*),马上成为畅销书。后来他又相继出版了《发现"畅"》(*Finding Flow*, 1997, 和Susan Jackson合著)、《体育中的"畅"》(*Flow in Sport*, 1999)等专著。在北美休闲心理学领域曾产生广泛影响
约翰·达提洛(John Dattilo)	1995	宾夕法尼亚州立大学娱乐、公园与旅游管理系系主任、教授	其研究成果主要集中在残障人休闲、疗养性娱乐,以及休闲教育方面。代表作有:《全面的休闲服务:对残障人权利的回应》(*Inclusive Leisure Services: Responding to the Rights of People with Disabilities*)、《疗养性娱乐中的便利技能》(*Facilitation Techniques in Therapeutic Recreation*)、《休闲教育项目规划:一项系统方法》(*Leisure Education Program Planning: A Systematic Aproach*)、《休闲教育具体项目》(*Leisure Education Specific Programs*),以及《疗养性娱乐中疗养娱乐与行为修正的基本原理》(*Conceptual Foundations for Therapeutic Recreation and Behavior Modification in Therapeutic Recreation*)等

续表

成员（按英文姓氏字母排名）	入会时间	个人简介	学术兴趣及成果
☆ 西奥多·德普（Theodore R. Depe）	1980（休闲科学研究院创立者之一）	印第安纳大学娱乐与公园管理系教授	他先前的研究兴趣是社区娱乐及其管理方面。曾出版 3 本教材，并在《营利性公园和娱乐管理策略》（*Management Strategies for Financing Parks and Recreation*）等杂志发表大量论文。是 AAPRA 的创立者之一，并曾担任 SPRE 主席等职务。曾获得 SPRE 杰出会员奖等多项大奖
＊ 罗伯特·迪顿（Robert B. Ditton）	1984	得克萨斯 A 和 M 大学野生动物与渔场科学系教授；1990～1991 年休闲科学研究院主席	迪顿在北美最早关注到户外娱乐中的海滨和近海地带休闲问题。后来他的研究兴趣又转向渔场空间中的人类纬度。他致力于海洋研究项目 20 多年，曾完成了近海娱乐资源管理研究项目，并发表了大量相关文章和研究报告。他与人合作的《海滨资源管理》（*Coastal Resources Management*）是其代表作之一。他曾担任《休闲科学》、《休闲研究杂志》、《海滨地带管理》的编委。曾担任联邦近海渔场咨询委员会、国家海洋资源委员会委员等职。曾获得美国休闲与娱乐协会国家文学奖（罗斯福研究奖）等多项大奖
＊ 贝弗·德赖弗（Bev L. Driver）	1984	曾就职于森林服务部，1997 年至今担任公园与娱乐资源管理顾问；1991～1992 年休闲科学研究院主席	他曾长期对个人与社会参与的休闲行为进行实证研究，并从收益/支出研究方面拓宽娱乐资源管理的深度。他曾独立或与人合作发表和出版了 140 多种科学著作和论文，其中 5 本是广受欢迎的教材。他还曾被邀访问过 38 个不同的国家和地区。曾获得美国休闲与娱乐协会国家文学奖（罗斯福研究奖）、美国森林指导与杰出科学贡献奖等多项大奖
☆ ＊ 黛安娜·邓恩（Diana R. Dunn）	1980（休闲科学研究院创立者之一）	宾夕法尼亚州立大学娱乐、公园管理系教授；1981～1982 年休闲科学研究院主席	其研究兴趣很广泛，包括 21 世纪的休闲与远程教育、城市娱乐空间、娱乐与社会组织、国际休闲、休闲趋势及其预测等。曾在宾夕法尼亚州立大学、亚利桑那大学、特姆普大学等休闲与娱乐专业任职、任教。曾经是《休闲研究杂志》、《休闲科学》、《休闲研究》、《公园与娱乐》、《健康、运动教育、娱乐与舞蹈杂志》等杂志的主编，或编委

续表

成员（按英文姓氏字母排名）	入会时间	个人简介	学术兴趣及成果
* 丹尼尔·达斯汀（Daniel L. Dustin）	1990	犹他大学公园、娱乐与旅游管理系系主任、教授；1997～1998 年休闲科学研究院主席	其主要研究方向是户外娱乐资源管理和规划。代表作有：《美国的荒原：个人的视野》（*Wilderness in America: Personal Perspectives*）、《超越晋升与任职：如何成为一名教授》（*Beyond Promotion and Tenure: On Being a Professor*）、《井然有序：高等教育中的学术项目管理》（*For the Good of the Order: Administering Academic Programs in Higher Education*）、《荒原以内：休闲与生活的反映》（*The Wilderness Within: Reflections on Leisure and Life*）、《干事与管理员：公园与娱乐职业的哲学基础》（*Stewards of Access/Custodians of Choice: A Philosophical Foundation for the Park and Recreation Profession*）、《自然和人文精神：走向更广阔的陆地管理伦理》（*Nature and the Human Spirit: Toward an Expanded Land Management Ethic*，与 B. L. Driver 和 George Peterson 合著）、《与众不同的学术生涯：公园、娱乐和旅游教育者以及研究生手册》（*Making a Difference in Academic Life: a Handbook for Park, Recreation, and Tourism Educators and Graduate Students*，和 Tom Goodale 合著）等。曾担任公园与娱乐教育者协会的主席，获得 NRPA 国家文学奖
约翰·德怀尔（John Dwyer）	1988	就职于美国森林服务部，芝加哥美国中部地区试验中心研究项目主管	他的学术研究兴趣集中在预测娱乐方式选择，以及城市不同种族/人种间的休闲需求识别方面。他曾担任《休闲研究杂志》、《休闲科学》编委，服务于美国城市森林委员会，曾任美国城市林业工作组和林业者协会主席
克里斯托弗·艾丁顿（Christohristopher R. Edgington）	1986	北艾奥瓦大学休闲研究与服务系教授	他曾发表了 200 多篇学术论文、出版了 26 本著作。主要专著包括：《休闲与生活满意度：基础性视角》（*Leisure and Life Satisfaction: Foundational Perspectives*）、《青年工作：多视角看待青年发展》（*Youth Work: Emerging Perspectives in Youth Development*）、《引领娱乐、公园与休闲服务》（*Leadership for Recreation, Parks and Leisure Services*）、《休闲规划：以服务和利益为中心》（*Leisure Programming: A Service Centered and Benefits Aproach*）等。他在 20 多个国家建立了"野外拓展奖学金服务项目"，每年服务超过 750000 名儿童和青少年。他还曾担任《体育、娱乐与舞蹈学刊》、《人类学：青年与人类服务领导学刊》、《公园与娱乐管理杂志》、《加拿大娱乐》和《现代休闲》的编辑

续表

成员(按英文姓氏字母排名)	入会时间	个人简介	学术兴趣及成果
* 加里·埃利斯(Gary Ellis)	1992	北得克萨斯大学博士。得克萨斯 A 和 M 大学娱乐、公园和旅游科学系主任、教授；2003～2004 年休闲科学研究院主席	埃里斯博士曾担任犹他大学公园、娱乐与旅游系的主任。他的研究兴趣先前集中在测量和设计试验方面。他在犹他大学创立了西部休闲研究实验室。曾公开发表、出版了 70 多种测量与娱乐方面的成果。他还曾担任《休闲研究杂志》、《疗养性娱乐杂志》、《现代休闲》、《休闲》等杂志的编委。曾获得美国疗养性娱乐协会职业研究奖等多项大奖
☆ 迈克尔·埃利斯(Michael Ellis)	1980(休闲科学研究院创立者之一)	伊利诺伊大学应用生物研究系教授	埃里斯博士曾是伊利诺伊大学游戏研究实验室的创立者，是现代休闲行为研究实验室的先驱。他在实验基础上出版了两本有影响的专著：一本是《人为什么游戏》(*Why People Play*)，后来再版为《游戏和娱乐》(*Play and Recreation*，与 Sapora 合著)，成为经典教科书。另一本是《儿童的行为与游戏》(*Activity and Play of Children*)。他还曾就职于加拿大达尔郝西亚大学(Dalhousie University)，推动了加拿大关于残障人群体和组织的本科和研究生项目的开展。他曾获得伊利诺伊大学杰出成就奖
* 艾伦·尤尔特(Alan Ewert)	1993 年	印第安纳大学健康、运动教育与娱乐学院教授；1998～1999 年休闲科学研究院主席	主要从事户外娱乐研究。他的主要作品包括：《追求户外探险：基础、模式和理论》(*Outdoor Adventure Pursuits*: *Foundations*, *Models and Theories*)、《城市空旷地活动中的文化与冲突》(*Culture*, *Conflict in the Wildland-Urban Interface* 合著)、《自然资源管理：人的纬度》(*Natural Resource Management*: *The Human Dimension*)、《户外教育：方法和策略》(*Outdoor Education*: *Methods and Strategies*)等。他还曾发表了 175 多篇有关娱乐、户外活动、气候变化、自然资源方面的论文。他的研究兴趣包括：娱乐模式、娱乐与公园活动参与的动机、旅游者行为、户外探险中的环境态度和行为发展等。他还获得过 J. B 纳什奖(AALR)、朱丽安·史密斯奖(AAPHERD)和罗纳德·卡尔逊奖等。并曾担任《环境教育杂志》、《国际野生资源杂志》的编委

续表

成员(按英文姓氏字母排名)	入会时间	个人简介	学术兴趣及成果
唐纳德·菲尔德(Donald R. Field)	1983	威斯康星大学森林生物与管理系和郊区社会学系教授	其研究兴趣集中在与自然资源相关的社区和陆地风景系统背景下的人类生态模式方面。他曾担任国家公园服务部的首席科学家。曾在《乡村社会学》、《水资源》、《休闲研究杂志》、《休闲科学》和《公园与娱乐管理杂志》发表了大量论文,出版了10本专著,其中包括:《乡村社会学与环境》(*Rural Sociology and the Environment*)、《社区与森林》(*Community and Forestry*)、《阐释与国家公园和乡村发展》(*Interpretation and National Parks*, and *Rural Development*)等。曾担任《休闲研究杂志》、《休闲科学》编委,获得过美国国家娱乐与公园协会罗斯福国家研究奖
加里·艾伦·费恩(Gary Alan Fine)	2008	西北大学社会学系教授	从事不同休闲群体的人种学图示研究长达35年,其主要成果反映在《和小男孩们在一起:小型棒球联盟与儿童文化》(*With the Boys: Little League Baseball and Preadolescent Culture*)、《分享幻想:角色扮演游戏作为社会生活》(*Shared Fantasy: Role-Playing Games as Social Worlds*)、《莫瑞尔的故事:快速成长的文化》(*Morel Tales: The Culture of Mushrooming*)、《天才舌头:高中生的辩论和青少年文化》(*Gifted Tongues: High-School Debate and Adolescent Culture*)、《每日天才:自我教育艺术和真实文化》(*Everyday Genius: Self-Taught Art and the Culture of Authenticity*)等著作中。他现在的研究集中在社会视野中竞争性棋类比赛。他曾担任游戏研究协会、社会问题研究协会和中西部社会学协会主席,以及《社会心理学季刊》编辑等职务
迈伦·弗洛伊德(Myron Floyd)	2005	北卡罗来纳州立大学公园、娱乐于旅游管理系教授	其研究兴趣集中在对人种/种族、性别和社会经济状况对休闲行为偏好影响的阐释,以及公园与保护区的利用、环境偏好等方面。近期正领导着两个相关项目的研究:社区公园视野中的物质环境对体育活动影响研究,以及环境干预对提升城市小径利用率的评估。他的研究成果发表于《休闲科学》、《休闲研究杂志》、《环境管理杂志》、《环境与行为》、《人类生物学评论》等多种杂志上

续表

成员（按英文姓氏字母排名）	入会时间	个人简介	学术兴趣及成果
☆ * 杰弗瑞·戈比（Geoffrey C. Godbey）	1980（休闲科学研究院创立者之一）	宾夕法尼亚州立大学娱乐、公园与旅游管理系荣誉退休教授；1987～1988 年休闲科学研究院主席	他的研究视野宽阔，其 10 多本专著和 100 多篇论文涉及：休闲行为、休闲历史和哲学、休闲服务组织、休闲与休闲服务的未来等。曾为美国参议院委员会和总统委员会作听证。他还是文特出版社的创建人之一。他曾被邀请访问过 20 多个国家和地区，其主要著作和文章被译为中文、韩文和西班牙文广泛传播
* 托马斯·古德尔（Thomas L. Goodale）	1985	乔治·梅森大学健康科学系荣誉退休教授；1989～1990 年休闲科学研究院主席	曾担任《休闲科学》、《休闲研究杂志》编辑，代表著作为：《人类思想史中的休闲》（*The Evolution of Leisure: Historical and Philosophical Perspectives*，与 G. Godbey 合著）、《娱乐和休闲：世纪之交的问题》（*Recreation and Leisure: Issues in an Era of Change*，与 P. Witt 合著）等
艾伦·格雷夫（Alan Graefe）	2006	宾夕法尼亚州立大学娱乐、公园与旅游管理系教授	其研究方向主要是户外娱乐行为与管理、户外娱乐资源规划与管理、户外娱乐的环境影响等。很多成果集中在水、森林资源与户外娱乐方面
詹姆斯·格拉曼（James Gramann）	2005	得克萨斯 A 和 M 大学娱乐、公园与旅游科学系教授	其个人研究兴趣包括：种族与休闲、户外娱乐行为以及公园活动中阐释性联络的有效性等方面。他的研究还涉及移民和弱势群体的休闲选择等
* 戴维·格雷（David E. Gray）	1980（休闲科学研究院创立者之一）	加利福尼亚州立大学公园与娱乐系；1980～1981 休闲科学研究院第一任主席	格雷博士在公园与娱乐方面的成就体现在实践、咨询与服务、管理等多个方面。他的研究兴趣集中在休闲体验的特征和意义，以及有组织的娱乐行为方面。他曾与人合作和主编有两本教科书——《动机与现代管理》（*Motivation and Modern Management*）、《公园和娱乐运动探讨》（*Reflections on the Park and Recreation Movement*），并发表了大量的研究论文。他曾担任加利福尼亚州立大学长滩分校副校长、NRPA/AALR 官方委员会主席等职务。曾获得 NRPA 国家文学奖、SPRE 杰出服务奖，以及加利福尼亚公园与娱乐协会终身会员奖

续表

成员(按英文姓氏字母排名)	入会时间	个人简介	学术兴趣及成果
*威廉·哈米特(Willianm E. Hammitt)	1994	克莱姆森大学公园、娱乐与旅游管理系和森林资源系教授;2006~2007年休闲科学研究院主席	哈米特博士先期研究兴趣集中在娱乐行为、访问者对野生环境的偏好,以及环境心理学等方面。是《野外娱乐:生态学及管理》(*Wildland Recreation: Ecology and Management*)教科书的作者。曾发表了100多篇论文。曾担任《休闲研究杂志》、《休闲科学》编委
马克·哈维兹(Mark Havitz)	2000	加拿大滑铁卢大学娱乐与休闲研究系教授	他的研究主要集中在忍耐性参与、忠诚与诺言、休闲与失业以及家庭休假等领域。他的主要著作是《失业职工的不同世界》(*The Diverse Worlds of Unemployed Adults*)。他曾是《应用性娱乐研究杂志》、《休闲》、《休闲研究杂志》的编委
巴巴拉·霍金斯(Barbara A. Hawkins)	2006	印第安纳大学娱乐、公园与旅游研究系教授	其研究集中在健康、日常生活行为和老龄人健康等方面。她独立或合作发表50多篇文章、4本专著和60多个技术报告、出版物。她曾担任国际老人联合会理事长、SPRE主席,以及美国精神障碍研究会休闲与娱乐分会主席等职
☆*爱德华·希思(Edward H. Heath)	1980(休闲科学研究院创立者之一)	得克萨斯A和M大学娱乐、公园与旅游科学系教授;1985~1986年休闲科学研究院主席	他曾担任SPRE、AALR、国家娱乐与公园协会分支委员会、俄勒冈公园与娱乐协会主席等职。并曾获得俄勒冈公园与娱乐协会杰出服务奖、国家娱乐与公园协会西北地区教育者奖等
约翰·亨迪(John C. Hendee)	2001	爱达荷大学娱乐资源与旅游系教授	其研究集中在荒原与野生资源管理方面,是《荒原管理》(*Wilderness Management*)教科书的第一作者和《荒原中的野生动(植)物管理》(*Wildlife Management in Wilderness*)、《森林与可再生资源导读》(*Introduction to Forests and Renewable Resources*)的第二作者。曾任《国际荒原杂志》的主编、野生基金会科学与教育分会副主席等职

续表

成员（按英文姓氏字母排名）	入会时间	个人简介	学术兴趣及成果
* 卡拉·亨德森（Karla Henderson）	1990	北卡罗来纳州立大学公园、娱乐与旅游管理系教授；1996～1997年休闲科学研究院主席	她曾经被邀请在北美洲、欧洲、亚洲和澳大利亚作过许多演讲。其代表作为：《女性休闲——女性主义的视角》（*Both Gains and Gaps*，与 Bialeschki，Shaw，以及 Freysinger 合著）、《选择的幅度》（*Dimensions of Choice*）、《休闲中的志愿者》（*Volunteers in Leisure*，与 Tedrick 合著）、《休闲服务入门》（*Introduction to Leisure Services*，与 Sessoms 合著）、《休闲服务评价》（*Evaluation of Leisure Services*，与 Bialeschki 合著）等。其在女性休闲研究方面的成果尤其突出。她曾担任很多重要协会的主席，曾获得多种休闲研究大奖。业余时间，她喜欢登山、跑步、吹北卡罗来纳喇叭，以及阅读和写作
丹尼斯·霍华德（Dennis R. Howard）	1985	俄勒冈大学查尔斯·朗德奎斯商学院教授	其先期研究兴趣集中在与体育相关的商业客体方面。后期研究涉及价值理论及其在体育中的运用、资金运作技术及其经济影响分析，以及基金提升行为等。其大部分项目及成果也是关于商业体育方面的
马惠娣（Ma Huidi）	2006	中国艺术研究院休闲研究中心研究员	马惠娣自1995年起，在中国著名哲学家于光远先生的指导下开始关注休闲这一新的社会文化现象，以及由这一现象提出的哲学、社会学、文化学、经济学等问题。她于1998年访问美国宾夕法尼亚州立大学，回国后立即着手主持翻译首套“西方休闲研究译丛”五本书：《人类思想史中的休闲》、《你生命中的休闲》、《走向自由——休闲社会学新论》、《21世纪的休闲与休闲服务》、《女性休闲——女性主义的视角》。2000年由云南人民出版社出版，填补了中国学界在这一领域的学科空白。2004年执行主编了“中国学人休闲研究丛书”五本书，由中国经济出版社出版。已出版的学术著作有：《走向人文关怀的休闲经济》、《休闲：人类美丽的精神家园》、《中国人休闲状况调查》（合著）、《休闲·游戏·麻将》（合著）、《于光远马惠娣十年对话：关于休闲学研究的基本问题》等。她曾于2000年、2001年、2002年先后主持和完成了国家软科学课题“休闲产业将成为我国经济新的增长

续表

成员(按英文姓氏字母排名)	入会时间	个人简介	学术兴趣及成果
马惠娣(Ma Huidi)	2006	中国艺术研究院休闲研究中心研究员	点对策研究"; 文化部 2001 年重点课题"闲暇时间:我国公众文化精神生活现状的调查与研究";2002 年科技部"发展我国城市社区科普工作与提高公众文化精神生活质量的对策研究"等。曾参与杭州、成都、无锡、绍兴、沈阳棋盘山、江山、北戴河、北京什刹海等多个城市与区域的发展战略规划项目。在《世界休闲杂志》、《美国当代哲学》、《新华文摘》、《中国社会科学文摘》、《自然辩证法研究》等刊物发表了数十篇论文。自 2000 年至今共主持召开 7 届"中国休闲与社会进步学术年会"。2005 年当选世界休闲与娱乐协会终身会员;2006 年作为首位亚洲学者当选美国休闲科学研究院成员;2007 年担任中国休闲哲学专业委员会主任委员;同年当选国际社会学协会休闲研究委员会委员。目前正在主编"西方休闲研究译丛"(第二套)五本书:《休闲教育》(*Educating For Leisure-Centered Living*)、《休闲与生活满意度》(*Leisure and Life Satisfaction: Foundational Perspectives*)、《走向 21 世纪中期的休闲与休闲产业》(*Leisure and Leisure Services in the 21st Century Toward Mid Century*)、《美国人时间利用的社会学调查与方法》(*Time for Life: The Surprising Ways Americans Use Their Time*)、《劳动、社会与文化》(*Work Society and Culture*),近期将由中国经济出版社出版
* 约翰·赫尔茨曼(John Hultsman)	1998	加利福尼亚州立大学巴克斯菲尔安特鲁普山谷分校教授;2005 ~ 2006 年休闲科学研究院主席	赫尔茨曼博士的研究集中在森林学、渔场和野生生物,以及休闲技术的效果、青年人的冒险等方面,曾担任《美国文化杂志》、《流行文化评论》、《咨询心理学家》、《青年人与社会》等杂志的编委,曾主编《为百姓设计公园》(*Planning Parks for People*)

续表

成员（按英文姓氏字母排名）	入会时间	个人简介	学术兴趣及成果
本杰明·亨尼卡特（Benjamin Hunnicutt）	1992	艾奥瓦大学休闲研究系教授	其研究集中在工作与休闲历史方面，《无休止的工作》（*Work Without End: Abandoning Shorter Hours for the Right to Work*）是其代表作。在这本书和其他论文中作者提出：长达一个世纪的工作减少过程在二战以后结束了，稳定的休闲在当时真正减少了。这种观点也反映在1987年以后出版的多种学术著作中，比如《过劳的美国人：不可预料的休闲衰落》（Juliet Schor, *The Overworked American: The Unexpected Decline of Leisure*）、《工作的结束》（Jeremy Rifkin, *The End of Work*）等。亨尼卡特博士的观点还见诸《华尔街杂志》，以及国家广播电视等多种媒体中。他的研究项目也大多集中在过度工作的文化渊源考察、富有意义的生活的失落、文化提升、现代社会中的休闲等方面
塞波·伊索—阿霍拉（Sepo E. Iso-Ahola）	1986	马里兰大学运动生理学系教授	其大量出版物是关于心理学、运动生理学、休闲研究的。出版了《休闲与娱乐的社会心理学》（*The Social Psychology of Leisure and Recreation*）等4本关于休闲与体育社会心理学专著。他还曾担任《休闲研究杂志》、《斯堪的那维亚体育医学与科学杂志》编委。由于其在娱乐与公园研究方面的杰出成就，曾获得西奥多·罗斯福、弗兰克林·罗斯福奖，查尔斯·布朗特比尔奖和艾伦·萨波拉奖
尤西·艾瓦萨克（Yoshi Iwasaki）	2008	坦普尔大学疗养性娱乐系教授	通过休闲学术和实践过程持续提升健康生活是其一直以来的努力方向。他尤其重视休闲、家庭与工作关系的研究。曾任《休闲：加拿大休闲研究协会杂志》、《国际压力管理杂志》、《休闲研究杂志》、《疗养性娱乐杂志》的编辑

续表

成员（按英文姓氏字母排名）	入会时间	个人简介	学术兴趣及成果
* 埃德加·杰克逊（Edgar L. Jackson）	1989	加拿大亚伯塔大学地球与太空科学系教授；1995～1996年休闲科学研究院主席	其在休闲与娱乐研究的领域很广，主要包括自然环境中户外娱乐参与及态度、户外娱乐的满意度及冲突等。近年来，其研究集中在休闲参与及娱乐的制约方面。曾经为亚伯塔地方政府撰写了20多篇文章和研究报告。他曾在1989年和1999年与伯顿合作出版了《认识休闲与娱乐：回顾过去和展望未来》（*Understanding Leisure and Recreation：Maping the Past，Charting the Future*，与Thomas L. Burton合著）和《休闲研究：21世纪的前景》（*Leisure Studies：Prospects for the Twenty-First Century*，与Tim Burton合著）两本有影响的著作。前一本书是对休闲研究历史的回顾和展望，是对当时北美休闲杰出研究成果的集中反映；后一本书则是40多位来自美国、加拿大、澳大利亚、英国的知名休闲学者的研究成果的合集，其中大部分作者都是休闲科学研究院成员。这本书至今还是北美休闲学术史中具有里程碑意义的作品，是休闲专业研究生的必读教科书。2005年，杰克逊又出版了关于休闲制约研究领域重要的著作《休闲制约》（*Constraints to Leisure*）一书。他还曾担任《休闲研究杂志》的编委，加拿大休闲研究协会秘书长、主席等职，曾获得艾伦·萨波拉研究奖和美国国家娱乐与公园协会罗斯福奖等
戴波·乔丹（Deb Jordan）	2007	俄克拉荷马州立大学休闲研究系教授	乔丹博士发表了大量文章，并出版了3本专著——《休闲服务领导：更有意义》（*Leadership in Leisure Services：Making a Difference*）、《休闲服务规划：服务领导方法》（*Programming in Leisure Services：A Servant Leadership Aproach*，与DeGraaf合著）、《休闲与生活满意度：基础的视角》（*Leisure and Life Satisfaction：Foundational Perspectives*，与DeGraaf Edginton合著）等。她还曾担任《美国人类学杂志》编委
琼·凯勒（M. Jean Keller）	2004	北得克萨斯大学运动生理学、健康发展与娱乐系主任、教授	她曾发表了100多篇文章，出版了7本专著，并曾在美国及世界各地作了300多场次学术报告。她的研究方向主要是疗养性娱乐及其与病弱老人的关系，同时关注失去生活自理能力的人群中休闲的角色问题。因其杰出工作成就获得国家疗养性娱乐协会奖、J. B. 纳什奖、美国休闲与娱乐协会奖等

续表

成员（按英文姓氏字母排名）	入会时间	个人简介	学术兴趣及成果
约翰·凯利（John R. Kelly）	1982	伊利诺伊大学娱乐、体育与旅游系荣誉退休教授	其休闲研究主要集中在基于生活过程的休闲、工作、家庭/社区认同方面。在这方面他已经发表了60多篇文章、10多份技术报告和8本书。其中的专著有：《休闲》（*Leisure*）、《休闲认同和相互作用》（*Leisure Identities and Interactions*）、《娱乐业》（*Recreation Business*）、《走向自由——休闲社会学新论》（*Freedom to Be: a New Sociology of Leisure*）、《佩欧瑞亚的冬天：晚年生活的类型与资源》（*Peoria Winter: Styles and Resources in Later Life*）、《娱乐的趋势：面向2000年》（*Recreation Trends Toward the Year 2000*）、《休闲社会学》（*The Sociology of Leisure*，与G. Godbey合著）等。他还曾被邀请到很多国家访问讲学，曾获得过NRPA罗斯福研究奖、国家文学奖
*道格拉斯·克莱伯（Douglas Kleiber）	1987	佐治亚大学娱乐与休闲研究系教授；1993~1994年休闲科学研究院主席	其研究先期主要在休闲心理学方面。曾经发表了90多篇文章，有3本著作出版。其中1999年出版的《休闲经历与人类发展》（*Leisure Experience and Human Development*）是其代表作。他还与曼奈尔合作出版了《休闲社会心理学》（*A Social Psychology of Leisure*，与Roger Mannell合著）。由于其杰出的成就，他还曾获得艾伦·萨波拉研究奖、国家娱乐与公园协会西奥多·罗斯福以及弗兰克林·罗斯福奖
维尔伯·拉佩吉（Wilbur F. LaPage）	1982	缅因大学公园系统管理问题顾问	他是第一位NRPA西奥多·罗斯福、弗兰克林·罗斯福公园与娱乐杰出研究奖的获得者。他曾撰写过130多篇户外娱乐方面的研究报告。2006年，他又出版了自己的专著《生活中的公园》（*Parks for Life*）
里德·拉森（Reed Larson）	1998	伊利诺伊大学人类发展与家庭研究系教授	其研究兴趣集中在每日生活研究，特别是青少年每日生活与家庭生活中的休闲问题。他的大量成果都是通过调研、询问方式，从而获得参与者提供的他们在闲暇时间的行为和情感陈述资料。借助这些数据资料，他撰写了大量关于青少年在独处，或与家人、同龄人在一起，看电视，以及其他不同的每日生活情况下的生活经历和休闲活动的学术论文和专

续表

成员(按英文姓氏字母排名)	入会时间	个人简介	学术兴趣及成果
里德·拉森(Reed Larson)	1998	伊利诺伊大学人类发展与家庭研究系教授	著。他还考察了每日动机与精神健康的关系、跨文化比较的青少年经历,不同家庭的时间利用模式,以及家庭成员间的情感转移方式等。其代表作是:《成为青少年:青春期的成长与矛盾》(*Being Adolescent: Growth and Conflict in the Teenage Years*,与 Mihaly Csikszentmihalyi 合著)、《分歧的真实状态:母亲、父亲和青少年的情感生活》(*Divergent Realities: The Emotional Lives of Mothers, Fathers, and Adolescents*,与 Maryse Richards 合著)等
加里·马克利斯(Gary Machlis)	1995	爱达荷大学森林资源与社会学系教授	他曾以社会科学专家的身份服务于美国公园服务部。他还曾以访问教授身份在中国南京科技大学和耶鲁大学访问交流。其研究主要集中在资源保护方面。其代表作是:《世界公园的现状》(*The State of the World's Parks*),本书中,作者系统研究了全世界受保护地区所受到的威胁;《论阐释:社会学为自然和文化史作阐释者》(*On Interpretation: Sociology for Interpreters of Natural and Cultural History*,和 Don Field 合著)、《国家公园与偏远地区的发展》(*National Parks and Rural Development*,和 Don Field 合著)等
☆ 珍妮特·麦克莱恩(Janet R. MacLean)	1980(休闲科学研究院创建者之一)	印第安纳大学娱乐与公园管理系教授	麦克莱恩博士在印第安纳大学工作了 32 年,并一直致力于其老年研究中心的发展。曾任 SPRE 主席、NRPA/AALR 分委员会主席,曾是 AAPRA 的创立者之一,并曾出席 3 次白宫关于老年问题的大会。其研究和服务的范围遍及美国、加拿大、德国、澳大利亚的许多组织和机构。在其获得的 12 项大奖中包括了印第安纳州最高荣誉奖、SPRE 杰出服务奖、NRPA 特殊服务奖、AALR 纳什学者文学奖,以及美国杰出教育者奖、总统委员会年度健康银质奖等

续表

成员（按英文姓氏字母排名）	入会时间	个人简介	学术兴趣及成果
迈克尔·马洪（Michael Mahon）	2001	加拿大亚伯塔大学运动教育与娱乐学院教授	马洪博士的研究主要是关于残障人休闲及其与生活质量的关系问题。他曾致力于休闲教育对残障人生活质量的影响研究，后来的研究则着重于后期休闲规划对具有精神障碍的老龄人口健康生活质量的影响方面。他曾是《疗养性娱乐杂志》的编辑、《休闲：加拿大休闲研究协会杂志》的助理编辑。他的代表作是教科书《残障人娱乐服务入门：以人为本的方法》（*Introduction to Recreation Services for People with Disabilities*: *A Person Centred Aproach*，与 Dr. Charles C. Bullock 合著），以及另外两本关于残障人、生活质量与休闲教育的专著
迈克尔·曼弗雷多（Michael Manfredo）	1997	科罗拉多州立大学自然资源娱乐与旅游系教授	其研究和教育活动集中在自然资源管理方面。他曾经在《野生生物科学快报》、《社会与自然资源》、《社会心理学杂志》、《森林杂志》、《滨海地带管理》、《北美渔场管理》、《休闲研究杂志》和《休闲科学》等 杂志上发表大量相关论文。其代表作是《影响人类的行为：娱乐、旅游和自然资源管理中的理论和应用》（*Influencing Human Behavior*: *Theory and Aplications in Recreation*, *Tourism and Natural Resources Management*）。他的研究成果曾经被美国有线新闻网、现代美国、新闻周刊、纽约时报等新闻媒体所报道
* 罗杰·曼内尔（Roger C. Mannell）	1986	加拿大滑铁卢大学娱乐与休闲研究系教授、应用健康科学院院长；2004～2005 年休闲科学研究院主席	他是一个心理学家和娱乐与休闲研究教授。其研究集中在休闲及其时间利用的心理学研究方面。他曾经创新性地使用了实验和实验模型方式，作为其休闲心理学研究的主要手段。他还把研究兴趣放在社会和个性因素对于人们选择休闲利用方式及其对于生活质量的影响方面。后来，他的研究还涉及家庭休闲和生活方式的时间压力检测、休闲利用和精神健康的关系等方面。他曾与道格拉斯合作出版了《休闲社会心理学》（*A Social Psychology of Leisure*）。他还获得过艾伦·萨波拉研究奖、国家娱乐与公园协会西奥多·罗斯福以及弗兰克林·罗斯福奖

续表

成员（按英文姓氏字母排名）	入会时间	个人简介	学术兴趣及成果
罗伯特·曼宁（Robert Manning）	2000	佛蒙特大学自然资源学院娱乐管理项目主任、教授	曼宁博士的研究涉及休闲历史、休闲哲学、公园及野外资源管理等领域。其代表作《户外娱乐研究》（*Studies in Outdoor Recreation*）探讨了户外娱乐管理、公园及相关地区的人流及其承载力，以及环境道德和伦理等问题
利奥·麦卡沃伊（Leo McAvoy）	1988	明尼苏达大学娱乐、公园和休闲研究系教授	麦卡沃伊博士先期研究户外娱乐和教育，特别是在与环境相关的活动中个人与社会的利益、户外娱乐场所人类行为的管理方面。这种应用性研究得到了联邦政府、州政府和许多地方机构的支持。他发表了大量文章，代表作为《步入管理员之列：护理员的选择》（*Stewards of Access*：*Custodians of Choice*，合著）
罗纳德·麦克卡维尔（Ronald E. McCarville）	2002	加拿大滑铁卢大学娱乐与休闲研究系教授	麦克卡维尔博士的研究兴趣在如何合理组合资源为休闲参与者进行服务方面。他曾对休闲服务的提供者和参与者进行了大量研究，并特别关注休闲参与者的态度。在此基础上，反过来给休闲服务的供应商、组织和机构提出合理性建议，以及时调整他们的供应方式和途径
弗朗西斯·麦圭尔（Francis A. McGuire）	1995	克莱姆森大学公园、娱乐与旅游管理系教授	其研究主要集中在老龄化休闲、残障人休闲方面。曾在50多个国家、地区和相关大会就老年人参与户外娱乐的形式、在无自理能力人群中幽默的角色、退休人群休闲参与的制约因素等相关的议题作报告，并曾在《休闲研究杂志》、《休闲科学》、《疗养性娱乐杂志》、《老龄化与人类发展国际杂志》等杂志上发表大量文章
☆ 托尼·莫布利（Tony A. Mobley）	1980（休闲科学研究院创建者之一）	印第安纳大学健康、运动教育与娱乐系教授	莫布利博士的学术研究包括休闲哲学和管理理论。他曾出版1本专著，发表了大量文章。曾担任 SPRE、AAPRA 等组织主席，获得 NRPA 国家杰出专家奖、SPRE 杰出成员奖、AALR 纳什学者文学奖等多项大奖

续表

成员（按英文姓氏字母排名）	入会时间	个人简介	学术兴趣及成果
托马斯·莫尔（Thomas A. More）	2001	佛蒙特大学东北研究中心教授，曾就职于国家森林服务部	他曾就城市公园、娱乐行为、资源管理中的人类价值、野生生物管理中人类的态度等问题发表了130多篇（部）技术报告和论文。他后期的研究集中在社会公平，特别是公共土地的使用费用方面
☆ 琼·芒迪（Jean Mundy）	1980（休闲科学研究院创建者之一）	佛罗里达州立大学人类科学与研究系教授	芒迪博士以其在疗养性娱乐方面的休闲教育和评价研究而知名。她的代表作是流行教科书《休闲教育：理论与实践》（*Leisure Education: Theory and Practice*，合著）
☆ * 詹姆斯·墨菲（James F. Murphy）	1980（休闲科学研究院创建者之一）	圣·弗朗西斯科州立大学娱乐与休闲研究系教授、主任	墨菲博士的学术研究兴趣包括：休闲的概念、休闲服务的传递、经济与文化弱势群体的休闲服务等。他独立或与人合作出版了7部专著。曾经担任《休闲研究杂志》、《现代休闲》、《学者：休闲研究和娱乐教育杂志》编委。因其在娱乐研究领域的杰出贡献，他曾获得过包括国家娱乐与休闲协会文学奖在内的8项大奖
☆ * 约翰·纽林格（John Neulinger）	1980（休闲科学研究院创建者之一）	纽约城市大学教授；1982～1983休闲科学研究院主席	纽林格是北美休闲社会学/心理学的早期代表人物，其代表作是《休闲心理学》（*The psychology of leisure: Research aproaches to the study of leisure*）
* 约瑟夫·奥利里（Joseph T. O'Leary）	1994	得克萨斯A和M大学娱乐、公园与旅游科学系教授；2002～2003年休闲科学研究院主席	奥利里博士公开出版和发表了大量关于休闲与旅游的论著。他的研究兴趣主要集中在国内和国际娱乐消费者的社会行为和旅行模式、旅游与娱乐相关数据的分析、娱乐与休闲趋势、娱乐资源开发的社会影响等方面。曾担任《休闲研究杂志》、《休闲科学》、《旅行与旅游市场杂志》等杂志编委

续表

成员(按英文姓氏字母排名)	入会时间	个人简介	学术兴趣及成果
艾莉森·佩德拉(Alison Pedlar)	2002	加拿大滑铁卢大学娱乐与休闲研究系教授	其研究主要集中在加拿大残障人、老年人口及其休闲与娱乐服务方面。她在这方面的研究又多反映在社会政策、规划和人类服务的发展上。她利用大量时间和老年人、残障人、需要照顾的女性老人,以及边缘人群一起参与社区发展工作,其大量成果也反映在与残障人相关的社区、居民、社会和谐、权利方面。代表作为:《一份独特真实的生活:授权与新出现残障的成年人》(*A Textured Life: Empowerment and Adults with Developmental Disabilities*)。她还曾是《休闲研究杂志》、《疗养性娱乐杂志》、《休闲能力》、《加拿大精神健康杂志》的编委
卡罗尔·皮特森(Carol A. Peterson)	1986	内华达大学人类表演与发展学院教授	她的研究主要集中在疗养性娱乐方面。其代表作是《疗养性项目设计》(*Therapeutic Recreation Program Design*)。她还发表了大量关于疗养性娱乐的规范与实践的文章
乔治亚·皮特森(George L. Peterson)	1989	科罗拉多大学岩石山森林与山脉体验研究中心教授	他的研究涉及非营利森林产品的评价、娱乐利益和娱乐选择模式等。他发表了140多篇科学论文和报告,并因此获得美国森林服务部杰出研究奖。他还曾担任《环境与行为》、《休闲科学》、《休闲研究杂志》的编委
☆ * 莱斯利·里德(Leslie M. Reid)	1980(休闲科学研究院创立者之一)	得克萨斯A和M大学娱乐、公园与旅游科学系教授;1983 ~ 1984休闲科学研究院主席	其研究兴趣表现在资源管理与保护方面。主要成果包括《全美户外娱乐需求研究》(*Statewide Outdoor Recreation Demand Study*)、《户外娱乐的质量:来自使用者满意度的证实》(*The Quality of Outdoor Recreation as Evidenced by User Satisfaction*)以及100多种调查报告、论文等。他还曾经是美国公园服务部、国土管理局、国家科学院的顾问科学家。曾担任《休闲研究杂志》和《休闲科学》的编委,获得过17项专业领域的杰出研究奖,并曾在30多个远东和中南美洲的国家作学术讲座和访问交流
约瑟夫·洛根巴克(Joseph Roggenbuck)	2000	弗吉尼亚州立大学森林学系教授	其研究集中在荒原与野生陆地娱乐管理方面。特别是在野生陆地环境中休闲经历——动机、意义和利益的阐释。曾发表了60多种相关研究成果。并曾担任《休闲科学》、《休闲研究杂志》的编委

续表

成员(按英文姓氏字母排名)	入会时间	个人简介	学术兴趣及成果
露思·拉塞尔(Ruth Russell)	1998	印第安纳大学娱乐与公园管理系教授	她的研究主要是退休人群休闲满意度、高等教育教学法，以及旅游对发展中国家的影响方面。她近期的研究还涉及工作对休闲及人性的影响。她是《学者：休闲研究与娱乐教育》杂志和 SPRE 教育中心的创建者之一；还是高等教育的杰出专家，曾获得 6 项杰出教育奖
黛安娜·萨姆达尔(Diane Samdahl)	2005	佐治亚大学娱乐与休闲研究系教授	其研究集中在日常生活中的休闲问题，特别关注种族、性别和性背景下处于主流文化边缘的特殊群体的休闲。她的代表作是《失业成人的多彩世界：休闲、生活方式和健康的结果》(*The Diverse Worlds of Unemployed Adults: Consequences for Leisure, Lifestyle, and Health*，合著)
斯图尔特·施莱恩(Stuart J. Schleien)	1995	北卡罗来纳大学娱乐、公园与旅游科学系教授	他曾长期致力于从实践上帮助父母和专业人员提升全面的娱乐、运动、友谊和志愿者活动项目，并主张为不同群体的成人和儿童提供适当的休闲服务。他曾发表了 125 篇文章、出版了 7 本专著。还曾受邀请到美国许多高校，以及加拿大、澳大利亚、英国、德国、瑞士等国家作演讲报告
戴维·斯科特(David Scott)	2007	得克萨斯 A 和 M 大学娱乐、公园与旅游科学系教授	其研究集中在休闲社会学方面，特别是娱乐个性化与严肃休闲、休闲制约，以及人们对公共公园与娱乐服务的利用问题。他在休闲社会学相关杂志如《应用行为科学评论》、《环境与行为》、《野生生物的人类纬度》、《休闲研究杂志》、《公园与娱乐管理杂志》、《休闲管理》、《休闲科学》、《游戏与文化》、《社会与休闲》等杂志上发表了大量论文。因在《公园与娱乐管理杂志》发表的论文他曾获得美国公园与娱乐管理协会成就奖
马克·瑟尔(Mark Searle)	1994	亚利桑那州立大学教授、副校长	瑟尔博士的研究兴趣在于休闲行为的社会心理学研究方面，并特别关注老人及其休闲制约、健康与休闲行为问题。其代表作为《加拿大休闲服务入门》(*Leisure Services in Canada: An Introduction*，合著)，这是加拿大第一本在这个领域的教科书。他曾担任《疗养性娱乐杂志》、《休闲研究杂志》、《学者》、《加拿大娱乐》的编委

续表

成员（按英文姓氏字母排名）	入会时间	个人简介	学术兴趣及成果
☆ * 道格拉斯·塞萨姆斯（H. Douglas Sessoms）	1980（休闲科学研究院创立者之一）	北卡罗来纳大学娱乐与休闲研究系教授；1984～1985 休闲科学研究院主席	其主要研究兴趣在于娱乐和娱乐教育，对于美国娱乐、公园、休闲与旅游教育有特殊贡献。他一生编著了12本教材，发表了150多篇文章、报告。除了担任休闲科学研究院主席，还曾任公园与娱乐教育者协会、公园与娱乐管理协会主席等重要学术职务。曾经获得 NRPA 文学奖、杰出专家奖，AALR 纳什学者文学奖，SPRE 杰出成员奖等奖励
* 苏珊·萧（Susan Shaw）	1992	加拿大滑铁卢大学娱乐与休闲研究系教授；2001～2002 年休闲科学研究院主席	其研究兴趣主要集中在休闲与性别的关系，时间利用和时间压力，工作、休闲与家庭的相互关系，变化中的母系和父系意识，以及在支配意识的再产生和再确认过程中休闲的角色等方面。她的主要著作包括：《一个人自身的休闲：从女性主义的视角看妇女休闲》（*A Leisure of One's Own：A Feminist Perspective on Women's Leisure*）、《女性休闲：女性主义的视角》（*Gains and Gaps：Feminist Perspectives on Women's Leisure*）、《休闲研究手册》（*The Handbook of Leisure Studies*）等。她曾担任加拿大休闲研究协会的主席（1993～1996），曾任《休闲》和《休闲科学》的编审。曾获得国家公园与娱乐协会西奥多和弗兰克林·罗斯福杰出研究奖
金·辛尼娃（Kim Shinew）	2008	伊利诺伊大学娱乐、运动与旅游系教授	其专业兴趣在于休闲行为与人种/种族，特别是非洲裔和拉美裔的休闲行为方面。同时，其研究也部分涉及人种/种族影响下的女性休闲行为与服务等
罗伯特·斯特宾斯（Robert Stebbins）	1996	加拿大亚伯塔考葛瑞大学社会学系	其研究集中在工作与休闲方面。曾出版和主编了30多本专著，发表了180多篇文章。他最近的著作包括：《在社会科学中探索研究》（*Exploratory Research in the Social Sciences*）、《工作与娱乐之间》（*Between Work and Leisure*）、《非营利条件及其概念词典》（*A Dictionary of Nonprofit Terms and Concepts*，与 David Horton Smith 合著）、《严肃休闲：当代的视角》（*Serious Leisure：A Perspective for Our Time*）、《休闲教育的中心作用》（*The Pivotal Role of Leisure Education*，与 Elie Cohen-Gewerc 共同编辑）、《公共空间的个人抉择：用社会学的积极一面解决问题》（*Personal Decisions in the Public Square：Beyond Problem Solving into a Positive Sociology*）等

续表

成员（按英文姓氏字母排名）	入会时间	个人简介	学术兴趣及成果
威廉·斯图尔特（William Stewart）	2005	伊利诺伊大学娱乐、体育与旅游系教授	其研究方向为公园与自然资源开发。他一直致力于通过为公园和其他户外场所提供休闲设施以提升生活质量和社区环境
爱德华·斯托里（Edward H. Storey）	1986	伊利诺伊大学娱乐、体育与旅游系教授	他一直致力于美国各州的城市规划、公园服务与城市娱乐等研究。他曾是加拿大国家历史遗迹和纪念馆协会成员，曾创办“走向健康与娱乐的国家政策”、“休闲教育”等栏目，并曾担任《城市休闲管理与服务》的编委
诺尔玛·斯顿波（Norma J. Stumbo）	2004	伊利诺伊州立大学运动生理学与娱乐学院教授	其成果包括《疗养性娱乐项目设计：原则和程序》（*Therapeutic Recreation Program Design: Principles and Procedures*，与 Dr. Carol A. Peterson 合著）、《疗养性娱乐中顾客的收获》（*Client Outcomes in Therapeutic Recreation*）、《顾客对疗养性娱乐的评价》（*Client Assessment in Therapeutic Recreation*）、《疗养性娱乐的职业问题》（*Professional Issues in Therapeutic Recreation*）、《国家 CTRS 证书考试指南》（the *Study Guide for the National CTRS Certification Examination*，与 Dr. Jean Folkerth 合著）、《休闲教育 I：活动与资源手册》（*Leisure Education I: A Manual of Activities and Resources*）、《休闲教育 II：更多的活动与资源》（*Leisure Education II: More Activities and Resources*）、《休闲教育 III：更多的活动与资源》（*Leisure Education III: More Activities and Resources*）、《休闲教育 IV：滥用物质个体的活动》（*Leisure Education IV: Activities for Individuals with Substance Abuse*）、《对冒险青年的干预活动》（*Intervention Activities for At-Risk Youth*）等，涉及疗养性娱乐、休闲教育、青少年休闲等多个方面。并曾在《疗养性娱乐杂志》、《疗养性娱乐年刊》、《美国娱乐疗法杂志》、《疗养性娱乐消费地平线杂志》以及《休闲研究年刊》等杂志发表了大量成果。曾获得美国杰出青年女性奖
丹尼尔·斯泰尼思（Daniel J. Stynes）	1986	密歇根州立大学娱乐与资源研究系教授	其研究主要是娱乐和旅游研究中量化方法的应用，他在娱乐和旅游研究中使用了数学、经济学模式，并发表了大量相关成果。他还是《休闲研究杂志》和《休闲科学》的编委

续表

成员（按英文姓氏字母排名）	入会时间	个人简介	学术兴趣及成果
＊霍华德·汀斯利（Howard E. A. Tinsley）	1985	南伊利诺伊大学心理学系教授；1988～1989 年休闲科学研究院主席	汀斯利博士曾是多种心理学研究杂志的编委，曾独立或合作出版了 20 多本著作，发表了 140 多篇文章，涉及休闲、职业心理学和心理学测量等。曾因在休闲心理学研究方面的杰出成就获得美国艾伦·萨波拉研究奖
穆扎菲·尤萨尔（Muzaffer S. Uysal）	2004	弗吉尼亚州立大学接待业和旅游管理系教授	其在旅行和旅游业领域有丰富的实践经历，在旅游业、娱乐和接待业杂志上发表了大量文章。具体研究领域涉及旅游市场、需求/供给关系，以及国际旅游等。他是国际旅游研究学会成员，并担任《旅游分析杂志》、《旅行研究杂志》、《旅游研究纪事》等 8 家主要旅游杂志的编委
☆贝蒂·范·德·史密森（Betty van der Smissen）	1980（休闲科学研究院创立者之一）	堪萨斯大学教授	美国户外娱乐法及其研究的奠基人。其研究兴趣在于户外项目收益评价、娱乐环境变化指导、野营与环境教育等。其代表作为《合法责任与公共和私人实体的危机管理》（*Legal Liability and Risk Management for Public and Private Entities*）。曾任美国野营协会主席，获得过 AALR 第一届纳什学者文学奖、SPRE 杰出成员奖等
☆卡尔顿·凡·多伦（Carlton S. Van Doren）	1980（休闲科学研究院创立者之一）	得克萨斯 A 和 M 大学娱乐、公园与旅游科学系教授	曾担任《休闲研究杂志》、《休闲科学》编委。其代表作是：《旅行与旅游：英美加视角》（*Travel and Tourism, An Anglo-North American Perspective*，合著）、《户外娱乐统计学》（*Statistics on Outdoor Recreation*），并曾主持编辑《大地与休闲》（*Land and Leisure*）栏目。曾获得 NRPA 国家研究西奥多·罗斯福、弗兰克林·罗斯福奖、家庭露营联邦研究奖等
杰里·瓦斯克（Jerry J. Vaske）	2000	科罗拉多州立大学自然资源娱乐与旅游系教授	其理论研究兴趣主要是规范、拥挤和替代能力。其应用研究集中在自然资源管理中人类的社会和生态准则问题。她出版了 2 本书，其中 2 卷本的《旅游者影响管理》（*Visitor Impact Management*）是其代表作。她曾在《休闲科学》、《休闲研究杂志》、《公园与娱乐管理杂志》、《国际野生生物杂志》、《环境教育杂志》、《社会与自然资源》、《环境管理》、《旅游研究纪事》、《旅游分析》、《旅行研究杂志》等杂志上发表了 60 多篇文章

续表

成员（按英文姓氏字母排名）	入会时间	个人简介	学术兴趣及成果
朱迪思·沃尔克（Judith Voelkl）	2006	克莱姆森大学公园、娱乐与旅游管理系教授	其研究集中在需要护理的家庭老年人的生活质量问题。她曾是《疗养性年鉴》、《疗养性娱乐杂志》、《休闲科学》，以及《行为指导者季刊》的编辑。2005 年曾获得美国疗养性娱乐协会学术成果奖
艾伦·沃森（Alan Watson）	2004	蒙大拿大学野生生物研究中心教授	他的主要研究领域为野生生物与娱乐管理。曾担任《国际野生生物杂志》、《休闲研究杂志》、《公园与娱乐管理杂志》、《休闲科学》等杂志的编委，曾在南非、芬兰、巴西、澳大利亚、英国、加拿大和新西兰等多个国家和地区作学术报告和相关咨询服务
埃伦·韦辛格（Ellen Weissinger）	2000	内布拉斯加大学林肯分校健康与人类表现系教授	她主要研究影响人的休闲选择的动机因素。曾重点调查了为什么一些人在自由时间觉得乏味。她曾在其研究领域提出了 3 种休闲心理学模型，曾任《休闲研究杂志》的编辑
丹尼尔·威廉姆斯（Daniel R. Williams）	2002	科罗拉多大学岩石山研究中心主任、教授，曾就职于美国森林服务部	曾任《休闲科学》编辑。他的研究涉及环境心理学应用、消费者行为、娱乐设施及其利用的文化差异、公共土地规划与政策，以及生态系统管理等。他现在的调研包括全球化对荒野地带的影响、极地荒原的意义与价值等
☆ 约翰·威廉姆斯（John G. Williams）	1980（休闲科学研究院创建者之一）	加利福尼亚大学公园与娱乐系教授	他在长达 30 多年的时间里一直致力于公共公园与娱乐项目的研究。曾出版 2 本教科书，发表了多篇文章。他还是 AAPRA 的创建者之一，曾任 APRS 、佐治亚娱乐协会、马里兰娱乐与公园协会主席等职。曾获得 NRPA 国家文学奖、APRS 杰出成员奖等
* 皮特·维特（Peter Witt）	1984	得克萨斯 A 和 M 大学娱乐、公园与旅游科学系教授；1992 ~ 1993 年休闲科学研究院主席	维特博士的研究兴趣集中在青年人发展、青年人娱乐服务和青年项目评价等领域。曾是《娱乐与休闲：世纪之交的问题》（*Recreation and Leisure*: *Issues in an Era of Change* ，与 Tom Goodale 合作）的作者之一，是《与冒险的青年人一同发展的娱乐项目》（*Recreation and Youth Development*，，与 John Crompton 合著）、《娱乐和青年人发展》（*Recreation and Youth* Development，与 Linda Caldwell 合著）的作者之一。曾担任《疗养性娱乐杂志》、《公园和

续表

成员(按英文姓氏字母排名)	入会时间	个人简介	学术兴趣及成果
* 皮特·维特(Peter Witt)	1984	得克萨斯A和M大学娱乐、公园与旅游科学系教授;1992~1993年休闲科学研究院主席	娱乐管理杂志》、《休闲研究杂志》、《休闲能力杂志》的编委。曾因在青年人发展领域的杰出工作获得国家娱乐基金会罗伯特·克劳福德成就奖、国家娱乐与公园协会杰出工作者奖和罗斯福研究奖、SPRE和TRAPS杰出成员奖、AALR杰出成就奖等
吉瑞·祖扎尼克(Jiri Zuzanek)	1984	加拿大滑铁卢大学娱乐与休闲研究系教授	他的研究集中在休闲社会学、大众文化、优秀艺术观众和参与者、老年人生活质量等方面。这些成果反映在他的4本书和70多篇文章中

注:

1. 表中所列人员有104位。部分早期创立者未列入表中。
2. 带“☆”者为休闲科学研究院创立者;带“*”者为曾任或现任休闲科学研究院主席。
3. 表中涉及的一些学术组织及其中文名称如下:

- AAHPERD: American Association for Health, Physical Education, Recreation and Dance 美国健康、运动教育、娱乐和舞蹈协会
- AALR: American Alliance for Leisure and Recreation 美国休闲与娱乐联盟
- AAPRA: American Academy for Park and Recreation Administration 美国公园与娱乐管理学会
- Academy: Academy of Leisure Sciences 美国休闲科学研究院
- APRS: American Park and Recreation Society 美国公园与娱乐协会
- NRPA: National Recreation and Park Association 美国国家娱乐与公园协会
- NTRS: National Therapeutic Recreation Society 国家疗养性娱乐协会
- SPRE: Society of Park and Recreation Educators 公园与娱乐教育者协会
- WLRA: World Leisure and Recreation Association 世界休闲与娱乐协会

资料来源:根据美国休闲科学研究院网站:http://www.academyofleisuresciences.org,以及所属单位“教员简介”相关资料整理。

附录三 主要参考文献

专著部分

1. 托马斯·古德尔、杰弗瑞·戈比：《人类思想史中的休闲》，成素梅、马惠娣、季斌、冯世梅译，云南人民出版社，2000。

2. 杰弗瑞·戈比：《21世纪的休闲与休闲服务》，成素梅、马惠娣、季斌、冯世梅译，云南人民出版社，2000。

3. 杰弗瑞·戈比：《你生命中的休闲》（1994年，第4版），康筝译，田松校译，云南人民出版社，2000。

4. 卡拉·亨德森、黛博拉·拜尔列席基、苏珊·萧、瓦列丽亚·弗莱辛格：《女性休闲：女性主义的视角》，刘耳、季斌、马岚译，云南人民出版社，2000。

5. 约翰·凯利：《走向自由——休闲社会学新论》，赵冉、季斌译，云南人民出版社，2000。

6. 凡勃伦：《有闲阶级论》，蔡受百译，商务印书馆，1964。

7. 马惠娣：《休闲：人类美丽的精神家园》，中国经济出版社，

2004。

8. 马惠娣：《走向人文关怀的休闲经济》，中国经济出版社，2004。

9. 马惠娣、张景安：《中国公众休闲状况调查》，中国经济出版社，2004。

10. 王雅林：《城市休闲——上海、天津、哈尔滨城市居民时间分配的考察》，社会科学文献出版社，2003。

11. 王琪延：《中国人的生活时间分配》，经济科学出版社，2000。

12. 田翠琴、齐心：《农民闲暇》，社会科学文献出版社，2005。

13. Henry S. Curtis. （1917）. *The Play Movement and Its Significance*. New York：The Macmillan Company.

14. George A. Lundberg，Mirra Komarovsky & Mary Alice. McInerny. （1934）. *Leisure-A Suburban Study*. New York：Columbia University Press.

15. Eric Fromm. （1941）. *Escape from Freedom*. New York：Holt，Rinehart and Winston.

16. Charles K. Brightbill & Harold D. Meyer. （1953）. *Recreation：Text and Reading*. New York：Prentice-Hall，Inc.

17. Doell，C. & Fitzgerald，G. （1954）. *A brief history of parks and recreation in the United states*. Chicago，IL：The Athletic Institute.

18. Johan Huizinga. （1955）. *Homo Ludens：A Study of the Play Element in Culture*. Boston：Beacon Press.

19. L Eric arrabee & Rolf Meyersohn. （1958）. *Mass Leisure*. Glencoe，IL：The Free Pree.

20. May，H. & Petgen，D. （1960）. *Leisure and its uses*. New York，NY：A. S. Barnes.

21. Charles K. Brightbill. （1960）. *The Challenge of Leisure*. （1961）. *Man and Leisure*. Englewood Cliffs，New Jersey：Prentice-Hall.

22. Max Kaplan. （1960）. *Leisure in America：A Social Inquiry*. New

York: John Wiley and Sons, Inc.

23. de Grazia, S. (1962). *Of time, work, and leisure*. New York, NY: The Free Press.

24. Walter Kerr. (1962). *The Decline of Pleasure*. New York: Simon and Schuster.

25. Josef Pieper. (1963). *Leisure: The Basis of Culture*. New York: Random House.

26. Lee, R. (1964). *Religion and leisure in America*. New York, NY: Abingdon Press.

27. Foster Rhea Dullers. (1965). *A History of Recreation—America Learns to Play* (*2nd ed.*). New York: Apleton-Century-Crofts.

28. Staffan Linder. (1970). *The Harried Leisure Class*. New York: Columbia University Press.

29. Jay B. Nash. (1970). *Philosophy of Recreation and leisure*. Dubuque, Iowa: William Brown Company.

30. Parker, Stanley (1972). *The Future of Work and Leisure*. New York: Praeger.

31. John Neulinger. (1974). *The psychology of leisure: Research aproaches to the study of leisure*. Springfield. IL: Charles Thomas Publishers.

32. Max Kaplan. (1975). *Leisure: Theory and Policy*. New York: John Wiley & Sons, Inc.

33. Geoffrey Godbey & Stanley Parker. (1976). *Leisure Studies and Services: an Overview*. Philadelphia: W. B Saunders Company.

34. Geoffrey Godbey. (1976). *Recreation, Park and Leisure Services: Foundations, Organization, Administration*. Philadelphia: W. B Saunders Company.

35. Dean MacCannell. (1976). *The Tourist—A New Theory of the*

Leisure Class. New York: Schocken Books.

36. Neil Cheek & William Burch. (1976). *The Social Organization of Leisure in Human Society*. New York: Harper and Row.

37. Gooffrey Godbey, Patterson, A. & Brown, L. (1979). *Crime and fear of crime among the elderly-Relationship to leisure behavior*. Washington, DC: American Association of Retired Persons.

38. Hobson Bryan. (1979). *Conflict in the Great Outdoors*. Alabama: University of 46. Alabama, Bureau of Public Administration.

39. Sepo E. Iso-Ahola. (1980). *Social Psychological Perspectives on Leisure and Recreation*. Charles C. Thomas · Publisher: Bannerstone House.

40. Jeoffrey Godbey. (1981). *Leisure in You Life: an exploration*. Saunders College PuB. (*2nd ed*, State College, Pennsylvania: Venture Publishing, Inc.; *3rd ed 1990*, *4th ed 1994*, *5th ed 1999*, *6th ed 2003*).

41. Thomas Goodale & Peter Witt. (1985). *Recreation and Leisure: Issues in an Era of Change* (*2nd ed.*). State College, Pennsylvania: Venture Publishing.

42. Jeremy Rifkin. (1987). *Time Wars: The Primary Conflict in Human History*. New York: Henry Holt and Company.

43. Galen Cranz. (1987). *The Politics of Park Design—A History of Urban Parks in America*. Cambridge, Massachusetts: MIT Press.

44. Geoffrey Godbey. (1989). *The future of leisure services: Thriving on change*. State College, Pennsylvania: Venture Publishing, Inc.

45. Mihalyi Csikszentmihalyi. (1990). *Flow—The Psychology of Optimal Experience*. New York, NY: Harper Perennial.

46. Gary Cross. (1990). *A Social History of leisure: Since 1600*. State College, Pennsylvania: Venture Publishing, Inc.

47. Geoffrey Godbey, Alan Graefe & Stephen W. James. (1992). *The benefits of local recreation and park services, a nationwide study of the perceptions of the American public.* Arlington, VA: National Recreation and Park Association.

48. John R. Kelly & Geoffrey Godbey. (1992). *The Sociology of Leisure.* State College, Pennsylvania: Venture Publishing, Inc.

49. John Kelly. (1983). *Leisure.* Englewood Cliffs, N. J.: Prentice-Hall.

50. Roger C. Mannell & Douglas A. Kleiber. (1997). *A Social Psychology of Leisure.* State College, Pennsylvania: Venture Publishing, Inc.

51. Jay S. Shivers & Lee J. deLisle. (1997). *The Story of Leisure: Context, Concepts, and Current Controversy.* United States: Human Kinetics.

52. John P. Robinson & Geoffrey Godbey. (1997). *Time for Life: the Surprising Ways Americans Use Their Time.* University Park, Pennsylvania: The Pennsylvania State University Press (1999, *2nd ed*).

53. Jean Mundy. (1998). *Leisure Education: Theory and Practice.* Illinois: Sagamore Publishing.

54. Edgar L. Jackson & Thomas L. Burton. (1999), *Leisure Studies: Prospects for the Twenty-first Century.* State College, Pennsylvania: Venture Publishing, Inc.

55. Richard Kraus. (2000). *Leisure in a changing America: trends and issues for the 21st century* (*2nd ed*). Boston: Allyn & Bacon.

56. Robert W. Wyllie. (2000), *Tourism and Society: A Guide to Problems and Issues.* State College, Pennsylvania: Venture Publishing, Inc.

57. Anthony James Veal. (2002). *Leisure and tourism policy and planning*. New York, NY: CABI Publishing.

58. Klaus Weiermair & Christine Mathies. (2004). *The Tourism and Leisure Industry: Shaping the Furure*. New York: The Haworth Hospitality Press.

59. J. Shim. (2004). *The Evolution of Leisure Studies in North America and South Korea: A Study of Cultural Consensus*. Ph. D. Dissertation of the Pennsylvania State University.

60. Edgar L. Jackson. (2005). *Constraints to Leisure*. State College, Pennsylvania: Venture Publishing, Inc.

61. *2005 – 2006 Student Handbook, Department of Recreation, Park and Tourism Management*, the College of Health and Human Development, The Pennsylvania State University.

62. Jeoffrey Godbey. (2006). *Leisure and Leisure Services in the 21st Century: Toward Mid Century*. State College, Pennsylvania: Venture Publishing, Inc.

63. Geoffrey Godbey. (2008). *Leisure in Your Life: New Perspectives*. State College, Pennsylvania: Venture Publishing, Inc.

64. *2008 Graduate Handbook of Department of Recreation, Park and Tourism Management*, the College of Health and Human Development, The Pennsylvania State University.

65. 美国国家娱乐与公园协会编制. 巴尔的摩 · 2008 NRPA: *Congress & Exposition—official program and exhibitor guide*。

论文部分

1. 马惠娣、刘耳:《西方休闲学研究述评》,《自然辩证法研究》2001年第5期。

2. 马惠娣：《人类文化思想史中的休闲》，《自然辩证法研究》2003年第1期。

3. 宋瑞：《休闲研究：社会文化与经济发展的新课题》，载于《2002～2004年中国旅游发展：分析与预测》，社会科学文献出版社，2003，第159～180页。

4. 宋瑞：《国内外休闲研究扫描》，《旅游学刊》2004年第3期。

5. 张建：《国际休闲研究动向与我国休闲研究主要命题刍议》，《旅游学刊》2008年第23（5）期。

6. 杰弗瑞·戈比、〔韩〕沈杰明：《北美休闲研究的发展：对中国的影响》，刘晓杰、刘慧梅译，《浙江大学学报》（人文社会科学版）2008年第38（4）期。

7. Rolf Meyersohn.（1969）. The sociology of Leisure in The United States：Introduction and Bibliography，1945 – 1965. *Journal of Leisure Research*，Vol. 1（1）.

8. J. Dumazedier.（1974）. Prominent Recreation Defines Leisure. *Recreation Canada*，Vol. 32.

9. Morgan，A. & Geoffrey Godbey.（1978）. Effects of entering an age-segregated environment upon leisure activity participation of senior adults. *Journal of Leisure Research*，Vol. 10（3）.

10. Geoffrey Godbey & Blazy，M.（1983）. Old People In Urban Parks：An Exploratory Investigation. *Journal of Leisure Research*，Vol. 15（3）：229 –245.

11. Chase，D. & Geoffrey Godbey.（1983）. The accuracy of self-reported participation rates：A research note. *Leisure Studies*. Vol. 2（2）：231 –233.

12. Burdge，R.（1985）. The coming separation of leisure studies from parks and recreation. *Journal of Leisure Research*，Vol. 17（2）.

13. Geoffrey Godbey.（1985）. Planning for Leisure in a Pluralistic

Society. In Thomas Goodale and Peter Witt, *Recreation and Leisure: Issues in an Era of Change* (2nd ed.). State College, Pennsylvania: Venture Publishing.

14. Crawford, D. & Geoffrey Godbey. (1987). Reconceptualizing barriers to family leisure. *Leisure Science*, Vol. 9 (2): 119 – 127.

15. Geoffrey Godbey & Jung, B. (1991). Relations between the development of culture and philosophies of leisure. In B. Driver, P. Brown & G. Peterson (Eds.), *Benefits of Leisure*. State College, PA: Venture Publishing, Inc.

16. D. W. Crawford, E. L. Jachson & G. Godbey. (1991). A Hierarchical Model of Leisure Constraints. *Leisure Sciences*, Vol. 13 (3): 309 – 320.

17. Scott, D. & Geoffrey Godbey. (1992). An analysis of adult play groups: Social versus serious participation in contract bridge. *Leisure Sciences*, Vol. 14 (1): 47 – 67.

18. Jackson, E., Crawford, D. & Geoffrey Godbey. (1993). Negotiation of Leisure Constraints. *Leisure Sciences*, Vol. 15 (3): 1 – 11.

19. Raymore, L., Geoffrey Godbey., Crawford, D. & Von Eye, A. (1993). Nature and Process of Leisure Constraints: An Empirical Test. *Leisure Sciences*, Vol. 15 (1).

20. Geoffrey Godbey & Graefe, A. (1993, April). Rapid growth in rushing Americans. *American Demographics*, 15 (4), 26 – 27.

21. Geoffrey Godbey, Graefe, A. & James, S. (1993). Reality and perception—Where do we fit in. *Parks and Recreation*, January: 76 – 83.

22. Robinson, J. & Geoffrey Godbey. (1993). Has fitness peaked. *American Demographics*, 15 (9): 291 – 309.

23. Thomas, M. & Geoffrey Godbey. (1993). Value shifts and social trends: Implications for recreation. *Journal of Leisurability—Futures Issue*, 20 (4): 28 - 38.

24. Robinson, J. & Geoffrey Godbey. (1993). Sport fitness and the gender gap. *Leisure Science*, Vol. 15 (4): 291 - 308.

25. Raymore, L., Geoffrey Godbey & Crawford, D. (1994). Self-esteem, gender and socio-economic status.: Their relations to perception of constraints among adolescents. *Journal of Leisure Research*, Vol. 26 (2): 99 - 118.

26. Thomas L. Burton & Edgar L. Jackson. Reviewing Leisure Studies: An Organizing Framework, In Edgar L. Jackson & Thomas L. Burton. (1999). *Leisure Studies: Prospects for the Twenty-First Century*. State College, Pennsylvania: Venture Publishing, Inc.

27. Gerard Kyle, Garry Chick. (2002). The social nature of leisure involvement. *Journal of Leisure Research*. Vol. 34 (4): 426 (23pages).

28. Geoffrey Godbey. (2004). After the anthill was stomped. In K. Weiermair and C. Mathies (Eds.), *The tourism and leisure industry: Shaping the future*. London, UK: Haworth Press.

29. Geoffrey Godbey. Time as constraint to leisure. In E. Jackson. (2005). *Constraints to Leisure*. State College, Pennsylvania: Venture Publishing, Inc.

30. Geoffrey Godbey. (2005). The Future of Leisure Studies. *Journal of Leisure Research*, Vol. 28 (3).

31. Robinson, J. & Geoffrey Godbey. (2005). Time in our hands. *The Futurist*, 39 (5): 18 - 22.

32. G. C. Godbey, L. L. Caldwell & M. Floyd, et al. (2005). Contributions of Leisure Studies and Recreation and Park

Management Research in the Active Living Agenda. *American Journal of Perventive Medicine*, Vol. 28 (252): 150 - 158.

33. Monica Z. Li & Monika Stodolska. (2006). Transnationalism, Leisure, and Chinese Graduate Students in the United States. *Leisure Sciences*, Vol. 28 (1): 39 - 55.

34. Baoren Su, Xiangyou Shen, Zhou Wei. (2006). Leisure Life in Later Years: Differences between Rural and Urban Elderly Residents in China. *Journal of Leisure Research*, Vol. 38 (3): 381 (15pages).

35. Burnett-Wolle, Sarah & G. Godbey. (2007). Refining Research on Older Adults' Leisure: Implications of Selection, Optimization, and Compensation and Socioemotional Selectivity Theories. *Journal of Leisure Research*, Vol. 39 (3): 498 - 513.

36. Gordon J Walker, Edgar L Jackson, Jinyang Deng. (2007). Culture and Leisure Constraints: A Comparison of Canadian and Mainland Chinese University Students. *Journal of Leisure Research*, Vol. 39 (4): 567 (24pages).

37. Dan Dustin. (2007). A Tribute to Geoffrey C. Godbey. *Journal of Leisure Reasearch*, Vol. 39 (1): 196 - 198.

38. Gordon J. Walker & Xiye Wang. (2008). A Cross-Cultural Comparison of Canadian and Mainland Chinese University Students' Leisure Motivations. *Leisure Sciences*, Vol. 30 (3): 179 - 197.

39. Huimei Liu, Chih-Kuei Yeh, Garry E. Chick, Harry C. Zinn. (2008). An Exploration of Meanings of Leisure: A Chinese Perspective. *Leisure Sciences*, Vol. 30 (5): 482 - 488.

相关网站

1. 美国国家娱乐与公园协会（NRPA）网站：http：//www. nrpa. org。

2. 美国休闲科学研究院：http：//www. academyofleisuresciences. org。

3. 加拿大休闲研究协会（CALS）：http：//www. cals. uwaterloo. ca。

4. 宾夕法尼亚州立大学娱乐、公园与旅游管理系网络：http：//www. hhdev. psu. edu/rptm。

5. 伊利诺伊大学娱乐、体育与旅游系网络：http：//www. rst. uiuc. edu。

6. 斯泰特考利奇"中心区公园与娱乐部"：http：//www. crpr. crg。

7. 戈比个人网站：Http：//www. geoffreygodbey. com/。

8. 马惠娣."Leisure Studies in China"（中国休闲研究网）：http：//www. chineseleisure. org。

9. 文特出版社：http：//www. venturepublish. com。

10. 萨格莫尔出版社：http：//www. sagamorepub. com。

附录四 文特和萨格莫尔出版社出版相关休闲书目

1. 文特出版社出版相关休闲书目

21st Century Leisure: Current Issues, Second Edition

By Valeria J. Freysinger and John R. Kelly

The A · B · C's of Behavior Change: Skills for Working with Behavior Problems in Nursing Homes

By Margaret D. Cohn, Michael A. Smyer and Ann L. Horgas

Activity Experiences and Programming Within Long-Term Care

By Ted Tedrick and Elaine R. Green

The Activity Gourmet

By Peggy Powers

Advanced Concepts for Geriatric Nursing Assistants

By Carolyn A. McDonald

Adventure Programming

Edited by John C. Miles and Simon Priest

Aerobics of the Mind: Keeping the Mind Active in Aging—A New Perspective on Programming for Older Adults

By Marge Engleman

Assessment: The Cornerstone of Activity Programs

By Ruth Perschbacher

At-Risk Youth and Gangs—A Resource Manual for the Parks and Recreation Professional-Expanded and Updated

By The California Park and Recreation Society

Behavior Modification in Therapeutic Recreation: An Introductory Learning Manual

By John Dattilo and William D. Murphy

Benefits of Leisure

Edited by B. L. Driver, Perry J. Brown and George L. Peterson

Benefits of Recreation Research Update

By Judy M. Sefton and W. Kerry Mummery

Beyond Baskets and Beads: Activities for Older Adults With Functional Impairments

By Mary Hart, Karen Primm, and Kathy Cranisky

Beyond Bingo: Innovative Programs for the New Senior

By Sal Arrigo, Jr. , Ann Lewis and Hank Mattimore

Beyond Bingo 2: More Innovative Programs for the New Senior

By Sal Arrigo, Jr.

Boredom Busters: Themed Special Events to Dazzle and Delight Your Group

By Annette C. Moore

Both Gains and Gaps: Feminist Perspectives on Women's Literature

By Karla A Henderson, Bialeschki, Susan M Shaw & Freysinger

Client Assessment in Therapeutic Recreation Services

By Norma J. Stumbo

Client Outcomes in Therapeutic Recreation Services

By Norma J. Stumbo

The Community Tourism Industry Imperative—The Necessity, The Oportunities, Its Potential

By Uel Blank

Conceptual Foundations for Therapeutic Recreation

Edited by David R. Austin, John Dattilo, and Bryan P. McCormick

Constraints to Leisure

Edited by Edgar J. Jackson

Dementia Care Programming: An Identity-Focused Aproach

By Rosemary Dunne

Dimensions of Choice: Qualitative Aproaches to Parks, Recreation, Tourism, Sport, and Leisure Research, Second Edition

By Karla A. Henderson

Diversity and the Recreation Profession: Organizational Perspectives

Edited by Maria T. Allison and Ingrid E. Schneider

Diversity and the Recreation Profession: Organizational Perspectives

Edited by Maria T. Allison and Ingrid E. Schneider

Effective Management in Therapeutic Recreation Service, Second Edition

By Gerald S. O'Morrow and Marcia Jean Carter

Evaluating Leisure Services: Making Enlightened Decisions, Second Edition

By Karla A. Henderson with M. Deborah Bialeschki

Everything from A to Y: The Zest Is up to You! Older Adult Activities for Every Day of the Year

By Nancy R. Cheshire and Martha L. Kenney

The Evolution of Leisure: Historical and Philosophical Perspectives, Second Printing

By Thomas Goodale and Geoffrey Godbey

Experience Marketing: Strategies for the New Millennium

By Ellen L. O'Sullivan and Kathy J. Spangler

Facilitation Techniques in Therapeutic Recreation

By John Dattilo

File O' Fun: A Recreation Planner for Games and Activities, Third Edition

By Jane Harris Ericson and Diane Ruth Albright

Functional Interdisciplinary-Transdisciplinary Therapy (FITT) Manual

By Deborah M. Schott, Judy D. Burdett, Beverly J. Cook, Karren S. Ford, and Kathleen M. Orban

The Game and Play Leader's Handbook: Facilitating Fun and Positive Interaction, Revised Edition

By Bill Michaelis and John M. O'Connell

The Game Finder: A Leader's Guide to Great Activities

By Annette C. Moore

Getting People Involved in Life and Activities: Effective Motivating Techniques

By Jeanne Adams

Glossary of Recreation Therapy and Occupational therapy

By David R. Austin

Great Special Events and Activities

By Annie Morton, Angie Prosser and Sue Spangler

Group Games & Activity Leadership

By Kenneth J. Bulik

Growing with Care: Using Greenery, Gardens and Nature with Aging and Special Populations

By Betsy Kreidler

Hands On! Children's Activities for Fairs, Festivals, and Special Events

By Karen L. Ramey

In Search of the Starfish: Creating a Caring Environment

By Mary Hart, Karen Primm, and Kathy Cranisky

Inclusion: Including People With Disabilities in Parks and Recreation Oportunities

By Lynn Anderson and Carla Brown Kress

Inclusive Leisure Services: Responding to the Rights of People with Disabilities, Second Edition

By John Dattilo

Innovations: A Recreation Therapy Aproach to Restorative Programs

By Dawn R. De Vries and Julie M. Lake

Internships in Recreation and Leisure Services: A Practical Guide for Students, Fourth Edition

By Edward E. Seagle, Jr. and Ralph W. Smith

Interpretation of Cultural and Natural Resources, Second Edition

By Douglas M. Knudson, Ted T. Cable, and Larry Beck

Intervention Activities for At-Risk Youth

By Norma J. Stumbo

Introduction to Outdoor Recreation: Providing and Managing Natural Resource Based Oportunities

By Roger L. Moore and B. L. Driver

Introduction to Recreation and Leisure Services, Eighth Edition

By Karla A. Henderson, M. Deborah Bialeschki, John L. Hemingway, Jan S. Hodges, Beth D. Kivel, and H. Douglas Sessoms.

Introduction to Therapeutic Recreation: U. S. and Canadian Perspectives

By Kenneth Mobily and Lisa Ostiguy

Introduction to Writing Goals and Objectives: A Manual for Recreation Therapy Students and Entry-Level Professionals

By Suzanne Melcher

Leadership and Administration of Outdoor Pursuits, *Third Edition*

By Phyllis Ford and James Blanchard

Leadership in Leisure Services: *Making a Difference*, *Third Edition*

By Debra J. Jordan

The Leisure Diagnostic Battery: *Users Manual and Sample Forms*

By Peter A. Witt and Gary Ellis

Leisure and Leisure Services in the 21st Century: *Toward Mid Century*

By Geoffrey Godbey

The Leisure Diagnostic Battery Users Manual-Long Form A (*Adolescent*)

By Peter A. Witt and Gary Ellis

The Leisure Diagnostic Battery Users Manual-Short Form A (*Adolescent*)

By Peter A. Witt and Gary Ellis

The Leisure Diagnostic Battery Users Manual-Long Form C (*Adult*)

By Peter A. Witt and Gary Ellis

The Leisure Diagnostic Battery Users Manual-Short Form B (*Adult*)

By Peter A. Witt and Gary Ellis

Leisure Education I: *A Manual of Activities and Resources*, *Second Edition*

By Norma J. Stumbo

Leisure Education II: *More Activities and Resources*, *Second Edition*

By Norma J. Stumbo

Leisure Education III: *More Goal-Oriented Activities*

By Norma J. Stumbo

Leisure Education IV: *Activities for Individuals With Substance Addictions*

By Norma J. Stumbo

Leisure Education Program Planning: *A Systematic Aproach*, *Second Edition*

By John Dattilo

Leisure Education Program Planning: A Systematic Aproach, Third Edition

By John Dattilo

Leisure Education Specific Programs

By John Dattilo

Leisure for Canadians

Edited by Ron McCarville and Kelly MacKay

Leisure in Your Life: An Exploration, Sixth Edition

By Geoffrey Godbey

Leisure in Your Life: New Perspectives

By Geoffrey Godbey

Leisure Services in Canada: An Introduction, Second Edition

By Mark S. Searle and Russell E. Brayley

Leisure Studies: Prospects for the Twenty-First Century

Edited by Edgar L. Jackson and Thomas L. Burton

The Lifestory Re-Play Circle: A Manual of Activities and Techniques

By Rosilyn Wilder

Managing to Optimize the Beneficial Outcomes of Recreation

Edited by B. L. Driver

The Melody Lingers On: A Complete Music Activities Program for Older Adults

By Bill Messenger

Models of Change in Municipal Parks and Recreation: A Book of Innovative Case Studies

Edited by Mark E. Havitz

More Than a Game: A New Focus on Senior Activity Services

By Brenda Corbett

The Multiple Values of Wilderness

By H. Ken Cordell, John C. Bergstrom, and J. M. Bowker

Nature and the Human Spirit: Toward an Expanded Land Management Ethic

Edited by B. L. Driver, Daniel Dustin, Tony Baltic, Gary Elsner, and George Peterson

The Organizational Basis of Leisure Participation: A Motivational Exploration

By Robert A. Stebbins

Outdoor Recreation for 21st Century America

By H. Ken Cordell

Outdoor Recreation Management: Theory and Aplication, Third Edition

By Alan Jubenville and Ben Twight

Parks for Life: Moving the Goal Posts, Changing the Rules, and Expanding the Field

By Will LaPage

The Pivotal Role of Leisure Education: Finding Personal Fulfillment in This Century

Edited by Elie Cohen-Gewerc and Robert Stebbins

Planning and Organizing Group Activities in Social Recreation

By John Valentine

Planning for Recreation and Parks Facilities: Predesign Process, Principles, and Strategies

By Jack Harper

Planning Parks for People, Second Edition

By John Hultsman, Richard L. Cottrell, and Wendy Z. Hultsman

Programming for Parks, Recreation, and Leisure Services: A Servant Leadership Aproach, Second Edition

By Debra J. Jordan, Donald G. DeGraaf, and Kathy H. DeGraaf

Protocols for Recreation Therapy Programs

Edited by Jill Kelland, along with the Recreation Therapy Staff at Alberta Hospital Edmonton

Puttin' on the Skits: *Plays for Adults in Managed Care*

By Jean Vetter

Quality Management: *Aplications for Therapeutic Recreation*

Edited by Bob Riley

A Recovery Workbook: *The Road Back from Substance Abuse*

By April K. Neal and Michael J. Taleff

Recreation and Leisure: *Issues in an Era of Change*, *Third Edition*

Edited by Thomas Goodale and Peter A. Witt

Recreation and Youth Development

By Peter A. Witt and Linda L. Caldwell

Recreation Economic Decisions: *Comparing Benefits and Costs*, *Second Edition*

By John B. Loomis and Richard G. Walsh

Recreation for Older Adults: *Individual and Group Activities*

By Judith A. Elliott and Jerold E. Elliott

Recreation Program Planning Manual for Older Adults

By Karen Kindrachuk

Recreation Programming and Activities for Older Adults

By Judith A. Elliott and Judith A.

Reference Manual for Writing Rehabilitation Therapy Treatment Plans

By Penny Hogberg and Mary Johnson

Research in Therapeutic Recreation: *Concepts and Methods*

Edited by Marjories J. Malkin and Christine Z. Howe

Service Living: *Building Community through Public Parks and Recreation*

By Doug Wellman, Dan Dustin, Karla Henderson, Roger Moore

Simple Expressions: Creative and Therapeutic Arts for the Elderly in Long-Term Care Facilities

By Vicki Parsons

A Social History of Leisure Since 1600

By Gary Cross

A Social Psychology of Leisure

By Roger C. Mannell and Douglas A. Kleiber

The Sociology of Leisure

By John R. Kelly and Geoffrey Godbey

Special Events and Festivals: How to Plan, Organize, and Implement

By Angie Prosser and Ashli Rutledge

Stretch Your Mind and Body: Tai Chi as an Adaptive Activity

By Duane A. Crider and William R. Klinger

Taking the Initiative: Activities to Enhance Effectiveness and Promote Fun

By J. P. Witman

Therapeutic Activity Intervention with the Elderly: Foundations and Practices

By Barbara A. Hawkins, Marti E. May, and Nancy Brattain Rogers

Therapeutic Recreation and the Nature of Disabilities

By Kenneth E. Mobily and Richard D. MacNeil

Therapeutic Recreation: Cases and Exercises, Second Edition

By Barbara C. Wilhite and M. Jean Keller

Therapeutic Recreation in Health Promotion and Rehabilitation

By John Shank and Catherine Coyle

Therapeutic Recreation in the Nursing Home

By Linda Buettner and Shelley L. Martin

Therapeutic Recreation Programming: Theory and Practice

By Charles Sylvester, Judith E. Voelkl, and Gary D. Ellis

Therapeutic Recreation Protocol for Treatment of Substance Addictions

By Rozanne W. Faulkner

The Therapeutic Recreation Stress Management Primer

By Cynthia Mascott

The Therapeutic Value of Creative Writing

By Paul M. Spicer

Time for Life—The Surprising Ways Americans Use Their Time

By John Robinson and Geoffrey Godbey

Tourism and Society: A Guide to Problems and Issues

By Robert W. Wyllie

Traditions: Improving Quality of Life in Caregiving

By Janelle Sellick

A Training Manual for Americans With Disabilities Act Compliance in Parks and Recreation Settings

By Carol Stensrud

Trivia by the Dozen: Encouraging Interaction and Reminiscence in Managed Care

By Vetter

Understanding Leisure and Recreation: Maping the Past, Charting the Future

Edited by Edgar L. Jackson and Thomas L. Burton

Venture Publishing, Inc.
1999 Cato Avenue
State College, PA 16801
Phone: 814 - 234 - 4561
Fax: 814 - 234 - 1651

2. 萨格莫尔出版社出版相关休闲书目

Assistive Devices, Adaptive Strategies, and Recreational Activities for

Students with Disabilities

By Dwayne Williams

The Camper's Guide to Outdoor Pursuits: Finding Safe, Nature-Friendly and Comfortable Passage Through Wild Places, *Second Edition*

By Jack Drury & Eric Holmlund

Campground Management: How to Establish and Operate Your Campground, *Second Edition*

By Rollin B. Cooper

Commitments of the Heart: Odysseys in West Africa Conservation

By Ted Cable

The Complete Swimming Pool Reference, *Second Edition*

By Tom Griffiths

Contracting Recreation and Park Services

By Mai-Liis Bartling, National Park Service

Developing Recreation Skills in Persons with Learning Disabilities

By Lorraine C. Peniston

Employee Services Management: A Key Component of Human Resources Management

By Thomas H. Sawyer

Enhancing the Aerobic Fitness of Individuals with Moderate and Severe Disabilities: A Peer-Mediated Aerobic Conditioning Program

By James Halle, Debra Gabler-Halle, Meredith McKee, Susan Bane, and Teresa Boyer

The Evaluation of Human Service Programs

By William F. Theobald

Evaluative Research in Recreation, *Park*, *and Sport Settings: Searching for Useful Information*

By Carol C. Riddick and Ruth V. Russell

Facility Design and Management for Health, Fitness, Physical Activity, Recreation, and Sports Facility Development, 11th Edition

By Thomas H. Sawyer, Editor-in-Chief

Financial Resource Management: Sport, Tourism, and Leisure Services

By Russell E. Brayley & Daniel D. McLean

Financing the Sport Enterprise

By Thomas H. Sawyer, Michael Hypes, & Julia Ann Hypes

Footprints on the Land: An Assessment of Demograsphic Trends and the Future of Natural Resources in the United States

By H. Ken Cordell & Christine Overdevest, Principal Authors

A Guide to Sport Nutrition

By Thomas H. Sawyer, Michael Hypes, and Joe Brown

Implementing Recreation and Leisure Oportunities for Infants and Toddlers with Disabilities

By Michael Bender and Carol Ann Baglin

Improving Leisure Services through Marketing Action

By Ron E. McCarville

Including Youth with Disabilities in Outdoor Programs: Best Practices, Outcomes, and Resources

By Steve Brannan, Ann Fullerton, Joel Arick, Gary Robb, and Mike Bender

Influencing Human Behavior: Theory And Aplications In Recreation, Tourism, And Natural Resources Management

Edited by Michael J. Manfredo

Integrating Social Sciences with Ecosystem Management

By H. Ken Cordell and John C. Bergstrom

Interpretation in the 21st Century: Fifteen Guiding Principles for Interpreting Nature and Culture, Second Edition

By Larry Beck and Ted Cable

Introduction to Commercial Recreation and Tourism: An Entrepreneurial Aproach, Fifth Edition

By John C. Crossley, Lynn M. Jamieson, & Russell E. Brayley

Introduction to Leisure Services: Career Perspectives

By Richard Kraus, Elizabeth Barber, and Ira Shapiro

Introduction to Recreation Services for People with Disabilities: A Person-Centered Aproach, Second Edition

By Charles C. Bullock and Michael J. Mahon

Kids At Hope: Every Child Can Succeed: NO EXCEPTIONS

By John P. Carlos and Rick Miller

Leadership for Recreation, Parks, and Leisure Services, 3rd Edition

By Christopher Edginton, Susan Hudson, & Kathleen Scholl

Legal Concepts In Sport: A Primer, Third Edition

By Linda Jean Carpenter

Legal Liability in Recreation, Sports, and Tourism, Third Edition

By Bruce Hronek, John Spengler, & Thomas Baker

Leisure and Aging: Ulyssean Living in Later Life, 4th Edition

By Francis A. McGuire, Rosangela K. Boyde, & Raymond E. Tedrick

Leisure as Transformation

By Christopher R. Edginton & Peter Chen

Leisure Education: Theory and Practice, Second Edition

By Jean Mundy

Leisure Resources, Second Edition

By Daniel D. McLean, Joseph J. Bannon, and Howard R. Gray

Leisure Systems: Critical Concepts And Aplications

By James F. Murphy, E. William Niepoth, Lynn M. Jamieson and

John G. Williams

Making Visitors Mindful: Principles for Creating Sustainable Visitor Experiences through Effective Communication

By Gianna Moscardo

911 Management: A Comprehensive Guide for Leisure Service Managers

By Joseph J. Bannon

Management of Clubs, Recreation and Sport: Concepts and Aplications

By Thomas H. Sawyer and Owen Smith

Managing Financial Resources in Sport and Leisure Service Organizations

By Daniel R. McLean and Russell Brayley

Managing Recreation, Parks, and Leisure Services: An Introduction, Third Edition

By Christopher R. Edgington, Susan D. Hudson, Samuel V. Lankford, & Dale Larsen

Measuring Tourism Performance

By Tzung-Cheng Huan and Joseph O'Leary

Music Therapy and Leisure for Persons with Disabilities

By Alicia L. Barksdale

Natural Resources and the Informed Citizen

By Steve Dennis

Outdoor Recreation: Enrichment for a Lifetime, Third Edition

By Hilmi Ibrahim & Kathleen A. Cordes

Outdoor Recreation in American Life: A National Assessment of Demand and Suply Trends

By Principle Investigator: H. Ken Cordell

Park and Recreation Maintenance Management, Fourth Edition

By Roger Warren, Phillip Rea, & Scott Payne

Pastimes: The Context of Contemporary Leisure, 3rd Edition

By Ruth V. Russell

Positioning of Tourist Destinations

By Allen Z. Reich

Problem Solving: Tools and Techniques for the Park and Recreation Administrator, Fourth Edition

By Margaret Arnold, Linda Heyne, & James Busser

Professional Issues in Therapeutic Recreation: On Competencies and Outcomes

Edited by Norma J. Stumbo

Programming for Employee Services and Recreation

By James A. Busser

Recreation and Leisure for Persons with Emotional Problems and Challenging Behaviors

By Carol Ann Baglin, M. E. B. Lewis, & Buzz Williams

Recreation Programming: Designing Leisure Experiences, Fifth Edition

By J. Robert Rossman, Barbara Elwood Schlatter

Recreation Trends and Markets: The 21st Century

By John R. Kelly and Rodney B. Warnick

Research About Leisure: Past, Present, & Future, Second Edition

Edited by Lynn A. Barnett

Research in Recreation, Parks, Sport, and Tourism, Second Edition

By Carol C. Riddick & Ruth V. Russell

Research Methods in Park, Recreation, and Leisure Services

By Ananda Mitra and Sam Lankford

Risk Management: Park, Recreation, and Leisure Services, Fifth Edition

By James A. Peterson, Bruce B. Hronek, & James R. Garges

Special Events: Inside & Out, Second Edition

By Steven Wood Schmader and Robert Jackson

Sport Governance and Policy Development: An Ethical Aproach to Managing Sport in the 21st Century

By Thomas H. Sawyer, Kimberly J. Bodey, & Lawrence W. Judge

Sport, Physical Activity, and the Law, Third Edition

By Neil Dougherty, Alan Goldberger, & Linda Jean Carpenter

Stewards of Access/Custodians of Choice, Third Edition

By Daniel L. Dustin, Leo H. McAvoy, John H. Schultz

Study Guide for the Therapeutic Recreation Specialist Certification Examination, Third Edition

By Norma J. Stumbo & Jean E. Folkerth

Suporting Individuals with Autism Spectrum Disorder in Recreation

By Phyllis Coyne and Ann Fullerton

Take Charge!: A How-To Aproach for Solving Everyday Problems

By Joseph J. Bannon

Therapeutic Recreation in the Community, Second Edition

By Marcia Jean Carter & Stephen LeConey

Therapeutic Recreation: Processes and Techniques, 6th Edition

By David R. Austin

Tourism Policy: The Next Millennium

By David L. Edgell, Sr.

Tourist Service Satisfaction: Hotel, Transportation, and Recreation

By Frank Noe

The Wilderness Within: Reflections on Leisure and Life, Third Edition

By Daniel L. Dustin

Youth Programs: Promoting Quality Services

By Susan R. Edginton and Christopher R. Edginton

Youth Work: Emerging Perspectives in Youth Development

By Christopher R. Edginton, Christopher L. Kowalski, & Steven W. Randall

Sagamore Publishing Inc.
804 N. Neil St.
Champaign, IL 61820
Phone: (217) 359-5940
Fax: (217) 359-5975

后记

20多年前，在懵懂之中，我选择了历史作为自己的专业；10多年前，在社会大潮的涌推下，我选择了旅游作为自己新的努力方向。历史教会了我如何善待祖先留下的文化与传统，而旅游则使我对未来的生活充满了希冀与渴望。而当自己在中国旅游业的大跨越和旅游教育的逐渐扩张中所暴露出的理论困境中略感迷茫的时候，是《西方休闲译丛》、是陌生的名字——杰弗瑞·戈比（Geoffrey Godbey），是《中国学人休闲研究丛书》、是熟悉的名字——马惠娣，让我认识了"休闲"这个神圣的字眼。在如饥似渴地翻看完了《你生命中的休闲》、《休闲：人类美丽的精神家园》等著作后，我又一次被一种力量感动着。于是，有了我生命中的又一次选择。

2008年1月至2009年1月，在马惠娣老师的引荐下，我赴美国宾夕法尼亚州立大学娱乐、公园与旅游管理系跟随杰弗瑞·戈比先生做了一年的访问学者。其间，除了亲耳聆听戈比先生的谆谆教诲外，还选听了奇克（Garry Chick）、津恩（Harry Zinn）、格雷夫（Alan Graefe）、莫雷斯（Quarte B. Morais）、莫温（Andrew Mowen）、布森迪（Christine Buzinde）等诸位教授的休闲与旅游研究生课程，并得到了凯德维尔（Linda Caldwell）教授和系主任达提洛（John Dattilo）教授的多次学术指导。和戈比先生一样，奇克、凯德维尔、达提洛、格雷夫都是现任美国休闲科学研究院成员，其他诸位老师也都是在北美休闲和旅游研究领域十分卓越的学者。所以，宾州大学诸位师长对我的恩泽远非语言所能表达。

这本小册子便是我在美国学习的总结。

不过，读者可以看得出，这不是一本严格意义上的那种被称为“书”的作品。笔者更愿意把它称作“作业”——一篇向我的休闲研究入门老师马惠娣和杰弗瑞·戈比先生，以及宾州大学诸位授业老师所呈交的作业。我希望因为这篇作业，众位师长能接纳我这个老学生成为充满挑战的休闲研究领域的一名新兵。

所以，笔者不揣浅陋，愿意把这部拙作拿出来，与那些希望进入休闲研究大门，并愿意为中国休闲理论与实践尽绵薄之力的朋友共享。

此为记！

2009 年 6 月 10 日

Postscript

20 years ago, I chose history as my major after entering a university; and 10 years ago, influenced by the social tide, I made the other choice—I took tourism as my new academic orientation. History teaches me how to treat well the legacy and tradition that our ancestors have left behind; and tourism fills me up with hope and expectation for the future life. But gradually I became a bit bewildered about the theories exposed in the development of China's tourism and in the course of tourism-teaching, then it was *Western Works in Leisure Studies*, the strange name-Geoffrey Godbey, *The Collections of Leisure Study from Chinese Scholars*, and the familiar name—Ma Huidi that made me come to understand deeply the profound word "leisure". I, with an eagerness, read carefully over the books: *Leisure in your Life: An Exploration*, *Leisure: The Making of a Beautiful Home for the Human Spirit*, etc. After reading the books, I was moved and, at the same time, motivated by a power. Then, I made another choice in my life.

Owing to the recommendation of Ma Huidi, I went to study and do research work at Department of Recreation, Park and Tourism Management of Pennsylvania State University under the guidance of professor Godbey from January, 2008 to January, 2009. During my stay at the university Professor Godbey instructed me personally. In addition, I also selected some graduate courses of leisure and tourism delivered by Dr. Garry Chick, Dr. Harry Zinn, Dr. Alan Graefe, Dr. Quarte B. Morais, Dr. Andrew Mowen and Dr. Christine Buzinde, and I also took some academic instructions from professor Linda Caldwell and professor and dean John Dattilo. Some of them are the members of American Academy of Leisure Study, others are the prominent scholars in the field of leisure and tourism in North America. My gratitude for the professors is beyond my words.

This book, in some sense, is the summary of my study and research in the United States of America.

But in a strict sense, I would like to entitle it "homework" which my dear tutors both at home and abroad assigned to me. I hope the accomplishment of my "home work" can satisfy the requirements of my tutors.

June 10, 2009

图书在版编目（CIP）数据

北美休闲研究：学术思想的视角/程遂营著．—北京：社会科学文献出版社，2009．10
ISBN 978－7－5097－0957－3

Ⅰ．北…　Ⅱ．程…　Ⅲ．闲暇社会学－研究－北美洲
Ⅳ．C913．3

中国版本图书馆 CIP 数据核字（2009）第 133651 号

北美休闲研究：学术思想的视角

著　　者／程遂营

出 版 人／谢寿光
总 编 辑／邹东涛
出 版 者／社会科学文献出版社
地　　址／北京市西城区北三环中路甲 29 号院 3 号楼华龙大厦
邮政编码／100029
网　　址／http：//www. ssap. com. cn
网站支持／（010）59367077
责任部门／社会科学图书事业部（010）59367156
电子信箱／shekebu@ ssap. cn
项目经理／王　绯
责任编辑／李兰生
责任校对／单远举
责任印制／郭　妍　岳　阳　吴　波

总 经 销／社会科学文献出版社发行部
（010）59367080　59367097
经　　销／各地书店
读者服务／读者服务中心（010）59367028
排　　版／北京中文天地文化艺术有限公司
印　　刷／北京季蜂印刷有限公司

开　　本／787mm×1092mm　1/20
印　　张／13．4　字数／219 千字
版　　次／2009 年 10 月第 1 版　印次／2009 年 10 月第 1 次印刷

书　　号／ISBN 978－7－5097－0957－3
定　　价／35．00 元